“十二五”职业教育国家规划教材
经全国职业教育教材审定委员会审定
城市轨道交通车辆专业系列教材

城市轨道交通车辆电机电器

张　龙　祁冠峰　主编

中国铁道出版社有限公司
CHINA RAILWAY PUBLISHING HOUSE CO., LTD.

内 容 简 介

本书为“十二五”职业教育国家规划教材，并经全国职业教育教材审定委员会审定。全书共分八章，包括：直流电机的电力拖动、异步电动机基本知识、三相异步电动机变频调速、直线电机、变压器基本知识、电器基本理论、接触器和继电器、主型电器。

本书可作为城市轨道交通车辆等相关专业教材，也适用于城市轨道交通部门职工培训，以及从事城市轨道交通部门的管理人员、工程技术人员和运用维修人员学习参考。

图书在版编目(CIP)数据

城市轨道交通车辆电机电器/张龙，祁冠峰主编．—北京：中国铁道出版社，2016.9(2022.8 重印)

“十二五”职业教育国家规划教材．城市轨道交通车辆专业系列教材

ISBN 978-7-113-21984-0

Ⅰ．①城… Ⅱ．①张… ②祁… Ⅲ．①城市铁路—铁路车辆—电机—高等职业教育—教材 ②城市铁路—铁路车辆—电气设备—高等职业教育—教材 Ⅳ．①U239.5

中国版本图书馆 CIP 数据核字(2016)第 209387 号

书　　名：城市轨道交通车辆电机电器

作　　者：张　龙　祁冠峰

责任编辑：亢丽君　　　**编辑部电话：**(010) 83527746

封面设计：崔丽芳

责任校对：苗　丹

责任印制：樊启鹏

出版发行：中国铁道出版社有限公司（100054，北京市西城区右安门西街 8 号）

网　　址：http：//www.tdpress.com

印　　刷：三河市宏盛印务有限公司

版　　次：2016 年 9 月第 1 版　2022 年 8 月第 7 次印刷

开　　本：787 mm×1 092 mm　1/16　**印张：**12.25　**字数：**313 千

书　　号：ISBN 978-7-113-21984-0

定　　价：33.00 元

前言 PREFACE

我国轨道交通的发展在不到半个世纪的时间里，取得了令世人瞩目的成就。轨道交通项目的营运，承担了大量的客流，在交通业中逐步发挥了不可替代的作用，占公共交通运量的比重逐年上升。同时，轨道交通解决了地面交通拥堵问题，提高了居民生活和环境质量，对调整城市区域结构和产业布局发挥了突出作用。轨道交通的运营，产生了良好的社会和经济效益。目前我国的城市轨道交通行业步入一个跨越式发展的新阶段，已经成为世界最大的城市轨道交通市场。

截至2016年5月，我国已经开通轨道交通运营的城市有27个，总里程为3 475.38 km。国务院已经批准修建城市轨道的城市为40个，这个数字将在2020年达到50个，发改委提出，到“十三五”结束时，我国城市轨道交通总里程将达到6 000 km，届时轨道交通将覆盖全国主要大中城市，在城市交通系统中发挥主体、骨干作用。

为适应当前职业教育的人才培养模式，培养技能型人才，本教材结合城市轨道交通运用和检修两大类职业岗位的人才培养方案编写，力求涵盖城市轨道交通车辆电机电器的全部内容，在编写过程中理论联系实际，紧跟城市轨道交通的发展趋势。

本书为“十二五”职业教育国家规划教材，并经全国职业教育教材审定委员会审定。本书在编写时着力体现以下特点：

1. 侧重基本概念、基本原理、基本结构的阐述，并强调实际应用。

2. 编入了较为成熟的新技术，取材新颖。

3. 减少繁杂的理论分析、公式推导，力求做到图文并茂、语言规范、深入浅出、通俗易懂。

4. 书中符号、插图采用国家标准。

本书由太原铁路机械学校张龙、祁冠峰主编，郭世明主审。具体编写分工为：宝鸡铁路技师学院孙宝军编写第一章、第二章；祁冠峰编写第三章、第六章第一节至第三节；太原铁路机械学校韩惠编写第四章、第五章第五节；呼和浩特市机械工程职业技术学校李敏编写第五章第一节至第四节；张龙编写第六章第四节；呼和浩特市机械工程职业技术学校王德雨编写第七章和第八章。

本书在编写过程中引用了部分国内外同类专业教材和南京、上海等地铁公司资料，在此表示衷心感谢。

由于城市轨道交通正处于快速发展期，技术装备日新月异，各城市的城市轨道交通车辆也各有特点，收集的资料很难达到全面和最新，加之编者水平有限，不足之处在所难免，恳请读者批评指正。

编　者

2016 年 6 月

目录

CONTENTS

第一章　直流电机的电力拖动

本章主要介绍直流电机的基本知识，包括直流电机的工作原理及可逆性、直流电机的基本结构、励磁方式及感应电动势和电磁转矩；直流电动机的工作特性，包括直流电机的转速特性、转矩特性、效率特性和机械特性；直流电机的启动、反转、调速和制动控制方法以及直流串励电动机的磁场削弱系数和磁场削弱时的电动机特性等。

第一节　直流电机基本工作原理和基本结构

直流电机是直流发电机和直流电动机的总称。直流电机由于具有良好的启动、制动和调速性能，一般用于对启动和调速性能要求较高的场合，例如大型轧钢设备、大型精密机床、矿井卷扬机、城市电车、地铁机车等。通常使用直流电动机作为原动机来拖动工作机械，直流发电机作为直流电源向负载供电。

一、直流电机的模型结构

图 1-1 所示为一台直流电机简单模型图。N、S 为定子上固定不动的两个主磁极，主磁极可以采用永久磁铁，也可以采用电磁铁，在电磁铁的励磁线圈上通以方向不变的直流电流，便形成一定极性的磁极。

在两个主磁极 N、S 之间装有一个可以转动的、由铁磁材料制成的圆柱体，圆柱体表面嵌有一线圈 $abcd$（称为电枢绕组），线圈首末两端分别连接到两个弧形铜片（称为换向片）上。换向片之间用绝缘材料构成一整体，称为换向器，它固定在转轴上（但与转轴绝缘），随转轴一起转动，整个转动部分称为电枢。为了接通电枢内电路和外电路，在定子上装有两个固定不动的电刷 A 和 B，并压在换向器上，与其滑动接触。

二、直流电动机工作原理

包括直流电机在内的一切旋转电机，实际上都是依照两条基本原理制造的。一条是：导线切割磁通产生感应电动势。另一条是：载流导体在磁场中受到电磁力的作用。任何电机都包括磁场部分和电路部分，任何电机都体现电和磁的相互作用。

图 1-2 所示为两极直流电动机工作原理图。直流电动机结构与直流发电机相同，不同的是电刷 A、B 外接一直流电源。图示瞬时电流的流向为＋→A→换向片 1→a→b→c→d→换向片 2→B→－。根据电磁力定律，载流导体 ab、cd 都将受到电磁力 f 的作用，其大小为

$$f=B_x L i \quad (\mathrm{N}) \tag{1-1}$$

式中　B_x——导体所在位置的磁通密度，T；

L——导体切割磁力线的有效长度，m；

i——导体中流过的电流，A。

导体所受电磁力的方向用左手定则确定，在此瞬时，ab 位于 N 极下，受力方向从右向左，cd 位于 S 极下，受力方向从左向右，电磁力对转轴便形成一电磁转矩 T。在 T 的作用下，电枢便逆时针旋转起来。

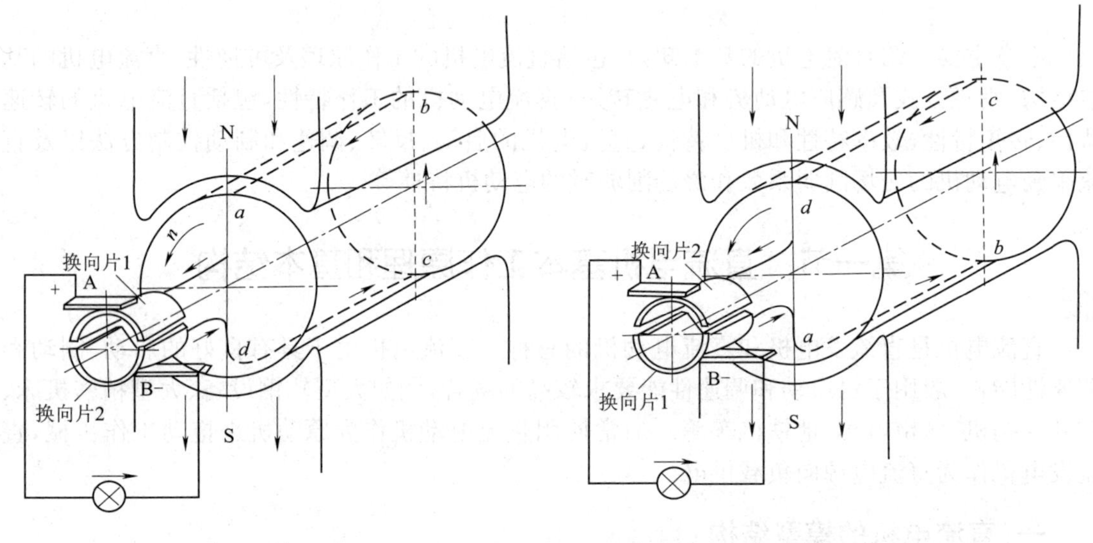

(a) (b)

图 1-1　直流电机简单模型图

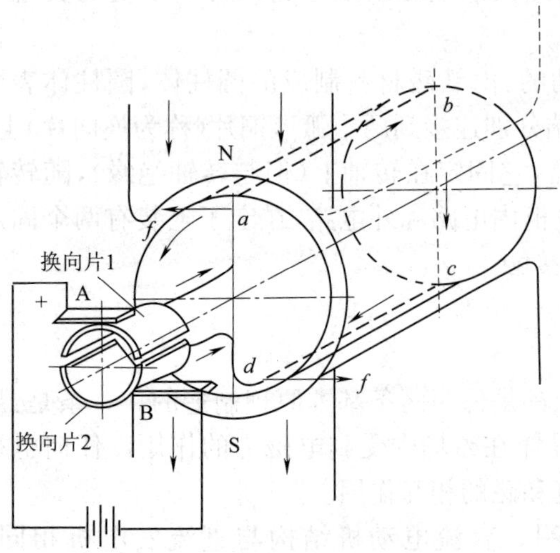

图 1-2　直流电动机工作原理图

当电枢转过 90°，电刷不与换向片接触，而与换向片间的绝缘片相接触，此时线圈中没有电流流过，$i=0$，故电磁转矩 $T=0$。但由于机械惯性的作用，电枢仍能转过一个角度，电刷 A、B 又将分别与换向片 2、1 接触。线圈中又有电流 i 流过，此时，导体 ab、cd 中电流改变了方向，即为 $b \to a$，$d \to c$，且导体 ab 转到 S 极下，ab 所受的电磁力 f 方向从左向右，cd 转到 N 极下，cd 所受的电磁力 f 方向从右向左。因此，线圈仍然受到逆时针方向电磁转矩的作用，电枢始终保持同一方向旋转。

在直流电动机中，电刷两端虽然加的是直流电源，但在电刷和换向器的作用下，线圈内部却变成了交流电，从而产生了单方向的电磁转矩，驱动电机持续旋转。同时，旋转的线圈中也将感应产生电动势 e，其方向与线圈中电流方向相反，故称为反电动势。直流电动机若要维持继续旋转，外加电压就必须高于反电动势，才能不断地克服反电动势而流入电流，正是这种不断克服，实现了将电能转换成为机械能。

三、直流发电机工作原理

1. 感应电动势的产生

当直流发电机的电枢被原动机拖动，并以恒速 v 逆时针方向旋转时，如图 1-1(a)所示，线圈两个有效边 ab 和 cd 将切割磁力线，而感应产生电动势 e。其方向用右手定则确定，导体 ab 位于 N 极下，导体 cd 位于 S 极下，感应电动势方向分别为 $b\rightarrow a$，$d\rightarrow c$。若接通外电路，电流从换向片 1→A→负载→B→换向片 2。电流从电刷 A 流出，具有正极性，用"+"表示；从电刷 B 流入，具有负极性，用"−"表示。

当电枢转过 90°时，线圈有效边 ab 和 cd 转到 N、S 极之间的几何中心线上，此处磁密为零，故这一瞬时感应电动势为零。

当电枢转过 180°时，导体 ab 和 cd 及换向片 1、2 位置互换，如图 1-1(b)所示。导体 ab 位于 S 极下，导体 cd 位于 N 极下，线圈两个有效边产生的感应电动势方向分别为 $a\rightarrow b$，$c\rightarrow d$，电势方向恰与开始瞬时相反。外电路中流过的电流从换向片 2→A→负载→B→换向片 1。由此可见，电刷 A(B)始终与转到 N(S)极下的有效边所连接的换向片接触，故电刷极性始终不变，A 为"+"，B 为"−"。

由以上分析可知，线圈内部为一交变电动势，但电刷引出的电动势方向始终不变，为一单方向的直流电动势。

2. 感应电动势的波形

根据电磁感应定律，每根导体产生的感应电动势 e 为

$$e=B_x L v \quad (\text{V}) \tag{1-2}$$

式中　v ——导体切割磁力线的线速度，m/s。

要想知道电动势的波形，先得找出磁密的波形，前已设电枢以恒速 v 旋转，$v=$常数，L 在电机中不变，则 $e\propto B_x$，即导体电动势随时间的变化规律与气隙磁密的分布规律相同。设想将电枢从外圆某一点沿轴切开，把圆周拉成一直线作为横坐标，纵坐标表示磁密，而绘出的 B_x 分布曲线如图 1-3 所示，为一梯形波。由于 $e\propto B_x$，电动势波形与磁密波形可用同一曲线表示，只需换一坐标即可得到线圈内部交变电动势波形。

通过电刷和换向器的作用，及时地将线圈内的交变电动势转换成电刷两端单方向的直流电动势，如图 1-4 所示，但它是一个大小在零和最大值之间变化的脉振电动势。

对于图 1-1 所示的直流电机简单模型图，由于电枢上只嵌放了一个线圈，所以感应电动势数值小，波动大。为了减小电动势的脉动，实际电机中，电枢上放置许多线圈组成电枢绕组，这些线圈均匀分布在电枢表面，并按一定规律连接起来。图 1-5 表示一台两极直流电机，电枢上嵌有在空间互差 90°的两个线圈产生的电动势波形，由图可见，其脉动程度大大减小了。实践证明，若每极下线圈边数大于 8，电动势脉动的幅值将小于 1%，基本为一直流电动势，如图 1-6 所示。

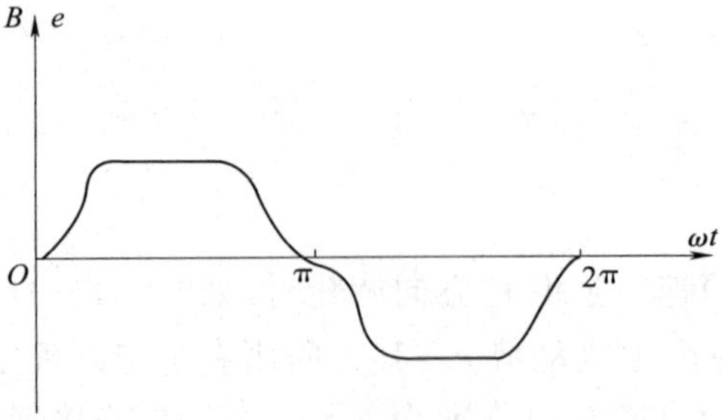

图 1-3　线圈内电动势波形

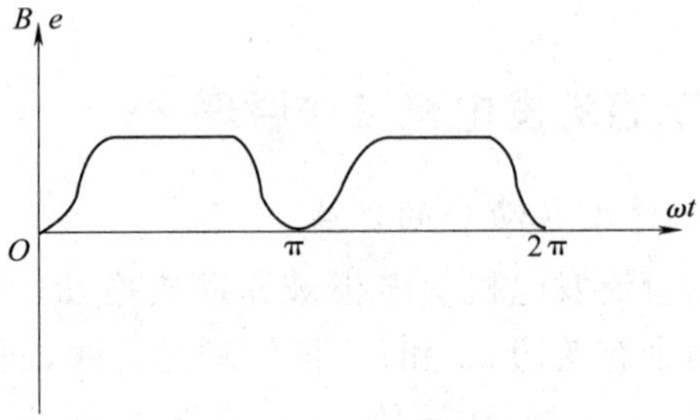

图 1-4　电刷两端的电动势波形

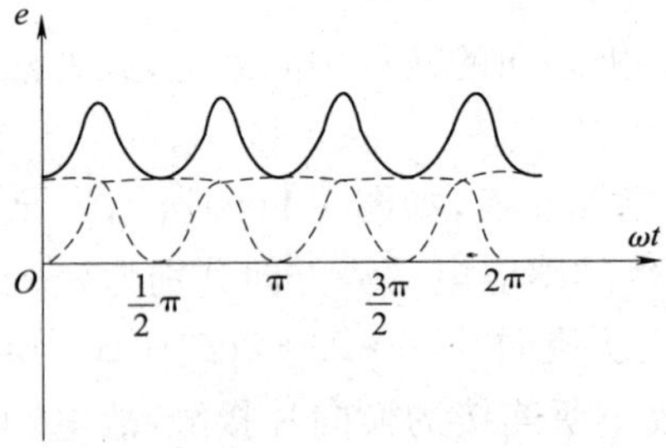

图 1-5　两个线圈换向后的电动势波形

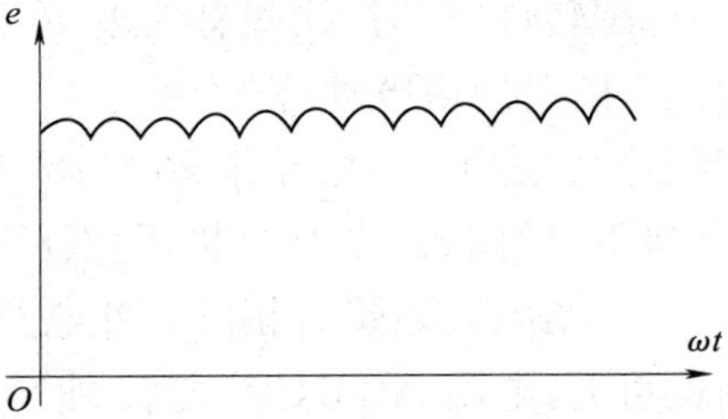

图 1-6　多个线圈电刷两端的电动势波形

3. 直流发电机产生的电磁转矩

当直流发电机电刷两端获得直流电动势后，若接上负载，便有电流流过线圈，电流 i 与电动势 e 的方向相同。同时，载流导体在磁场中必然产生电磁力 f，其方向用左手定则确定。电磁力对转轴形成电磁转矩 T，T 与电枢旋转的方向相反，起到了阻碍作用，故称为阻转矩。直流电机要维持发电状态，原动机就必须输入机械能克服电磁转矩 T，正是这种不断的克服，实现了将机械能转换成为电能。

由此可见，直流电机具有可逆性，即一台直流电机既可作电动机运行，也可作发电机运行。当输入直流电流产生电磁转矩，将电能转换成机械能时，电机作电动机运行；当输入机械转矩将机械能转换成电能时，电机作发电机运行。

四、直流电机基本结构

直流电机的基本结构如图 1-7 所示，其主要由静止的定子和旋转的转子两大部分组成。在定子和转子之间有一定大小的间隙，称为气隙。气隙是电动机磁路的一部分。由主磁极所建立磁场的磁感应强度在空气隙中按一定的形状分布。气隙虽然很窄，但是它的大小和形状对电机的运行性能有很大的影响。一般中小型电机的空气隙为 0.7～5 mm，大型电机为 5～10 mm。

1. 定子

直流电机定子的作用是产生磁场和作为电机的机械支撑。定子主要由机座、主磁极、换向极和电刷装置等组成。

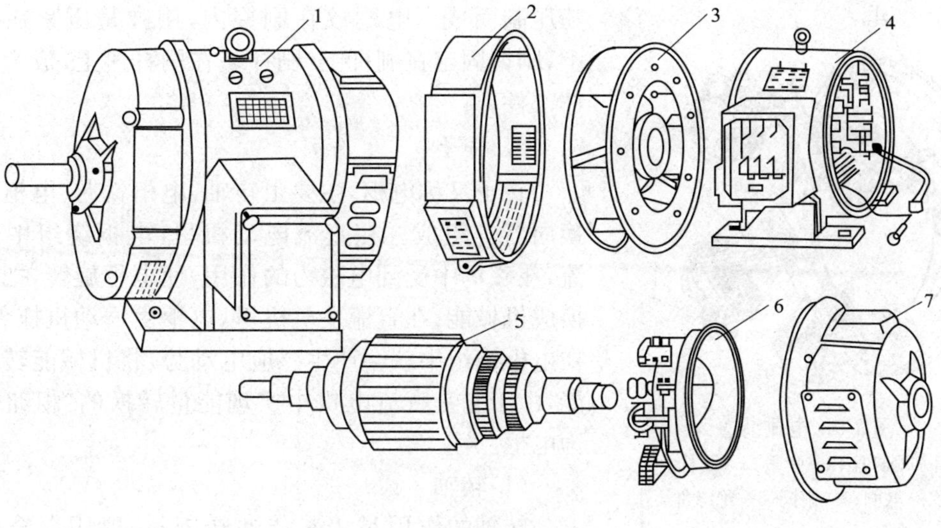

图 1-7 直流电机结构图

1—直流电机总成；2—后端盖；3—通风器；4—定子总成；5—转子（电枢）总成；6—电刷装置；7—前端盖

（1）机座

机座兼起机械支撑和导磁磁路两个作用。它既用来作为安装电机所有零件的外壳，又是联系各磁极的导磁铁轭。机座通常为铸钢件，也有采用钢板焊接而成的。对于换向要求较高的电机，可采用叠片结构的机座。

（2）主磁极

主磁极的作用是产生主磁场，结构如图 1-8 所示，由主极铁芯和主极线圈（也就是励磁绕组）两部分组成。主极铁芯一般用 1～1.5 mm 厚的薄钢板冲片叠压后再用铆钉铆紧成一个整体。小型电机的主极线圈用绝缘铜线（或铝线）绕制而成，大中型电机主极线圈用扁铜线绕制，并进行绝缘处理，然后套在主极铁芯外面。整个主磁极用螺钉固定在机座内壁。

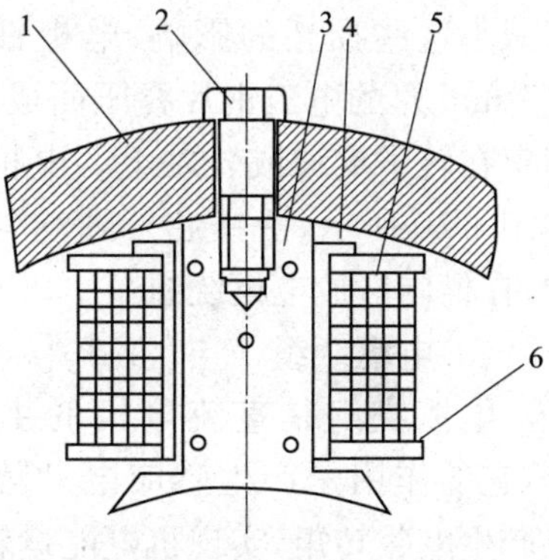

图 1-8 主磁极

1—机座；2—主极螺钉；3—主极铁芯；4—框架；5—主极绕组；6—绝缘垫衬

（3）换向极

换向极又称为附加极，它装在两个主极之间，用来改善直流电机的换向。换向极由换向极铁芯和换向极线圈构成。换向极铁芯大多用整块钢加工而成。但在整流电源供电的功率较大电机中，为了更好地改善电机换向，换向极铁芯也采用叠片结构。换向极线圈与主极线圈一样也是用圆铜线或扁铜线绕制而成，经绝缘处理后套在换向极铁芯上，最后用螺钉将换向极固定在机座内壁。

（4）电刷装置

电刷装置的作用是通过电刷与换向器表面的滑动接触，把转动的电枢绕组与外电路相连。电刷装置一般由电刷、刷握、刷杆、刷杆座等部分组成，如图 1-9 所示。电刷一般用石墨

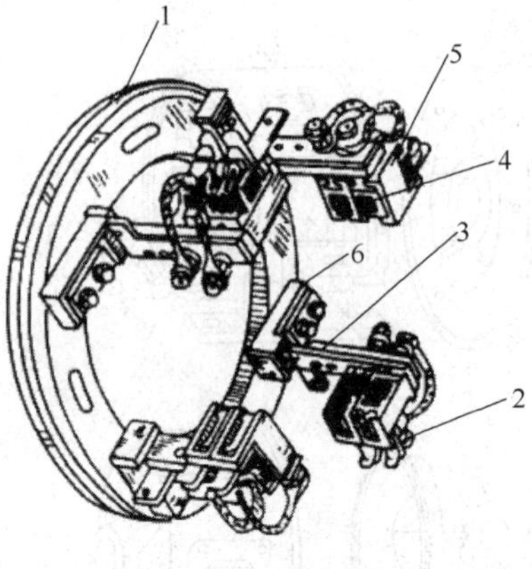

图 1-9　电刷装置

1—刷杆座；2—弹簧；3—刷杆；4—电刷；5—刷握；6—绝缘件

粉压制而成。电刷放在刷握内，用弹簧压紧在换向器上，刷握固定在刷杆上，刷杆装在刷杆座上，成为一个整体部件。

2. 转子

转子又称电枢，主要由转轴、电枢铁芯、电枢绕组和换向器等组成。在直流电动机里，电枢绕组中通入电流，在磁场中受到电磁力的作用，使电枢旋转，把电能转换成机械能；在直流发电机里，电枢由原动机拖着旋转，在电枢绕组中就会产生感应电动势，将机械能转换成电能，由于它是直流电机中实现能量转换的“枢纽”，故称为电枢。

(1)转轴

转轴的作用是用来传递转矩，一般用合金钢锻压而成。

(2)电枢铁芯

电枢铁芯是电机磁路的一部分，也是承受电磁力作用的部件。当电枢在磁场中旋转时，在电枢铁芯中将产生涡流和磁滞损耗，为了减小这些损耗的影响，电枢铁芯通常用 0.5 mm 厚的电工钢片叠压而成，电枢铁芯固定在转子支架或转轴上。电枢铁芯冲片如图 1-10 所示，沿铁芯外圈均匀地分布有槽，在槽内嵌放电枢绕组。

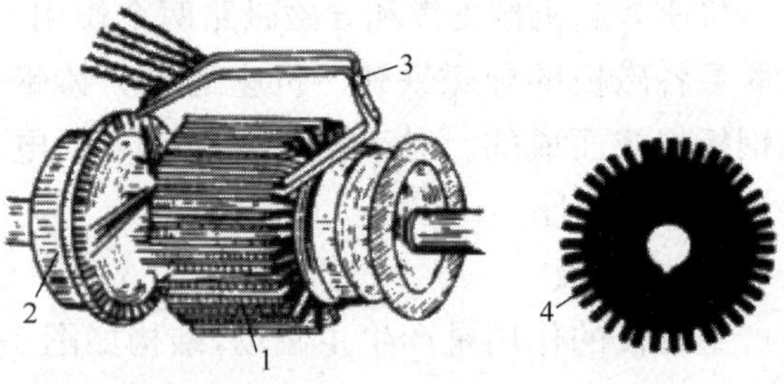

图 1-10　电枢铁芯铁芯和冲片

1—电枢铁芯；2—换向器；3—绕组元件；4—铁芯冲片

(3)电枢绕组

电枢绕组是直流电机的主要电路部分，它的作用是产生感应电动势和通过电流产生电磁转矩，实现机电能量转换。电枢绕组通常都用圆形或矩形截面的导线绕制而成，再按一定规律嵌放在电枢槽内，上下层之间以及电枢绕组与铁芯之间都要妥善地绝缘。为了防止离心力将绕组甩出槽外，槽口处需用槽楔将绕组压紧，伸出槽外的绕组端接部分用无纬玻璃丝带绑紧。绕组端头则按一定规律嵌放在换向器铜片的升高片槽内，并用锡焊或氩弧焊焊牢。

(4)换向器

换向器的作用是机械整流，即在直流电动机中，它将外加的直流电流逆变成绕组内的交流电流；在直流发电机中，它将绕组内的交流电势整流成电刷两端的直流电势。换向器的结构如图 1-11 所示。换向器由许多换向片组成，换向片间用云母片绝缘。换向片凸起的一端称升高片，用以与电枢绕组端头相连，换向片下部作成燕尾形，利用换向器套筒、V 形压圈及螺旋压圈将换向片、云母片紧固成一个整体。在换向片与换向器套筒、压圈之间用 V 形云母环绝缘，最后将换向器压装在转轴上。

3. 直流电机的电枢绕组

电枢绕组是实现电能和机械能相互转换的枢纽，是直流电机重要部件之一，绕组的型式与电机的性能、寿命和效率有很大的关系。研究直流电机电枢绕组，主要是找出绕组元件相互之间和元件与换向器之间的连接规律。不同类型的电枢绕组具有不同的连接规律。直流电机的电枢绕组分为单叠绕组、复叠绕组、单波绕组、复波绕组等几种类型。

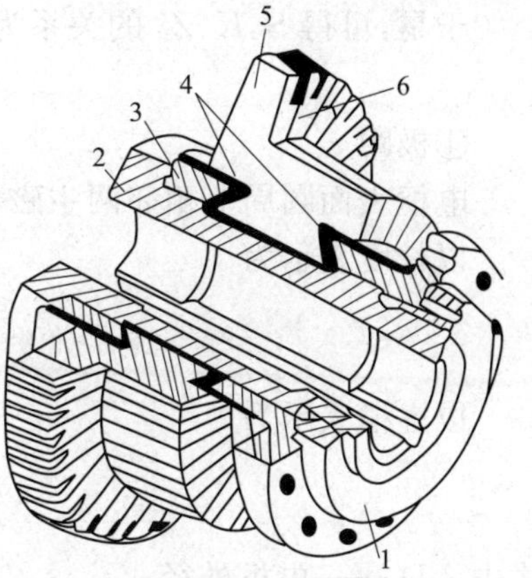

图 1-11　换向器

1—螺旋压圈；2—换向器套筒；3—V形压圈；4—V形云母环；5—换向铜片；6—云母片

(1)电枢绕组概述

①对电枢绕组的要求

电枢绕组是由许多形状相同的线圈按一定规律连接而成。对于电枢绕组，要求一定的导体数，应能产生较大的电势；通过一定大小的电流能产生足够大的电磁转矩。同时，应尽量节省有色金属和绝缘材料，并要求结构简单，运行安全可靠。

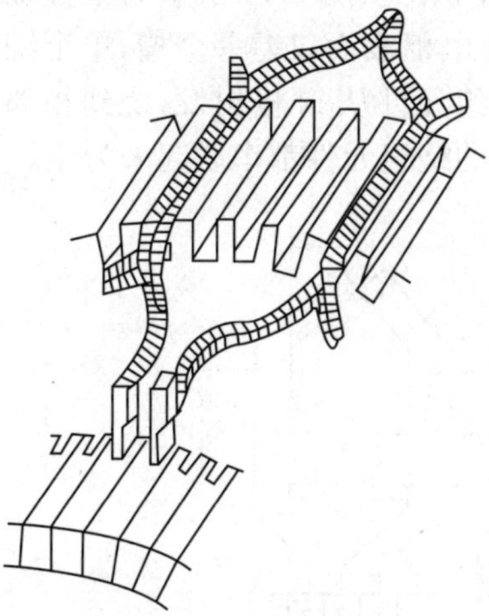
图 1-12　线圈与换向器

②绕组元件

绕组元件是用绝缘铜导线绕制成的线圈，这些线圈是组成电枢绕组的基本单元，故称为绕组元件。一个元件有两个有效边，其中一个有效边嵌放在某个槽的上层（称为上元件边），另一个有效边嵌放在另一个槽的下层（称为下元件边），元件的首末端分别接于两个换向片上，如图 1-12 所示。元件在铁芯槽内的部分称为有效部分，槽外两端仅起连接作用，称为端节部分。

③元件数 S、换向片数 K、虚槽数 Z_u 之间的关系

每个元件均有首末两端，而每个换向片总是焊接着一个元件的末端和另一个元件的首端，因此，元件数与换向片数相等，即

$$S=K \tag{1-3}$$

若每一个实槽内嵌放上、下两个有效边，则称为一个单元槽或一个虚槽。但有些电机，一个实槽内上、下层常并列嵌放多个元件边，如图 1-13 所示。这时，电枢总的虚槽数为

$$Z_u=uZ \tag{1-4}$$

式中　Z——电枢铁芯实槽数；

u——一个实槽内所包含的虚槽数。

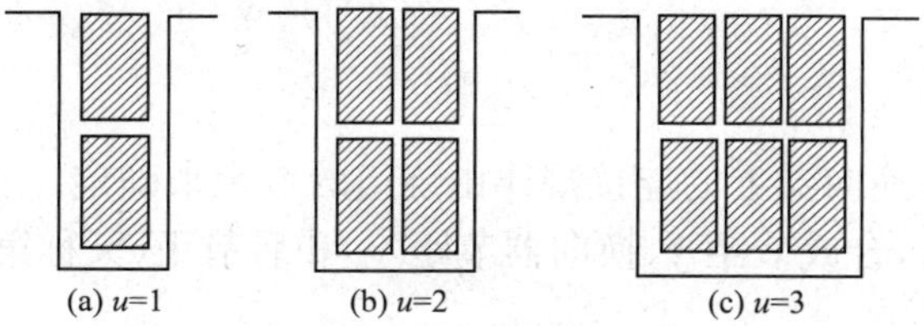

图 1-13　实槽与虚槽

于是，可得 S、K、Z_u 的关系为

$$S=K=Z_u=uZ \tag{1-5}$$

④极距 τ

电枢表面圆周上相邻两主磁极之间的距离。

以长度表示为

$$\tau=\frac{\pi D_a}{2p} \tag{1-6}$$

以虚槽表示为

$$\tau=\frac{Z_u}{2p} \tag{1-7}$$

式中　D_a——电枢外径；

　　p——主磁极对数。

⑤绕组的类型和节距

a. 绕组的基本类型

直流电机的电枢绕组最基本的有单叠绕组和单波绕组两大类，图 1-14 所示为单叠绕组的连接规律示意图。由图可见，单叠绕组的相邻绕组元件在电枢表面仅差一个槽，单个绕组元件的首端和末端之间相邻一个换向片。例如图中第一绕组元件从 N 极出发，绕到相邻的 S 极，通过换向器与 N 极下的第二绕组元件串联，直到所有的绕组元件都串联起来为止。

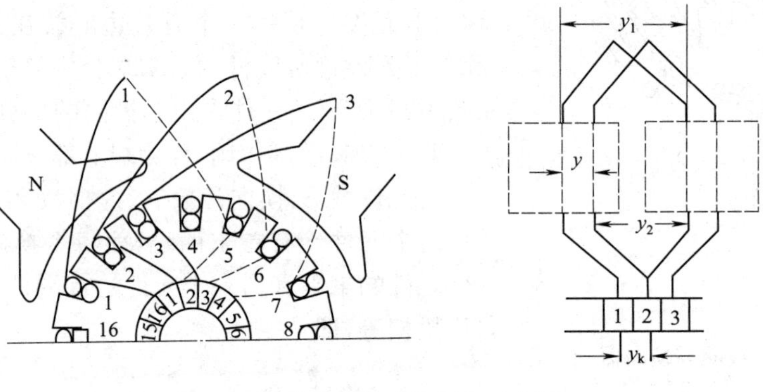

图 1-14　单叠绕组连接规律示意图

图 1-15 所示为单波绕组的连接规律示意图。由图可见，单波绕组的相邻绕组元件相隔约为两个极距，第二绕组元件与第一绕组元件处在相同极性的两个磁极下，单个绕组元件的首端与末端相隔约为两个极距。若电机有 p 对磁极，则连接 p 个元件后才回到出发元件的邻近，并相隔一个槽，以便第二周继续绕下去，直到所有的绕组元件都串联起来为止。

b. 绕组的节距

各种绕组在电枢和换向器上的连接规律由绕组的节距来确定。直流电机的节距有线圈节距（又称第一节距）y_1，合成节距 y，换向器节距 y_k 和后节距（又称第二节距）y_2。

ⓐ线圈节距 y_1

线圈节距 y_1 是指同元件两有效边在电枢表面所跨过的距离，一般以虚槽数表示。

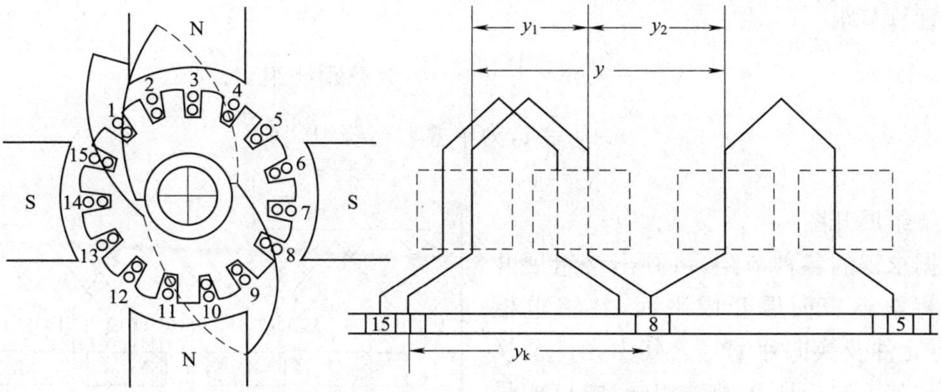

图 1-15　单波绕组连接规律示意图

$$y_1=\frac{Z_u}{2p}\pm\varepsilon=\text{整数} \tag{1-8}$$

式中，ε 是用来把 y_1 凑成整数的一个小数。当 $\varepsilon=0$ 时，$y_1=\tau$，为整距绕组；当 ε 取"－"号时，$y_1<\tau$，为短距绕组；当 ε 取"＋"号时，$y_1>\tau$，为长距绕组。整距绕组可获得最大感应电动势，短距和长距绕组感应电动势略小。由于短距绕组比长距绕组能节省端部材料，同时短距绕组对换向有利，所以一般采用短距绕组。

ⓑ合成节距 y

合成节距 y 是指相连接的两个绕组元件的对应边在电枢表面所跨过的距离。

ⓒ换向器节距 y_k

换向器节距 y_k 是指同一个绕组元件首末端所连接两换向片之间在换向器表面所跨过的距离。以换向片数表示

$$y_k=y \tag{1-9}$$

ⓓ后节距 y_2

后节距 y_2 是指相串联的两元件中，第一元件的下层有效边与所连接的第二元件的上层有效边之间在电枢表面所跨过的距离。其值取决于 y_1 和 y，并与绕组的类型有关。

单叠绕组　$$y_2=y_1-y \tag{1-10}$$

单波绕组　$$y_2=y-y_1 \tag{1-11}$$

(2)单叠绕组

单叠绕组的同一元件首末两端分别与相邻两换向片相接，第一只元件的末端与第二只元件的首端接在同一换向片上。两只相互串联的元件总是后一只紧叠在前一只上面，故称为叠绕组。其特征为

$$y=y_k=\pm1 \tag{1-12}$$

式中，取"＋"为右行绕组，取"－"为左行绕组，左行绕组端部交叉，一般不予采用。

为进一步分析单叠绕组的连接方法和特点，现以 $Z=S=K=16,2p=4$ 为例，绕制一单叠右行绕组。

①计算节距

$$y_1=\frac{Z}{2p}\pm\varepsilon=\frac{16}{4}\pm0=4\text{，为整距绕组}$$

$$y=y_k=1\text{，为单叠右行绕组}$$

$$y_2=y_1-y=4-1=3$$

②绕组展开图

根据求得的各种节距，可画出绕组展开图。先将电枢表面展开成平面，并将电枢槽、电枢元件及换向片编号。其中元件及换向片号与其上层边所在槽号相同，电枢槽号和换向片号之间的相对位置用如下方法确定：为了使元件的端接对称，应使每一元件所接的两个换向片的分界线与其轴线重合。

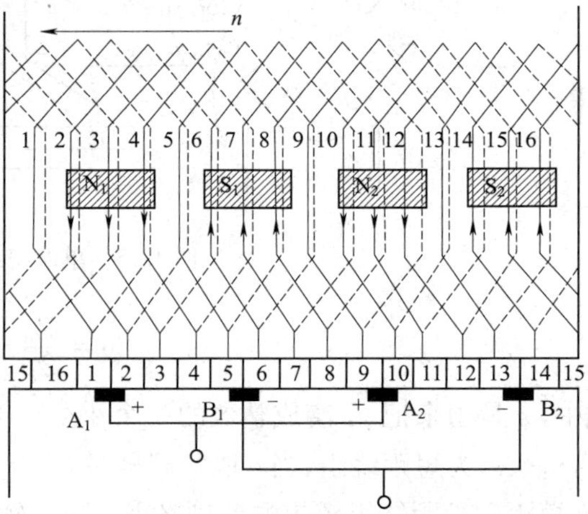

图 1-16　单叠绕组展开图

图 1-16 所示为单叠右行绕组展开图，图中元件上层边画成实线，下层边画成虚线。第一元件的首端接在换向片 1 上，它的一边放在 1 号槽的上层，另一边放在 5 号槽的下层（$y_1=4$），末端接在换向片 2 上（$y_k=1$）；第二元件的首端接到换向片 2 上，它的一边放在 2 号槽的上层，另一边放在 6 号槽的下层，末端接到换向片 3 上；依次连接第三、第四……直到第十六元件。第十六元件的末端又接到换向片 1 上，组成一个闭合回路。

③主磁极的位置

为了确定电枢绕组中感应电动势的方向，需假定电枢的转向，同时画出主磁极的位置和极性。电机主极在圆周上是对称均匀分布的，极靴宽度一般为(0.6～0.7)τ。在展开图上对称均匀划分极距，并在每极距内画上磁极并假设极性，N 极表示磁力线方向进入纸面，S 极表示磁力线方向离开纸面。根据右手定则，可以确定各导体中感应电动势的方向，用元件边上的箭头表示，在 N 极下的元件边中电动势方向均向下；在 S 极下元件边中的电动势方向均向上。由于几何中心线处的磁密为零，故此处元件边中电动势为零，即 1、5、9、13 号元件中电动势为零。因此，电枢电动势的分界线是磁场的分界线。

④电刷位置和极性

电刷在换向器上的位置是根据空载时在正负电刷之间能获得最大电动势这一原则来确定的。为了获得最大电动势，电刷应与电动势为零的电枢元件所连接的换向片相接触。

电动势为零的元件所处的位置用下述方法判断：若是整距绕组（$y_1=\tau$），如图 1-17(a)所示，当两元件边位于几何中心线时，元件电动势为零，此时，元件轴线与主极轴线重合。如果是短距绕组（$y_1<\tau$），如图 1-17(b)所示，当元件轴线与主极轴线重合时，两元件边不在几何中心线上，而处在同一极性下左右对称，此时，两元件边电动势大小和方向都相同，互相抵消，元件电动势也为零。由此可见，只要元件的轴线与主极轴线重合，感应电动势即为零。此时，元件所接的两个换向片的分界线与主极轴线重合，所以电刷必须放在主极轴线下的换

向片上。对应一个主极，便可放置一组电刷。本例中 $2p=4$，则应有四组电刷。电刷的宽度通常等于换向片宽度的 1.5～3 倍。在分析电机电枢绕组时，为简便起见，电刷只画成一个换向片宽。

电刷的极性由线圈内电势的方向来确定，当电枢转向和主极极性一定时，通过换向片跨接在任何两相邻电刷间的元件中电动势方向是一定的，因此电刷的极性固定不变。图 1-18 中 A 电刷为正，B 电刷为负。电机中将同极性电刷相连后引出正负两接线端。

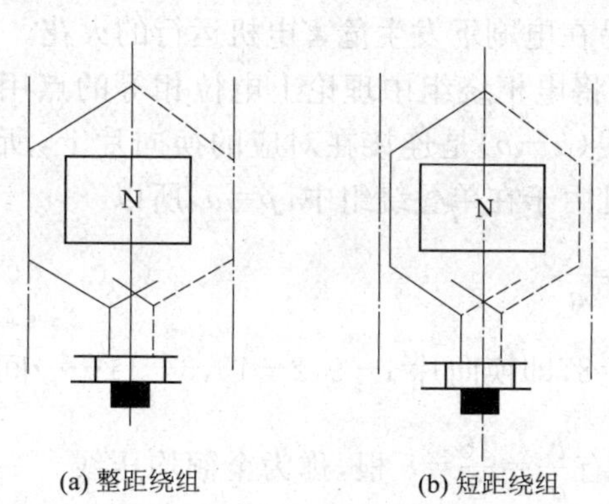

图 1-17　电刷放置法

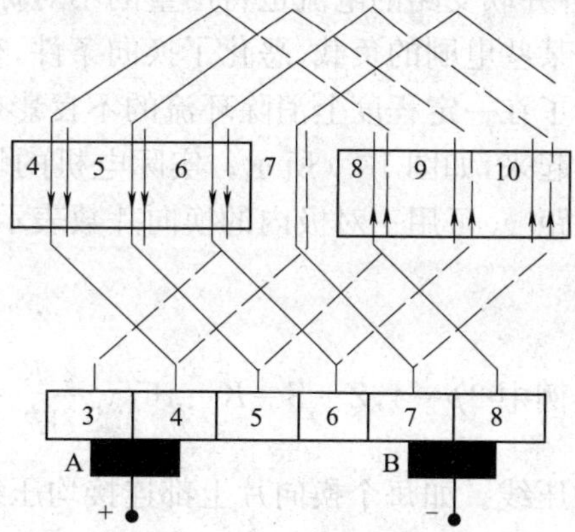

图 1-18　电刷极性

⑤并联支路数

将图 1-16 中的元件依次连接，可得单叠绕组的瞬间电路图，如图 1-19 所示。由图可见，有四条支路并联于正负电刷之间。每一支路都是由上层边处在同一主极下的元件串联而成，一个主极对应一条支路，则单叠绕组的并联支路数恒等于电机的主极数。所以支路对数 a 等于主极对数 p，即

$$a=p \tag{1-13}$$

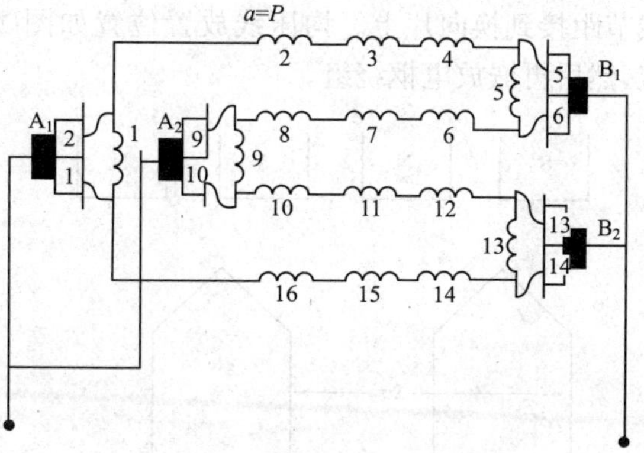

图 1-19　单叠绕组的瞬间电路图

电枢旋转时，各元件的位置随着移动，构成各支路的元件在交替更换，由于电刷位置是固定的，所以组成一条支路的元件数不变，感应电动势大小不变，从电刷外面看绕组时，永远是一个具有 $2a$ 条并联支路的电路。

电刷两端接通负载或电源时，产生电枢电流，由于电刷两侧的感应电动势方向相反，则电刷两侧的电流方向相反，所以电枢电流的分界线是电刷。

单叠绕组的电枢电动势 E_a 等于一条支路的电动势，电枢电流 I_a 等于各支路电流 i_a 之和，即

$$I_a=2a\cdot i_a \tag{1-14}$$

⑥单叠绕组的均压线

在多极（$2p>2$）电机的单叠绕组中，各支路的元件边处在不同的磁极下，如果各极下的

气隙、磁通量都相等，电机运行正常，这是理想的情况。但实际上由于磁性材料不均匀，磁路的磁阻可能有所不同，或者由于制造上的偏差（如铸件中的气孔，安装时的误差），或者由于运行造成的原因（如轴承磨损使气隙不均匀）等都会导致各极磁通量不相等。因此即使绕组排列的完全对称（绕组每对支路中的对应元件在磁场中所处的位置相同），也会使各支路中感应电动势有所不同，从而在绕组中引起环流。该环流的数值仅受支路电阻和接触电阻的限制，而这些电阻值都很小，所以较小的电动势不平衡就会产生相当大的环流。当电枢带负载后，各并联支路的电流也将严重的不对称。环流的存在使电机损耗加大，更重要的是环流加重了某些电刷的负载，恶化了换向条件，很容易在电刷下发生危害电机运行的火花。

为了在一定程度上消除环流的不良影响，可将电枢绕组中理论上电位相等的点用均压线连接起来，如图 1-20 所示。实际电机的均压线（$a-b$）是连接在对应的换向片上，所以均压线节距 y_p 可用一对极内的换向片数表示，并且由于在单叠绕组中，$p=a$，所以

$$y_p=\frac{K}{p}=\frac{K}{a} \tag{1-15}$$

上例中 $2p=4$，$Z=S=K=16$，$y_p=\dfrac{K}{p}=\dfrac{16}{2}=8$，即换向片 1—9，2—10，3—11……间都可连接均压线。如每个换向片上都连接均压线，共有$\dfrac{K}{a}=\dfrac{16}{2}=8$ 根，称为全额均压线。一般电机，可以采用 1/2 或 1/3 的全额均压线。

均压线可制成与电枢绕组端部同样形状，包上与电枢绕组同等级的绝缘，然后按照均压线节距接到换向片上。均压线放置位置如图 1-21 所示，将均压线接在换向片上后绑扎固定，然后再嵌放电枢绕组。

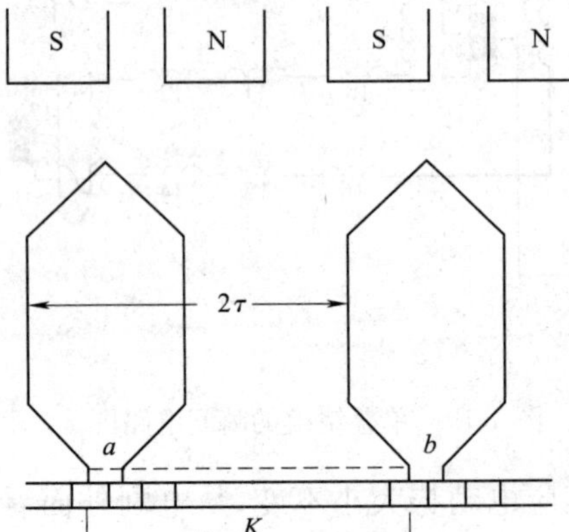

图 1-20　单叠绕组的均压线

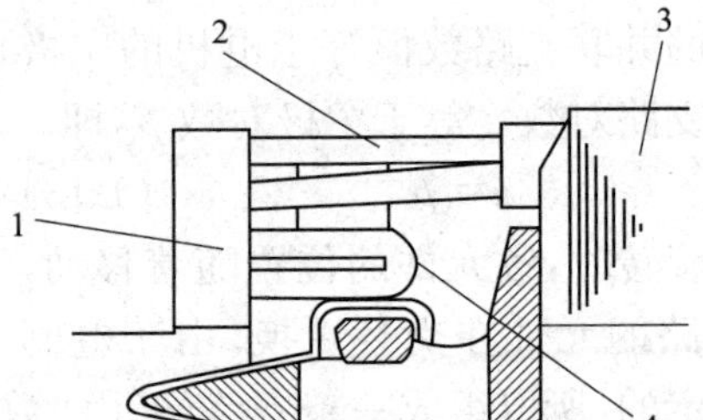

图 1-21　均压线放置位置

1—换向片；2—电枢绕组；3—电枢铁芯；4—均压线

(3)单波绕组

单波绕组每一元件两条边之间的距离（y_1）与单叠绕组一样，即

$$y_1=\frac{Z}{2p}\pm\varepsilon=\text{整数}$$

单波绕组每一元件的首末端要接到相距约为两个极距的换向片上，每嵌放一个元件时，

其相应元件边在电枢表面上移动约为两个极距的槽，所以 $y=y_k\approx 2\tau$。第二只元件与第一只元件处在相同极性的两个磁极下，感应电动势方向相同。当依次串联 p 个元件，在电枢表面环绕一周后，第 p 只元件的末端要接到第一只元件的首端所接的换向片 1 相邻换向片上，以便第二周继续绕下去，所以

$$p\cdot y_k=K\pm 1 \tag{1-16}$$

因此，单波绕组的换向器节距为

$$y_k=\frac{K\pm 1}{p}=\text{整数} \tag{1-17}$$

当采用 $K+1$ 时，p 个元件串联后，接到换向片 2 上，称右行绕组，此时端接交叉，很少采用。一般采用 $K-1$，称为左行绕组。现以 $Z=S=K=15$，$2p=4$ 为例，绕制一单波左行绕组。

①计算节距、画绕组展开图

$$y_1=\frac{Z}{2p}\pm\varepsilon=\frac{15}{4}-\frac{3}{4}=3$$

$$y=y_k=\frac{K-1}{p}=\frac{15-1}{2}=7$$

$$y_2=y-y_1=7-3=4$$

根据求得的各种节距，可画出单波绕组的展开图，如图 1-22 所示。从图中可看出元件连接的顺序是：1—8—15—7—14—6—13—5—12—4—11—3—10—2—9—1，也构成一闭合绕组。

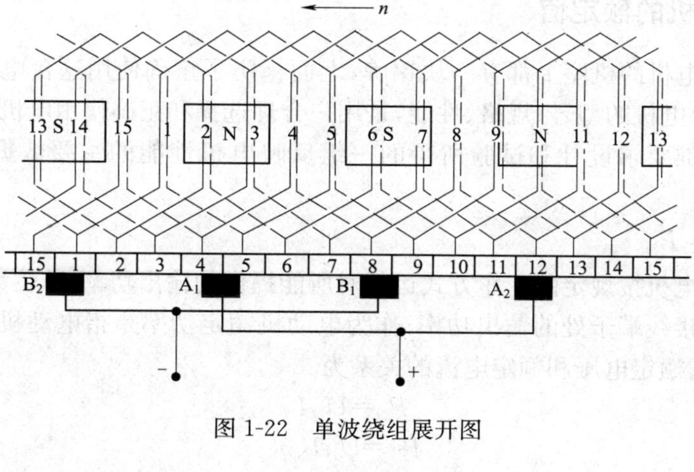

图 1-22　单波绕组展开图

确定主极位置、电刷位置的原则与单叠绕组相同。

②单波绕组的支路对数

根据图 1-22 可画出单波绕组的瞬间电路图，如图 1-23 所示。由图可见，单波绕组是将所有上层边在 N 极下的元件串联成一条支路(4、11、3、10、2)，将上层边在 S 极下的元件串联成另一条支路(15、7、14、6、13)，其余元件被电刷短路。显然，单波绕组的支路数 $2a$ 和主极数目无关，即

$$a\equiv 1 \tag{1-18}$$

由于单波绕组只有两条并联支路，只要一正一负两组电刷即可工作。但在极数较多时，由于电刷的载流量很大，使换向器尺寸加大，因此一般仍采用与极数相等的电刷组数（全额电刷）。

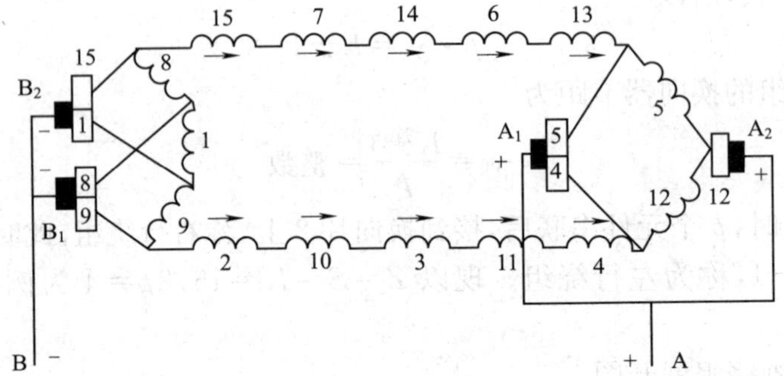

图 1-23　单波绕组瞬时电路图

单波绕组的电枢电势仍为一支路电动势，电枢电流为两支路电流之和。

(4)单叠与单波绕组的区别

单叠与单波绕组是直流电机基本的绕组类型，其主要区别是并联支路数不同。单叠绕组 $a=p$，可以通过增加磁极对数来增加并联支路数，适用于低电压、大电流的电机。单波绕组 $a\equiv1$，在元件数相同的情况下，每条支路串联的元件较多，适用于小电流、较高电压的电机。

五、直流电机的额定值

每一台直流电机的机座上都有一块铭牌，上面标明了正确使用这台电机的各项技术数据，简要介绍这台电机的型号、规格、性能，是用户合理选择和正确使用电机的依据。

根据国家标准要求设计和试验所得的一组反映电机性能的主要数据，称为电机的额定值。

1. 额定功率 P_N

额定功率指电机按规定的工作方式运行时所能提供的输出功率，单位为 kW。作为发电机额定功率是指接线端子处的输出功率；作为电动机额定功率是指电动机转轴的有效机械功率。额定功率、额定电压和额定电流的关系为

发电机
$$P_N=U_N I_N \tag{1-19}$$

电动机
$$P_N=U_N I_N \eta_N \tag{1-20}$$

2. 额定电压 U_N

额定电压指在额定输出时电机接线端子间的电压，单位为 V。

3. 额定电流 I_N

额定电流指电机按照规定的工作方式运行时，电机绕组允许流过的最大安全电流，单位为 A。

4. 额定转速 n_N

额定转速指电机在额定电压、额定电流和额定输出功率时，电机的旋转速度，单位

为r/min。

此外，还有工作方式、励磁方式、额定励磁电压、额定温升、额定效率 η_N 等。

额定值是选用或使用电机的主要依据，一般希望电机按额定值运行。但实际上，电机运行时的各种数据可能与额定值不同，它们由负载的大小来确定。若电机的电流正好等于额定值，称为满载运行；若电机的电流超过额定值，称为过载运行；若比额定值小得多，称为轻载运行。长期过载运行将使电机过热，降低电机寿命甚至损坏；长期轻载运行使电机的容量不能充分利用。两种情况都将降低电机的效率，都是不经济的。故在选择电机时，应根据负载的要求，尽可能使电机运行在额定值附近。

第二节　直流电机的感应电动势和电磁转矩

一、直流电机的感应电动势

直流电机的感应电动势是指电机正负电刷间的电动势。当电机的气隙中有磁场存在，且电枢旋转使电枢导体切割磁力线时，在电枢绕组中会产生感应电动势。感应电动势的大小不仅取决于磁通量的大小和转速的高低，还和绕组的导体数和连接方法有关。从电刷看进去，电枢绕组由 $2a$ 条并联支路组成，电刷间电动势即为一条支路电动势，而支路电动势等于支路中各串联导体的感应电动势之和，不同的绕组类型，其连接方式不同，支路数和串联导体数均不同，则感应电动势大小也不同。

设电枢绕组线圈数为 S，一个线圈的匝数为 N_a，则电枢导体总数 N 为

$$N=2SN_a \tag{1-21}$$

每一支路中串联的导体数为$\dfrac{N}{2a}$。

电机空载运行时，气隙磁密分布如图 1-24 所示。由图中可见，由于电枢表面各点的磁密不相等，导致各导体中感应电动势的数值也不相等，使电枢电动势公式推导相当复杂，为此，引入磁密和导体感应电动势的平均值 B_{av} 和 e_{av} 进行分析。

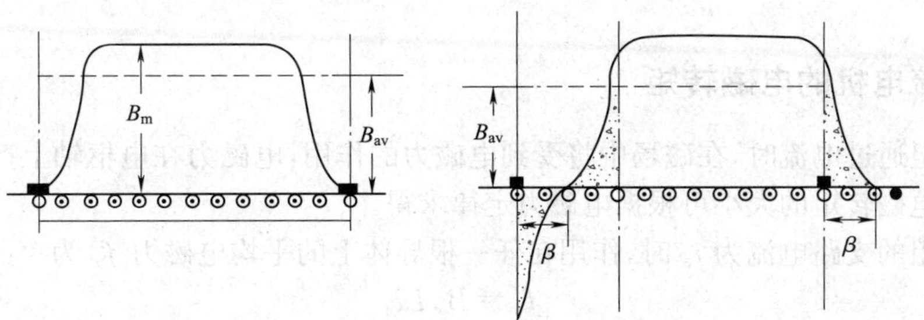

(a) 电刷在几何中心线时　　(b) 电刷移过 β 角度时

图 1-24　支路内各导体在气隙磁场中的位置

主极极距为 τ，导体在磁场中轴向有效长度为 L，每极磁通为 Φ，则平均气隙磁密为

$$B_{av}=\frac{\Phi}{L\tau} \tag{1-22}$$

导体的平均电动势为

$$e_{av}=B_{av}Lv$$

式中，v 为电枢表面线速度，若电机转速为 n，电枢直径为 D_a，主极数为 $2p$，电枢表面周长 $\pi D_a=2p\tau$，则

$$v=\frac{2p\tau n}{60}$$

因此，支路电动势即电机的感应电动势为

$$E_a=\frac{N}{2a}e_{av}=\frac{N}{2a}\cdot\frac{\Phi}{\tau L}\cdot L\cdot\frac{2p\tau n}{60}=\frac{pN}{60a}\cdot\Phi\cdot n=C_e\Phi n \tag{1-23}$$

式中　Φ——每极磁通量，Wb；

n——电机转速，r/min；

C_e——电机电动势常数，$C_e=\frac{pN}{60a}$。

对于给定的电机，p、N、a 均为定值，所以，C_e 是一个常数。

从以上分析可知：

(1)直流电机的感应电动势是指电枢表面圆周上固定位置(电刷间)的电枢线圈中感应电动势之和，仅与电刷间磁通的大小，电枢转速及电机的结构有关。对于已给定的电机，C_e 为常数，则感应电动势 E_a 的大小随着磁通和转速的变化而不同。

(2)感应电动势的大小仅和磁通的大小有关，而和磁密的分布无关。分布形状改变，使每一导体的感应电动势大小发生变化，只要保持总磁通量不变，电刷间的电动势不变。计算空载或负载电势时，要分别代入空载或负载时的磁通值。当励磁绕组中无电流时，气隙磁场由主极剩磁产生，将剩磁磁通量代入公式可求出电机的剩磁电动势。

(3)公式是在整距绕组时导出的，若为短距绕组，在线圈的两边都处在同一磁极下的瞬间，两线圈边中感应电动势方向相反，互相抵消，使感应电动势减少。在直流电机中，不允许将节距短得过多，可不考虑对电动势的影响。

(4)如电刷偏离几何中心线时，则电刷间所包含的总磁通量有所减少，使感应电动势相应减少。

二、直流电机的电磁转矩

电枢绕组通过电流时，在磁场中将受到电磁力的作用，电磁力在电枢轴上产生的转矩称电磁转矩。电磁转矩的大小可根据电磁力定律求得。

电枢绕组的支路电流为 i_a 时，作用在任一根导体上的平均电磁力 f_{av} 为

$$f_{av}=B_{av}Li_a \tag{1-24}$$

导体产生的电磁转矩为

$$T_{av}=f_{av}\frac{D_a}{2} \tag{1-25}$$

由于每极下导体的电流方向相同，故同一极下各导体产生的电磁转矩方向相同，相邻极下的磁场和导体电流方向同时相反，转矩方向保持不变，如图 1-25 所示。因此，电磁转矩 T 应为电枢表面所有导体产生的 f_{av}之和，即

$$T=f_{av}\frac{D_a}{2}N=B_{av}\cdot L\cdot i_a\cdot\frac{D_a}{2}\cdot N=\frac{\Phi}{\tau L}\cdot L\cdot\frac{I_a}{2a}\cdot\frac{p\tau}{\pi}\cdot N=\frac{pN}{2\pi a}\cdot\Phi\cdot I_a=C_T\Phi I_a \tag{1-26}$$

式中　I_a——电枢电流，A，$I_a=2ai_a$；

C_T——电机转矩常数，$C_T=\dfrac{pN}{2\pi a}$。

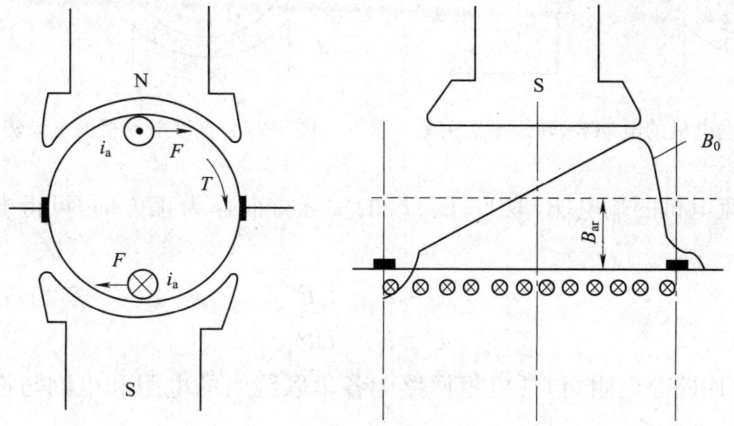

图 1-25　直流电机的电磁转矩

对于已制成的电机，p、N、a 均为定值，所以，C_T 也是一个常数。

感应电动势 $E_a=C_e\Phi n$ 和电磁转矩 $T=C_T\Phi I_a$ 是直流电机两个重要公式。对同一台直流电机，电动势常数 C_e 和转矩常数 C_T 有一定的关系。

因为
$$C_e=\frac{pN}{60a},C_T=\frac{pN}{2\pi a}$$

所以
$$C_T=\frac{60}{2\pi}\cdot\frac{pN}{60a}\approx 9.55C_e \tag{1-27}$$

第三节　直流电机的基本方程

从直流电机可逆原理可知，无论是发电机还是电动机，在实现能量转换过程中，都伴有感应电动势、电流、电磁转矩产生。电机稳态运行时，即电机的负载、励磁电流以及转速达到稳定值时，各种电压、转矩和功率之间存在的平衡关系，称为电机的平衡方程式。这些平衡关系应分别符合电学、力学及能量守恒定律。

一、电动势平衡方程式

无论是发电机还是电动机，当电枢旋转时，电枢绕组切割磁力线都产生感应电动势，其大小为 $E_a=C_e\Phi n$，方向可用右手定则判定。在发电机里，电枢绕组接负载后，感应电动势驱动电流流动，所以电枢电流与感应电动势同方向，如图 1-26 所示；在电动机里，电枢绕组经电刷接外电源，外加电压是驱动电流流动的原因，所以电枢电流与电源电压同方向，此时，感应电动势与电枢电流方向相反，称为反电动势，如图 1-27 所示。

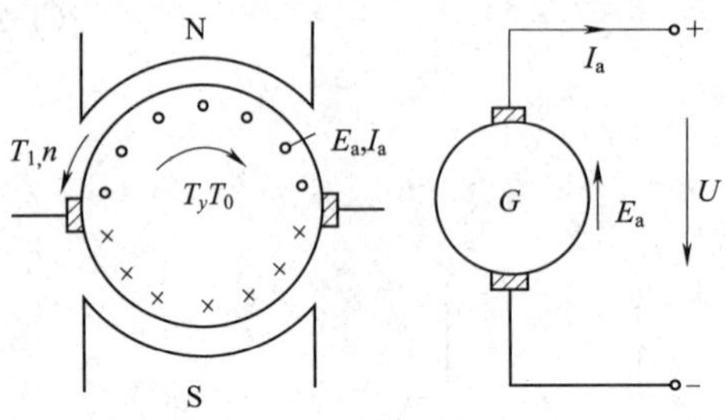

图 1-26　直流发电机的电动势、转矩平衡关系

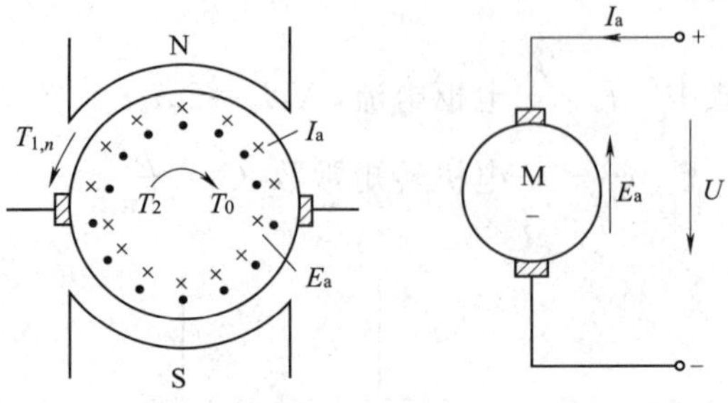

图 1-27　直流电动机的电动势、转矩平衡关系

设 U 为直流电机的端电压，取 U、E_a、I_a 的实际方向作为正方向，可得电枢回路的电势平衡方程式为

发电机　　$U=E_a-I_aR_a$　　(1-28)

电动机　　$U=E_a+I_aR_a$　　(1-29)

式中，R_a 为电枢回路总电阻，包括电枢回路中各串联绕组的电阻和电刷与换向器之间的接触电阻。

式(1-28)和式(1-29)适用于各种励磁方式的直流电机，在计算时，要注意各种励磁方式中 R_a 所包含的内容不完全相同。

以上两式表明，直流发电机和电动机在运行时都存在电枢电动势 E_a 和端电压 U，在发电机中，$E_a>U$，电枢电流 I_a 的方向与 E_a 的方向一致；在电动机中，$U>E_a$，电枢电流 I_a 的方向与 U 的方向一致，E_a 表现为反电动势。

二、转矩平衡方程

无论是发电机还是电动机，当电枢绕组有电流流过时，电枢电流和磁场相互作用都产生电磁转矩，其大小为 $T=C_T\Phi I_a$，方向可用左手定则判定。在发电机(图 1-26)里，外加转矩 T_1 为驱动转矩，使电枢旋转，电磁转矩 T 与发电机转向相反为阻力转矩，同时还存在电机的空载阻力转矩 T_0。在电动机(图 1-27)里，电磁转矩 T 使电枢转动，为驱动转矩，与电动机转向相同，此时轴上的负载转矩 T_2 和 T_0 均为阻力转矩。

电机的转速恒定时，加在电机轴上的驱动转矩应与阻力转矩相等，所得转矩平衡方程式为

发电机　　$T_1=T+T_0$　　(1-30)

电动机　　$T=T_2+T_0$　　(1-31)

以上两式表明，在电机稳定运行时，电磁转矩和外转矩都同时存在并达到平衡。在发电机里，$T_1>T$，作为驱动转矩的是外转矩 T_1，电机的转向取决于 T_1 的方向，电磁转矩 T 是阻力转矩，起平衡外转矩的作用；在电动机里，$T>T_2$，作为驱动转矩的是电磁转矩 T，电机的转向取决于 T 的方向，电磁转矩带动负载转动而达到平衡。

三、功率平衡方程

电机是实现机电能量转换的装置，因而功率关系是电机运行中最基本的关系。电机运行过程中，存在输入功率、输出功率和各种损耗，它们之间应满足能量守恒定律。若将电机进行能量转换过程中的各种损耗抽出，则可用一耦合磁场来表述电机，如图 1-28 所示。图中机械系统为原动机或机械负载，电系统为电源或电负载，由耦合磁场产生 T 和 E_a，以实现能量的转换。p_{Cu}、p_s、p_{Fe}、p_Ω 分别表示电机的各种损耗。机械系统的机械功率等于转矩乘以旋转角速度；电系统的电功率等于电压乘以电流；经磁场转换的功率称为电磁功率。

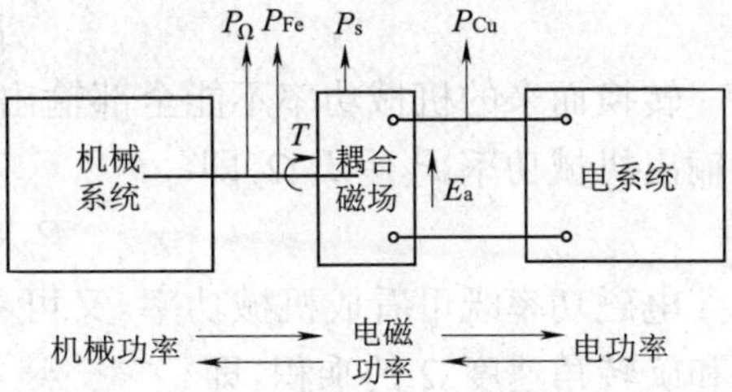

图 1-28 电机中的能量平衡图

1. 电机的损耗

(1)铜耗 p_{Cu}

铜损耗是由于电机的各种绕组中流过电流而产生的电阻损耗，铜耗随负载而变化，又称为可变损耗。

(2)铁耗 p_{Fe}

由于铁芯中的磁滞、涡流而产生的损耗。

(3)机械损耗 p_Ω

由于各种机械摩擦、通风而产生的损耗。

铁耗和机械损耗在电机空载时就存在，其大小与电机负载无关，合称为空载损耗(又称不变损耗)，用 p_0 表示，即

$$p_0 = p_{Fe} + p_\Omega \tag{1-32}$$

(4)附加损耗 p_s

产生附加损耗的原因很多，诸如：电枢反应使气隙磁场畸变而引起铁耗的增加；电枢表面电流分布不均而引起铜耗的增加；均压电流造成的损耗等。p_s 中一部分空载时已存在，另一部分随负载而变化。附加损耗一般不易计算，而估计为电机输出功率的 0.5%～1%。

综上所述，电机的总损耗 $\sum p$ 为

$$\sum p = p_{Cu} + p_{Fe} + p_\Omega + p_s \tag{1-33}$$

2. 电磁功率

在电机中，把通过电磁作用传递的功率称为电磁功率，用 P_M 表示。从图 1-28 可以看出电磁功率的意义和计算方法。

对发电机而言，输入机械功率 P_1 是电磁转矩 T 和旋转角速度 Ω 的乘积，即 $P_1 = T\Omega$，克服空载损耗后，其余部分转变为电磁功率，即

$$P_M = P_1 - p_0 \tag{1-34}$$

转换而来的电功率不能全部输出，必须克服电机的铜耗 p_{Cu} 后才能供给负载，输出给负载的电功率 $P_2 = UI$，即

$$P_2 = P_M - p_{Cu} = UI \tag{1-35}$$

对电动机而言，输入的电功率为 $P_1 = UI$，此功率不能全部转换为机械功率，必须克服电机本身的铜耗 p_{Cu} 后才能进行电磁转换，即

$$P_M = P_1 - p_{Cu} \tag{1-36}$$

转换而来的机械功率不能全部输出，必须克服电机的空载损耗 p_0 后才能输出，其轴上的输出机械功率 $P_2 = T_2\Omega$，即

$$P_2 = P_M - p_0 = T_2\Omega \tag{1-37}$$

电磁功率既可看成机械功率，又可看成电功率。从机械功率的角度看，P_M 是电磁转矩 T 和旋转角速度 Ω 的乘积，即

$$P_M = T\Omega \tag{1-38}$$

从电功率的角度看，P_M 是电枢电动势 E_a 和电枢电流 I_a 的乘积，即

$$P_M = E_a I_a \tag{1-39}$$

根据能量守恒定律，两者相等，即

$$P_M = T\Omega = E_a I_a \tag{1-40}$$

因此，无论是发电机还是电动机，电磁功率均指电机能够利用电磁感应原理进行能量转换的这部分功率，可以表示为机械功率的形式，也可以表示为电功率的形式。由于电磁功率具有这样的物理意义，所以在实际计算中，经常把它作为从机械量计算电量或从电量计算机械量的桥梁。

3. 功率平衡方程式

电机的输入功率为 P_1，输出功率为 P_2，总损耗为 $\sum p$ 时，根据能量守恒定律，可得功率平衡方程式

$$P_1 = P_2 + \sum p \tag{1-41}$$

四、电机的效率

电机输出功率 P_2 与输入功率 P_1 之比的百分数称为电机的效率 η，即

$$\eta = \frac{P_2}{P_1} = \frac{P_1 - \sum p}{P_1} = \frac{P_2}{P_2 + \sum p} \times 100\% \tag{1-42}$$

直流电机的基本方程式把电机中电、磁、机械等物理量联系起来，是分析直流电机运行特性的基础。

第四节　直流电动机的工作特性

直流电动机的工作特性是指当电压和励磁电流恒定时，电动机的转速 n、转矩 T、效率 η 与输出功率 P_2 之间的关系曲线，即 $n = f(P_2)$，$T = f(P_2)$，$\eta = f(P_2)$。在实际运行中，测量电枢电流 I_a 比测量 P_2 容易，且 I_a 随着 P_2 的增加而增加，所以工作特性也可表示为电枢电流的函数，即 $n = f(I_a)$、$T = f(I_a)$ 和 $\eta = f(I_a)$。电动机的机械特性是指电动机转速和电磁转矩之间的关系曲线 $n = f(T)$。

不同励磁方式的电动机具有不同的特性。直流电动机可分为他励、并励、串励和复励等

四种，他励电动机特性和并励电动机相同，因此只需分析并励、串励和复励三种电动机的特性即可。

一、转速特性 $n=f(I_a)$

直流电动机的转速对电枢电流的变化关系可根据直流电动机电动势平衡方程式求得，即

$$U_N=E_a+I_aR_a=C_e\Phi n+I_aR_a \tag{1-43}$$

式中 U_N——加在电动机上的端电压，V；

I_a——电枢电流，A；

R_a——电枢回路电阻，Ω；

Φ——每极磁通量，Wb；

C_e——电机常数，对于已制成的电机 C_e=常数，其值为

$$C_e=\frac{pN}{60a\times10^6}$$

其中 p——磁极对数，

N——电枢绕组的总导体数，

a——电枢绕组的并联支路对数。

由式(1-43)可解得

$$n=\frac{U_N-I_aR_a}{C_e\Phi} \tag{1-44}$$

从上式可以看出，当 U_N 一定时，影响电动机转速的因素有两个：一是电枢回路电阻压降 I_aR_a 的变化；二是磁通 Φ 的变化。各种励磁方式电动机的转速特性如图 1-29 所示。

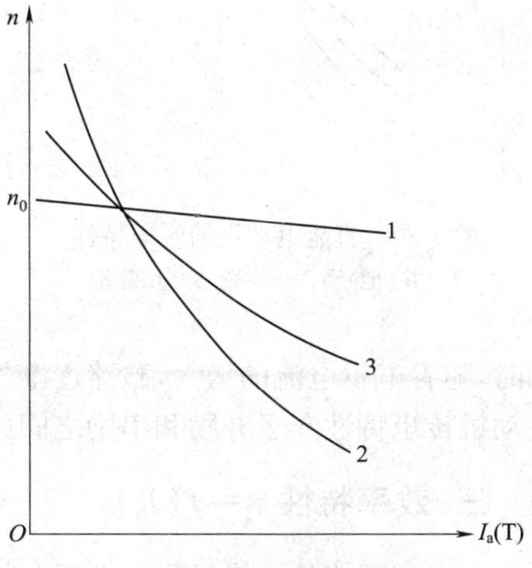

图 1-29 直流电动机的转速特性

1—并(他)励；2—串励；3—积复励

并励电动机，空载时 $P_2=0$，$I_a\approx0$，此时转速为空载转速 $n_0=\frac{U_N}{C_e\Phi}$。随着 I_a 的增加，电阻压降增加，使转速趋于下降；电枢反应的去磁作用使磁通略为减少，又使转速趋于上升。由于两种因素对转速的影响大多可以互相抵消，所以电动机转速变化很小。转速特性可能是略为下垂，也可能是略为上翘。实用上，为保证电动机稳定运行，常使并励电动机具有略为下降的转速特性(曲线 1)。

空载转速 n_0 与额定转速 n_N 之差用额定转速 n_N 的百分数表示，称为电动机的转速变化率 Δn，即

$$\Delta n=\frac{n_0-n_N}{n_N}\times100\% \tag{1-45}$$

并励电动机在负载变化时转速变化很小，其转速变化率只有 2%～8%，所以基本上是一种恒速电动机。

串励电动机当 I_a 增加时，一方面 I_aR_a 增大，另一方面由于 $I_f=I_a$，使磁通 Φ 亦增大。这两方面的作用都可使转速降低，因此转速随电枢电流的增加而迅速下降(曲线 2)。如果负载很轻，I_a 和 Φ 都很小，电机转速很高。空载时 $\Phi\approx 0$，理论上电动机的转速将趋于无穷大，实际上可达$(5\sim6)n_0$。这样高的转速会使转子损坏，因此串励电动机不允许在空载或很轻的负载下运行，也不允许使用皮带、链条传动，以免皮带或链条滑脱时，成为空载。由于串励电动机不允许空载运行，其转速变化率的定义为

$$\Delta n=\frac{n_{1/4}-n_N}{n_N}\times 100\% \tag{1-46}$$

式中，$n_{1/4}$ 为 $P_2=\frac{1}{4}P_N$ 时电动机转速。

复励电动机具有并励和串励两套绕组，通常接成积复励。两套绕组的磁势比例不同，可得到不同的特性。在设计时，可以灵活也安排它的两种励磁成分，使其特性介于并励和串励电动机特性之间(曲线 3)。

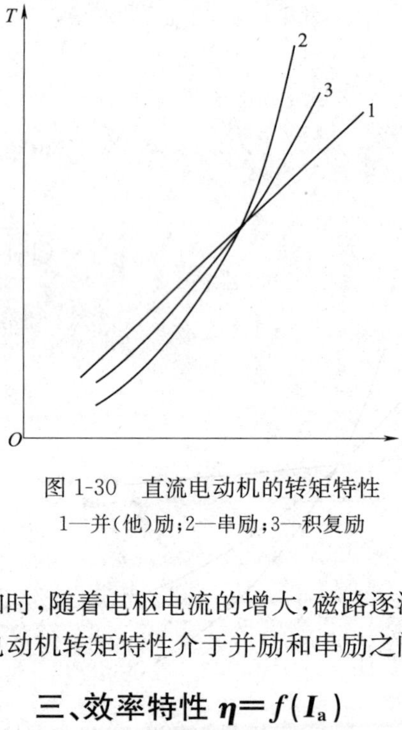

图 1-30　直流电动机的转矩特性

1—并(他)励；2—串励；3—积复励

二、转矩特性 $T=f(I_a)$

转矩特性的关系可由转矩平衡方程式推出，当忽略空载转矩后，电动机输出的转矩等于电磁转矩，故转矩特性可以直接由电磁转矩公式求出，即

$$T=C_T\Phi I_a \tag{1-47}$$

各种励磁方式电动机的转矩特性如图 1-30 所示。

并励电动机，磁通不随电枢电流变化，转矩与电枢电流成正比，$T=f(I_a)$为一直线(曲线 1)。实际上，由于电枢反应的去磁作用，使电动机的转矩在电枢电流较大时稍有下降。对于串励电动机，在轻载时磁路不饱和，可以认为 $\Phi\propto I_a$，则 $T=C_T\Phi I_a\propto I_a^2$，所以 $T=C_T\Phi I_a$ 是一条抛物线(曲线 2)。当负载增加时，随着电枢电流的增大，磁路逐渐饱和，磁通基本不变，$T=C_T\Phi I_a$ 是一条直线。积复励电动机转矩特性介于并励和串励之间(曲线 3)。

三、效率特性 $\eta=f(I_a)$

电机实现能量转换过程中会引起损耗，按负载变化对损耗的影响，可将损耗分为两类：

第一类为铜耗 p_{Cu} 和附加损耗 p_s。它们都随电流变化而变化，且与电流的平方成正比，这类损耗称为变值损耗，用 $K'I^2$ 表示。

第二类为铁耗 p_{Fe} 和机械损耗 p_Ω。其总和几乎与负载变化无关，这类损耗称为定值损耗，用 K 表示。

因此，电机总损耗可表示为 $\sum p=K'I^2+K$，则电机的效率为

$$\eta=\frac{UI-(K'I+K)}{UI} \tag{1-48}$$

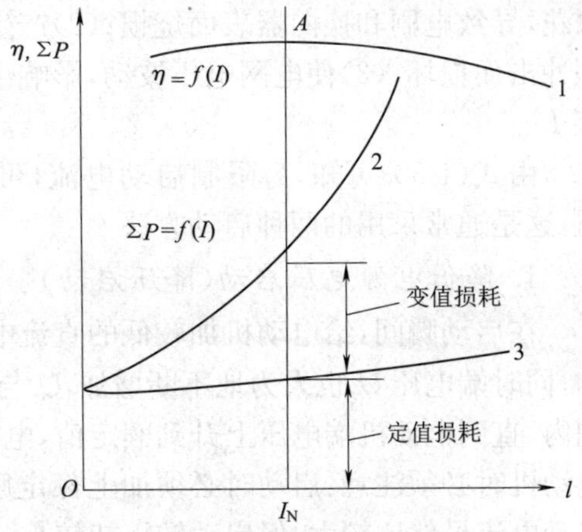

图 1-31 直流电动机的效率特性
1—$\eta=f(I)$曲线；2—$\sum p=f(I)$曲线；
3—定值损耗曲线

当电压恒定时，按式(1-48)绘成曲线，就可得到电机的效率特性，如图 1-31 所示。

效率特性曲线的形状取决于定值损耗和变值损耗之间的比例关系。由图 1-31 可见，效率特性曲线上有一个最大值 η_{max}（曲线 A 点处），它出现在$\frac{d\eta}{dI}=0$ 处。对式(1-48)微分并令$\frac{d\eta}{dI}=0$，即

$$\frac{d\eta}{dI}=\frac{UI(U-2K'I)-U(UI-K'I^2-K)}{U^2I^2}=0$$

化简后得
$$K'I^2=K$$

可见当 $K'I^2=K$ 时，即变值损耗等于定值损耗时，电机有最高效率。因此，在设计电机时可用控制变值损耗和定值损耗比例关系的方法，使电机在额定电流时或经常工作的电流附近具有最高效率，使电机在一定的负载变化范围内能获得最优越、最合理的效率。

四、机械特性 $n=f(T)$

机械特性表示了电动机中最重要的两个物理量——转速和电磁转矩之间的关系，在电力拖动中具有重要意义，是决定电动机能否稳定运行及分析比较各种电动机性能的依据。

因为电磁转矩 T 和电枢电流 I_a 有比例关系($T=C_T\Phi I_a$)，机械特性具有与转速特性相似的曲线形状(图 1-29)。他励和并励电动机，速度变化范围较小，称为硬特性；串励电动机，速度变化范围大，称为软特性。

第五节 直流电动机的启动、反转、调速和制动

一、直流电动机的启动

电动机由静止状态达到正常运转状态的过程称为启动过程。直流电动机在启动过程中不仅转速发生变化，而且转矩、电流等也发生变化。

当忽略电枢绕组电感时，电枢电流 I_a 为

$$I_a=\frac{U-E_a}{R_a} \tag{1-49}$$

在启动开始瞬间，由于转速 $n=0$，故电枢感应电动势 $E_a=0$，此时的电流称启动电流，用 I_{st}表示

$$I_{st}=\frac{U}{R_a} \tag{1-50}$$

由于电枢绕组电阻 R_a 很小，如果直接加额定电压启动，启动电流 I_{st}很大，可达到额定电流的十几倍。这样大的启动电流将带来以下不良影响：(1)使电动机换向恶化，产生严重的

火花，导致电刷和换向器表面烧损；(2)产生很大的电磁转矩，使传动机构和生产机械受到强烈冲击而损坏；(3)使电网电压波动，影响供电的稳定性。为此，启动时必须设法限制启动电流 I_{st}。

由式(1-50)可知，为限制启动电流，可降低电动机外加电源电压或增大电枢回路的电阻，这是通常采用的两种启动方法。

1. 降低电源电压启动(降压启动)

在启动瞬间，给电动机加较低的直流电压，随着电动机转速的升高，电枢电势 E_a 逐渐增加，同时端电压 U 也人为地不断增加，U 与 E_a 的差值使启动过程中电枢电流保持在允许范围内，直到电动机端电压上升到额定值，电动机启动完毕。采用降低电源电压方法启动并励电动机时必须注意：启动时必须加上额定励磁电压，使磁通一开始就有额定值，否则电动机启动电流虽然比较大，但启动转矩却较小，电动机仍无法启动。

降压启动的优点是在启动过程中无电阻损耗，并可达到平稳升速，但需要专用电源设备，多用于要求经常启动的大中型直流电动机。

2. 电枢回路串电阻启动(变阻启动)

直流电动机在电枢回路串入适当的启动电阻 R_{st}，按照把启动电流 I_{st} 限制在 $1.5\sim2.5I_N$ 的范围内来选择启动电阻的大小。在启动过程中，随着转速 n 的升高，电枢电势 E_a 也升高，电枢电流相应地减小。为了保持一定的转矩，应逐渐将启动电阻切除，直到启动电阻全部切除，电动机启动完毕，达到额定转速稳定运行。

变阻启动能有效的限制启动电流，所需启动设备简单、广泛应用于各种中小型直流牵引电动机，如工矿机车、城市电车上多采用电阻启动。但变阻启动过程中能量消耗大，不适用于经常启动的大中型直流牵引电动机。

二、改变直流电动机转向的方法

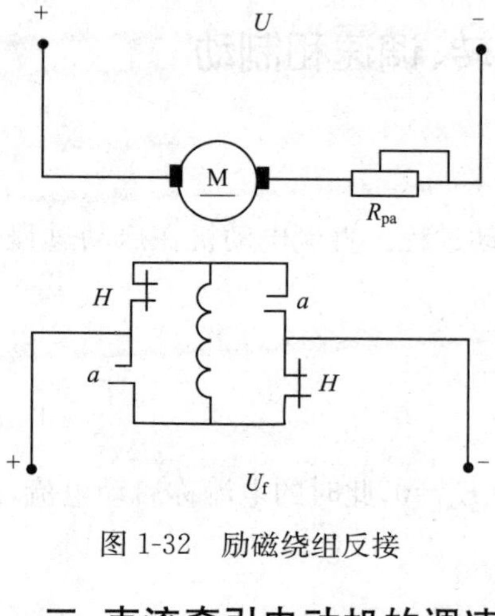

图 1-32　励磁绕组反接

直流电动机的旋转方向取决于电磁转矩方向，而电磁转矩 $T=C_T\Phi I_a$ 的方向取决于磁通 Φ 与电枢电流 I_a 相互作用的方向，故改变电动机转向的方法有两种：一是改变磁通(即励磁电流)的方向，二是改变电枢电流的方向。若同时改变磁通方向及电枢电流的方向，则直流电动机转向维持不变。直流电动机常采用励磁绕组反接法，如图 1-32 所示。

由图 1-32 可见，利用电器触头 H、a 的闭合与断开将励磁绕组进行反接，改变励磁绕组中电流的方向，即改变了磁通的方向，以达到实现改变直流牵引电动机转向的目的。

三、直流牵引电动机的调速

在电动机机械负载不变的条件下，用人为方法调节电动机转速叫作调速。

电动机转速公式为

$$n=\frac{U-I_a(R_a+R_{pa})}{C_e\Phi} \tag{1-51}$$

式中 R_{pa}——电枢回路串接的电阻。

由上式可知，影响电动机转速的三个因素是电源电压 U、电枢回路串接的电阻 R_{pa}、气隙主磁通 Φ。只要改变以上三个因素中任何一个，都能达到调节电动机转速的目的。

1. 电枢回路串接电阻调速

图 1-33 所示为串励电动机电枢串接电阻时的机械特性。在某一负载下，电阻越大，转速越低。

这种调速方法的优点是只需增设电阻和切换开关，设备简单，控制方便。缺点是能耗较大，经济性差；速度调节是有级的，调速平滑性差。

2. 改变电源电压调速

图 1-34 所示为串励电动机电压降低时的机械特性。在某一负载下，电压越低，转速也越低。为保证电机安全运行，电压只能以额定电压为上限下调，也称降压调速。

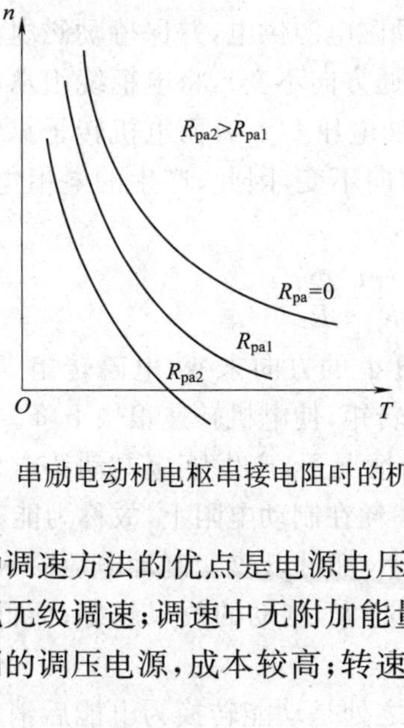

图 1-33 串励电动机电枢串接电阻时的机械特性

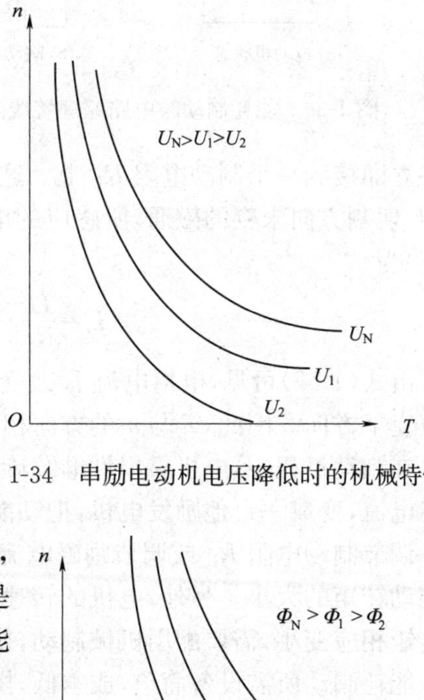

图 1-34 串励电动机电压降低时的机械特性

这种调速方法的优点是电源电压如能平滑调节，就可实现无级调速；调速中无附加能量损耗。缺点是需要专用的调压电源，成本较高；转速只能调低，不能调高。

3. 改变主磁通调速

图 1-35 所示为串励电动机磁通减弱时的机械特性。在某一负载下磁通越弱，转速越高。一般电机的额定磁通已设计得使铁芯接近饱和，因此，改变磁通只能在额定磁通下减弱磁通，所以又称为削弱磁场调速。削弱磁场需要在励磁绕组的两端并联电阻，一般电动机励磁功率只有电机容量的 1%～5%，因此用于削弱磁场的并联电阻容量也很小。

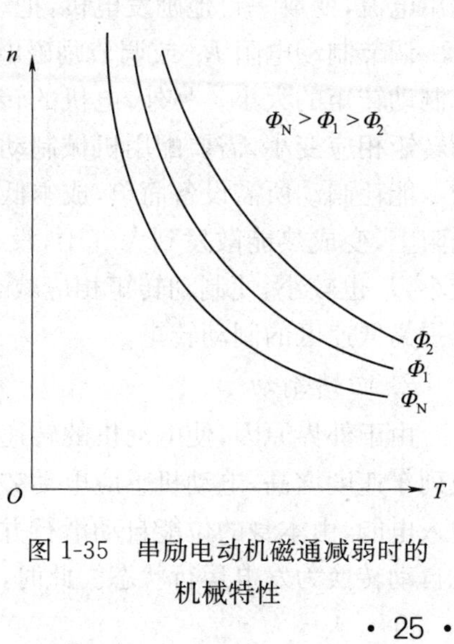

图 1-35 串励电动机磁通减弱时的机械特性

这种调速方法设备简单，控制方便，功率损耗小，可以提高电机的转速，是直流牵引电动机常用的调速方法之一。

直流电动机为扩大调速范围，可以把几种方法配合使用。

四、直流电动机的制动

电动机运行过程中，有时需要尽快使电动机停转或从高速运行转换到低速运行。这就需要在电动机轴上加一个与转向相反的转矩（称制动转矩）来实现，称为电动机的制动。

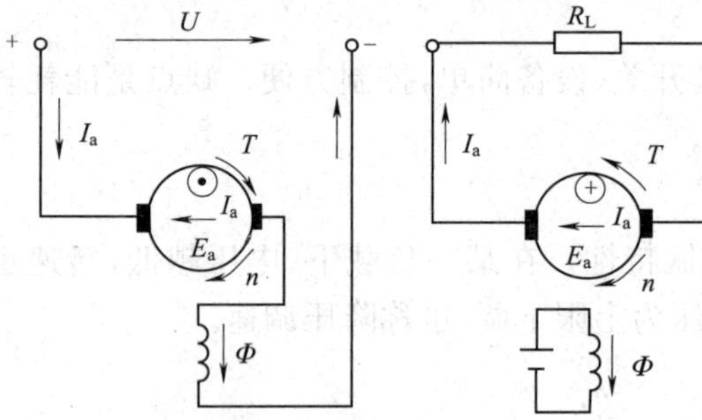

(a) 电动机状态　　(b) 制动状态

图 1-36　能耗制动时电路原理接线图

若制动转矩是由机械制动闸产生的摩擦转矩，称为机械制动；若制动转矩是电动机本身产生的电磁转矩，则称为电气制动。直流电动机的电气制动可分为能耗制动和再生制动两种。

1. 能耗制动

图 1-36 所示为串励牵引电动机采用能耗制动的电路。电气制动时，励磁绕组由单独的励磁电源供电，并保持励磁电流方向不变（磁通方向不变），将电枢绕组从电源上断开并立即接到一个制动电阻 R_L 上。这时电枢绕组外加电压 $U=0$，而电机转子靠惯性继续旋转，切割方向未变的磁通，所感应的电势仍存在且方向不变，因此，产生的电枢电流（制动电流）为

$$I_a=\frac{U-E_a}{R_a+R_L}=\frac{-E_a}{R_a+R_L}=\frac{-C_e\Phi n}{R_a+R_L} \tag{1-52}$$

由式(1-52)可见，电枢电流 I_a 改变了方向，而磁通 Φ 的方向未变，电磁转矩 $T=C_T\Phi I_a$ 则改变了方向。因此，T 与 n 的方向相反，T 成为制动转矩，使电机转速很快下降。

在制动过程中，电机靠惯性继续旋转，在磁场不变情况下，产生感应电动势方向不变并输出电流，变成一台他励发电机，把动能转换成电能，消耗在制动电阻上，故称为能耗制动。

调节制动电阻 R_L 或调节励磁电流改变磁通的大小，都可以改变制动电流的大小，以调节制动转矩的大小。另外，电机的转速越高，制动转矩越大，制动的效果越好；而低速时，制动转矩相应变小，需要配用机械制动，使电机迅速停转。

能耗制动所需设备简单，成本低，操作方便。不足之处是动能转换为电能后消耗在制动电阻上，变成热能散发到大气中，没有被利用；不易迅速制停，因为当电机转速 n 较小时，E_a 较小，I_a 也较小，使制动转矩相应减小。此时，应采用减小制动电阻 R_L 来增大电枢电流 I_a，以提高低速区的制动转矩。

2. 回馈制动

由于外界原因，使电动机的转速大于理想空载转速。如列车下坡时，重力加速度的作用使列车速度增高，电动机感应电动势 E_a 随之增大，若 $E_a=U$，则 $I_a=0$，电机就不需要从电网输入电能，由本身的位能自动滑行并继续加速。转速继续升高，将使 $E_a>U$，则 I_a 反向，电机自动转换为发电运行状态。此时，列车下坡的位能通过电机转换成电能，回馈给电网。因

此称这种制动为回馈制动。

由于此时电枢电流 I_a 反向，电磁转矩也随之反向，起到制动作用，车速越高，制动转矩越大，如图 1-37 所示。转速增高到一定程度，下坡时的位能产生的动力转矩与牵引电机的制动转矩和摩擦阻转矩相平衡时，将恒速稳定运行(b 点)。

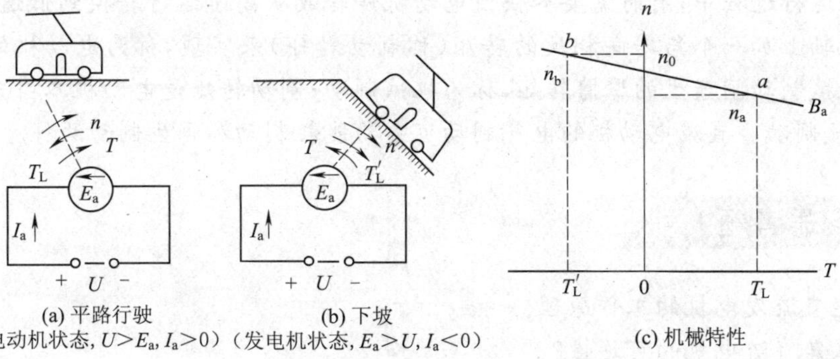

图 1-37　列车下坡时的回馈制动

他励和复励电动机回馈制动时，需要保持励磁电流方向不变，电枢回路的接线不变。串励牵引电动机进行回馈制动时，由于串励发电机在许可范围内工作不稳定，需要将串励绕组改接为他励，由较低的电压供电以得到所需要的励磁电流。

本章小结

直流电机是直流发电机和直流电动机的总称。直流电机具有可逆性，既可作直流电动机使用，也可作直流发电机使用。作直流电动机运行时，则将直流电能转换成机械能输出；作直流发电机运行时，将机械能转换成直流电能输出。直流电动机由于具有良好的启动、制动和调速性能，一般用于对启动和调速性能要求较高的场合。

直流电机主要由静止的定子和旋转的转子两大部分组成，直流电机定子的作用是产生磁场和作为电机的机械支撑，主要由机座、主磁极、换向极和电刷装置等组成；转子又称电枢，主要由转轴、电枢铁芯、电枢绕组和换向器等组成。

直流电机的感应电动势是指电机正负电刷间的电动势。当电机的气隙中有磁场存在，且电枢旋转使电枢导体切割磁力线时，在电枢绕组中会产生感应电动势。感应电动势的大小不仅取决于磁通量的大小和转速的高低，还和绕组的导体数和连接方法有关。电枢绕组通过电流时，在磁场中将受到电磁力的作用，电磁力在电枢轴上产生的转矩称电磁转矩。

无论是发电机还是电动机，在实现能量转换过程中，都伴有感应电动势、电流、电磁转矩产生。电机稳态运行时，即电机的负载、励磁电流以及转速达到稳定值时，各种电压、转矩和功率之间存在的平衡关系称为电机的平衡方程式。

直流电动机的工作特性是指当电压和励磁电流恒定时，电动机的转速 n、转矩 T、效率 η 与输出功率 P_2 之间的关系曲线，即 $n=f(P_2)$，$T=f(P_2)$，$\eta=f(P_2)$。由于 I_a 随着 P_2 的增加而增加，所以工作特性也可表示为电枢电流的函数，即 $n=f(I_a)$、$T=f(I_a)$ 和 $\eta=f(I_a)$。

电动机由静止状态达到正常运转状态的过程称为启动过程。由于电枢绕组电阻 R_a 很小,如果直接加额定电压启动,启动电流 I_{st}很大。为限制启动电流,通常采用降低电源电压启动(降压启动)和电枢回路串电阻启动(变阻启动)这两种启动方法。改变电动机转向的方法有两种:一是改变磁通(即励磁电流)的方向,二是改变电枢电流的方向。

直流电动机的调速有电枢回路串接电阻调速、改变电源电压调速和改变主磁通调速三种。电动机运行过程中,有时需要尽快使电动机停转或从高速运行转换到低速运行,这就需要在电动机轴上加一个与转向相反的转矩(称制动转矩)来实现,称为电动机的制动。制动转矩是由机械制动闸产生的摩擦转矩,称为机械制动;制动转矩是电动机本身产生的电磁转矩,称为电气制动。直流电动机的电气制动可分为能耗制动和再生制动两种。

复习思考题

1. 简述直流发电机的工作原理。
2. 什么是直流电机的可逆性?
3. 直流电机有哪些主要部件?各起什么作用?
4. 直流电机的感应电动势和电磁转矩如何计算?
5. 写出直流电机的基本方程。
6. 什么是直流电机的效率?如何计算?
7. 负载时直流电机中有哪些损耗?各是由什么原因引起的?这些损耗对电机有什么影响?
8. 直流电动机在启动时有哪些要求?直流电动机的启动电流取决于什么?正常工作时的电流又取决于什么?
9. 直流电动机有几种启动方法?分析各种启动方法的优缺点及使用范围。
10. 直流电动机有几种调速方法?
11. 说明电气制动原理。
12. 直流牵引电机有几种制动方法?说明它们的异同点和使用场合。

第二章　异步电动机基本知识

本章主要介绍异步电动机的基本结构，三相交流绕组的组成及作用，分析三相异步电动机的工作原理及运行特性，介绍三相异步电动机的启动、反转、调速和制动方法以及单相异步电动机的工作原理。

第一节　异步电动机基本结构

一、异步电动机的分类

异步电动机按定子相数可分为三相、单相和两相异步电动机三类。除约 200 W 以下的电动机多做成单相异步电动机外，现代动力用电动机大多数都为三相异步电动机。两相异步电机主要用于微型控制电机。

按照转子型式，异步电机可分为鼠笼型转子和绕线型转子两大类。鼠笼转子又分为普通鼠笼转子、深槽型鼠笼转子和双鼠笼转子三种。三相绕线式异步电动机外形如图 2-1 所示，三相鼠笼式异步电动机外形如图 2-2所示。

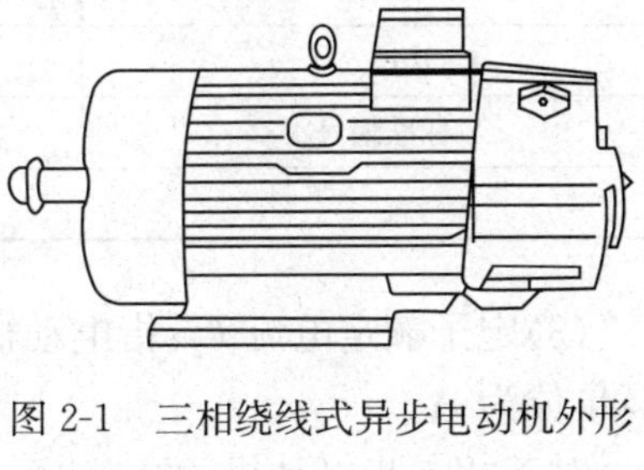

图 2-1　三相绕线式异步电动机外形

根据机壳不同的保护方式，异步电动机可分为开启式、防护式、封闭式和防爆式等。

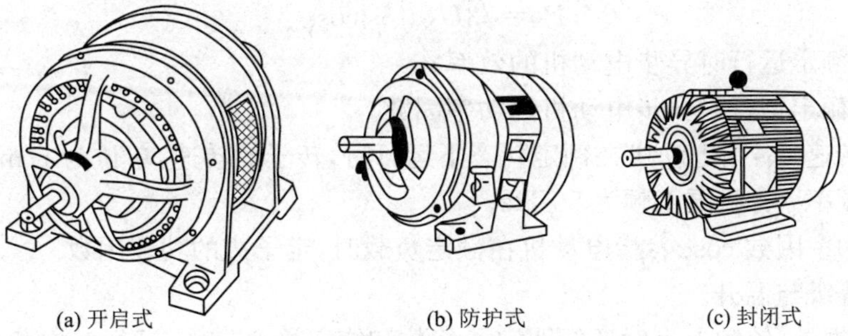

(a) 开启式　　(b) 防护式　　(c) 封闭式

图 2-2　三相鼠笼式异步电动机外形

防护式异步电动机具有防止外界杂物落入电机内的防护装置，一般在转轴上装有风扇，冷却空气进入电机内部冷却定子绕组端部及定子铁芯后将热量带出来。J2 系列电动机就是鼠笼式转子防护式异步电动机，JR 系列电动机是绕线转子防护式异步电动机。

封闭式异步电动机的内部和外部的空气是隔开的。它的冷却是依靠装在机壳外面转轴上的风扇吹风，借机座上的散热片将电机内部发散出来的热量带走。这种电机主要用于尘埃较多的场所，例如机床上使用的电机。JOR 系列及 Y 系列电机就属于这种类型。

防爆式异步电动机为全封闭式，它将内部与外界的易燃、易爆性气体隔离。这种电机多用于有汽油、酒精、天然气、煤气等气体较多的地方，如矿井或某些化工厂等处。

二、异步电动机的铭牌和额定值

每台异步电动机机壳上都装有铭牌，把它的运行额定值印刻在上面，见表 2-1。

电机按铭牌上所规定的条件运行时，就称为电机的额定运行状态。根据国家标准规定，异步电动机的额定值主要有：

(1)额定功率 P_N：指电动机在制造厂(铭牌)所规定额定运行状态下运行时，轴端输出的机械功率，单位为 W 或 kW。

(2)定子额定电压 U_N：指电动机在额定状态下运行时，定子绕组应加的线电压，单位为 V 或 kV。

表 2-1　三相异步电动机铭牌

三相异步电动机			
型号 Y-112 M-4		编号	
4.0 kW		8.8 A	
380 V	1 440 r/min	LW82dB	
接法△	防护等级 IP44	50 Hz	45 kg
标准编号	工作制 SI	B 级绝缘	年　月
电机厂			

(3)定子额定电流 I_N：指电动机在额定电压下运行，输出额定功率时，流入定子绕组的电流，单位为 A。

对三相异步电动机，额定功率为

$$P_N=\sqrt{3}U_N I_N \eta_N \cos\varphi_N \tag{2-1}$$

式中　η_N——额定运行时异步电动机的效率；

$\cos\varphi_N$——额定运行时异步电动机的功率因数。

(4)额定转速 n_N：指电动机在额定状态下运行时，转子的转速，单位为 r/min。

(5)额定频率 f_N：我国工频为 50 Hz。

(6)额定功率因数 $\cos\varphi_N$：指电动机在额定负载时，定子边的功率因数。

(7)绝缘等级与温升。

除上述数据外，铭牌上有时还标明定子相数和绕组接法、额定运行时电机的效率、定额、转子额定电动势 E_{2N}(指定子绕组加额定电压、转子绕组开路时，集电环之间的线电势)和转子额定线电流 I_{2N}。

电动机的额定输出转矩可以由额定功率 P_N、额定转速 n_N 计算，公式为

$$T_{2N}=9\ 550\frac{P_N}{n_N} \tag{2-2}$$

其中，功率的单位是 kW，转速的单位是 r/min，转矩的单位 N・m。

下面对绕组接法、温升和定额作简要说明。

绕组接法：三相异步电动机的定子绕组可接成星形或三角形，视额定电压和电源电压的配合情况而定。例如星形接法时额定电压为380 V，则改为三角形时就可用于220 V的电源上。为了满足这种改接的需要，通常把三相绕组的六个端头都引到接线板上，以便于采用两种不同接法，如图2-3所示。

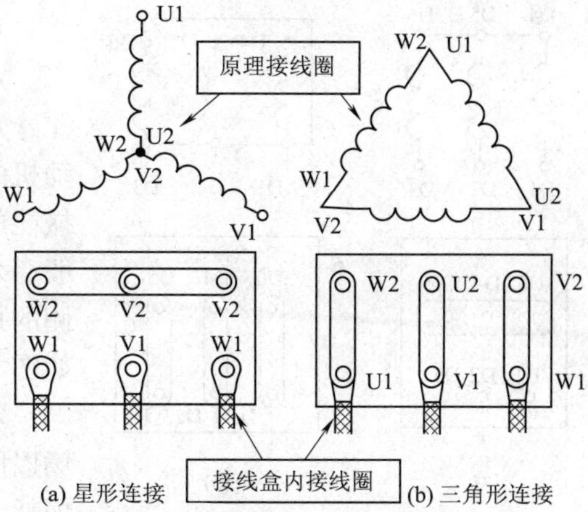

图2-3 三相异步电动机的接线板

温升：指电机按规定方式运行时，绕组容许的温度升高，即绕组的温度比周围空气温度高出的数值。容许温升的高低取决于电机所使用的绝缘材料。例如，Y系列电机一般采用B级绝缘，其最高容许温度为130 ℃，如周围空气温度按40 ℃计算，并计入10 ℃的裕量，则B级绝缘的容许温升为130 ℃－(40 ℃＋10 ℃)＝80 ℃。

定额：我国电机的定额分为三类，即连续定额、短时定额和断续定额。连续定额是指电机按铭牌规定的数据长期连续运行。短时定额和断续定额均属于间歇运行方式，即运行一段时间后就停止运行一段时间。可见，短时定额和断续定额方式下，有一段时间电机不发热，所以，容量相同时这类电机的体积可以做得小一些，或者连续定额的电机用作短时定额或断续定额运行时，所带的负载可以超过铭牌上规定的数值。但是，短时定额和断续定额的电机不能按其容量作连续运行，否则会使电机过热而损坏。

三、三相异步电动机基本结构

图2-4是一台三相鼠笼式异步电动机的结构图。它主要是由定子和转子两大部分组成，定转子中间是气隙。此外，还有端盖、轴承、机座、风扇等部件。

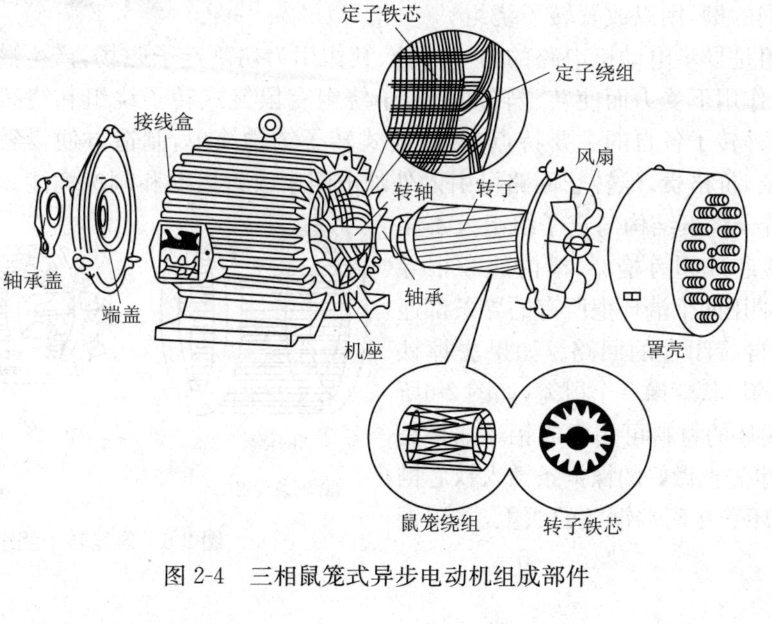

图2-4 三相鼠笼式异步电动机组成部件

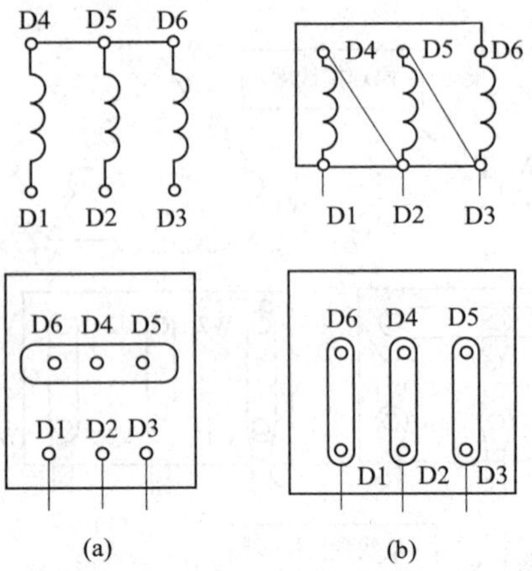

图 2-5　三相鼠笼式异步电动机出线端

1. 定子

定子由定子三相绕组、定子铁芯和机座组成。

定子三相绕组是电机定子部分的电路，在异步电动机的运行中起着很重要的作用，是把电能转换为机械能的关键部件。定子三相绕组的结构是对称的，一般有六个出线端 U1、U2、V1、V2、W1、W2 置于机座外侧的接线盒内，根据需要接成星形（Y）或三角形（△），如图 3-5所示。

定子铁芯是异步电动机磁路的一部分，由于主磁场以同步转速相对定子旋转，为减小在铁芯中引起的损耗，铁芯采用 0.5 mm 厚的高导磁电工钢片叠成，电工钢片两面涂有绝缘漆以减小铁芯的涡流损耗。中小型异步电机定子铁芯一般采用整圆的冲片叠成，大型异步电机的定子铁芯一般采用扇形冲片拼成。在每个冲片内圆均匀地开槽，使叠装后的定子铁芯内圆均匀地形成许多形状相同的槽，用以嵌放定子绕组。槽的形状由电机的容量、电压及绕组的型式而定。绕组的嵌放过程在电机制造厂中称为下线。完成下线并进行浸漆处理后的铁芯与绕组成为一个整体一同固定在机座内。

机座又称机壳，它的主要作用是支撑定子铁芯，并通过机座的底脚将电机安装固定。全封闭式电机的定子铁芯紧贴机座内壁，故机座外壳上的散热筋是电机的主要散热面。中、小型电机的机座一般采用铸铁制成。大型电机因机身较大浇注不便，常用钢板焊接成型。

2. 转子

异步电动机的转子由转子铁芯、转子绕组及转轴组成。

转子铁芯也是电机磁路的一部分，也是用0.5 mm厚的电工钢片叠成。与定子铁芯冲片不同的是，转子铁芯冲片是在冲片的外圆上开槽，叠装后的转子铁芯外圆柱面上均匀地形成许多形状相同的槽，用以放置转子绕组。

转子绕组是异步电动机电路的另一部分，其作用为切割定子磁场，产生感应电动势和电流，并在磁场作用下受力而使转子转动。转子绕组有鼠笼式转子绕组和绕线式转子绕组两种类型，这两种转子各自的主要特点是：鼠笼式转子结构简单，制造方便，经济耐用；绕线式转子结构复杂，价格贵，但转子回路可引入外加电阻来改善启动和调速性能。

鼠笼式转子绕组结构与定子绕组大不相同。在转子铁芯外圆有槽，每槽内放一根导条，在铁芯两端用两个端环把所有的导条都连接起来，形成自行闭合的回路。如果去掉铁芯，整个绕组的形状就像一个鼠笼，如图 2-6所示。导条与端环的材料可用铜或铝。如果是用铜的，就是事先把做好的裸铜条插入铁芯槽中，再用铜端环套在两端铜条的头上，并用铜

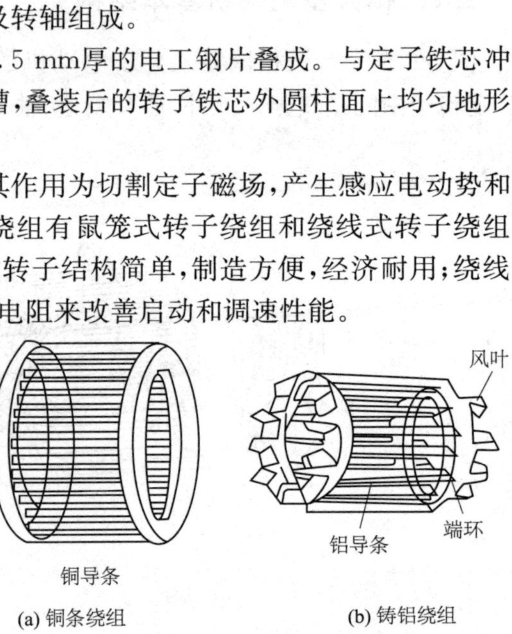

图 2-6　鼠笼转子绕组

焊或银焊把它们焊在一起,如图 2-6(a)所示。对中、小型电机一般都采用铸铝转子,是用熔化了的铝液直接浇铸在转子铁芯槽内,连同端环以及风叶等一次铸成,如图 2-6(b)所示。

绕线式转子绕组是用绝缘导线组成,嵌放在转子铁芯槽内的三相对称绕组三相一般为星型接法,三根引出线分别接到固定在转轴上并互相绝缘的三个集电环上,再通过安装在端盖上的电刷装置与集电环接触把电流引出来。这种转子的特点是可以通过集电环和电刷在转子回路中接入附加电阻,用以改善电动机的启动性能,或调节电动机的转速。有的绕线转子异步电动机还装有一种提刷短接装置,当电动机启动完毕而又不需要调节转速时,移动手柄使电刷被举起而与集电环脱离接触,同时使三只集电环彼此短接起来,这样可以减少电刷与集电环间的磨损和摩擦损耗,提高运行可靠性。但由于绕线转子结构复杂,价格较贵,运行的可靠性也较差,因此,绕线转子异步电动机只用在要求启动电流小、启动转矩大,或需要调节转速的场合,例如,用来拖动频繁启动的起重设备。

转轴是整个转子部件的安装基础,又是力和机械功率的传输部件,整个转子靠轴和轴承被支撑在定子铁芯内腔中。转轴一般由中碳钢或合金钢制成。

3. 气隙

异步电机的气隙是很小的,中小型电机一般为 0.2～2 mm。气隙越大,磁阻越大,要产生同样大小的磁场,就需要较大的励磁电流。由于气隙的存在,异步电机的磁路磁阻远比变压器大,因而异步电机的励磁电流也比变压器的大得多。变压器的励磁电流约为额定电流的 3%,异步电机的励磁电流约为额定电流的 30%。励磁电流是无功电流,因而励磁电流越大,功率因数越低。为提高异步电机的功率因数,必须减少它的励磁电流,最有效的方法是尽可能缩短气隙长度。但是,气隙过小会使装配困难,还有可能使定、转子在运行时发生摩擦或碰撞,因此,气隙的最小值由制造工艺以及运行安全可靠等因素来决定。

4. 其他部件

端盖:安装在机座的两端,它的材料加工方法与机座相同,一般为铸铁件。端盖上的轴承室里安装了轴承来支撑转子,以使定子和转子得到较好的同心度,保证转子在定子内膛里正常运转。端盖除了起支撑作用外,还起着保护定、转子绕组的作用。

轴承:连接转动部分与不动部分,目前都采用滚动轴承以减少摩擦。

轴承端盖:保护轴承,使轴承内的润滑油不致溢出。

风扇:冷却电动机。

第二节　交流绕组的电势和磁势

一、交流绕组概述

交流绕组是把属于同相的导体绕成线圈,再按照一定的规律,将线圈串联或并联起来。交流绕组通常都绕成开启式,每相绕组的始端和终端都引出来,以便于接成星形或三角形。

1. 绕组的基本术语

(1)线圈、线圈组、绕组

线圈也称绕组元件,是构成绕组的最基本单元,它是用绝缘导线按一定形状绕制而成

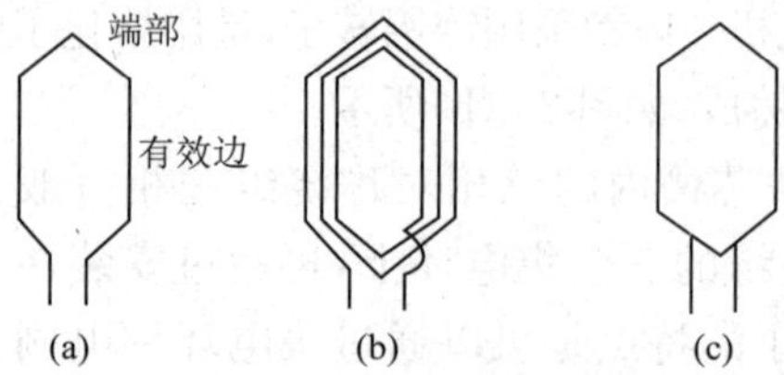

图 2-7　线圈示意图

的，可由一匝或多匝组成；多个线圈连成一组就称为线圈组；由多个线圈或线圈组按照一定规律连接在一起就形成了绕组，图 2-7 所示为常用的线圈示意图。线圈嵌放在铁芯槽内的直线部分称为有效边，它是进行电磁能量转换的部分，伸出铁芯槽外的部分仅起连接作用，不能直接转换能量，称为端部。

(2)极距 τ

极距是指交流绕组一个磁极所占有定子圆周的距离，一般用定子槽数来表示，即

$$\tau=\frac{z_1}{2p} \tag{2-3}$$

式中　z_1——定子铁芯总槽数；

$2p$——磁极数；

τ——极距。

(3)线圈节距 y_1

一个线圈的两个有效边所跨定子圆周的距离称为节距，一般也用定子槽数来表示。如某线圈的一个有效边嵌放在第 1 槽而另一个有效边放在第 6 槽，则其节距 $y_1=6-1=5$(槽)。从绕组产生最大磁势或电势的要求出发，节距 y_1 应接近于极距，即

$$y_1\approx\tau=\frac{z_1}{2p} \tag{2-4}$$

当 $y_1=\tau$ 时，称为整距绕组；

当 $y_1<\tau$ 时，称为短距绕组；

当 $y_1>\tau$ 时，称为长距绕组。

实际应用中，常采用短距和整距绕组，长距绕组一般不采用，因其端部较长，用铜量较多。

(4)机械角度和电角度

一个圆周所对应的几何角度为 360°，该几何角度就称为机械角度。而从电磁方面来看，导体每经过一对磁极 N、S，其电势就完成一个交变周期。对于 4 极电机，$p=2$，这时导体每旋转一周要经过两对磁极，对应的电角度为 $2\times360°=720°$，若电机有 p 对极，则

$$电角度=p\times机械角度 \tag{2-5}$$

(5)每极每相槽数 q

每极每相槽数 q 是指每相绕组在每个磁极下占的槽数，可由下式计算

$$q=\frac{z_1}{2pm} \tag{2-6}$$

式中　m——相数。

q 个槽所占的区域称为一个相带。通常情况下，三相异步电动机每个磁极下可按相数分为三个相带，因一个磁极对应的电角度为 180°，故每个相带占有电角度为 60°，称为 60°相带。

(6)槽距角 α

槽距角是指相邻的两个槽之间的电角度，可由下式计算

$$\alpha=\frac{360^\circ\times p}{z_1} \tag{2-7}$$

(7)极相组

极相组是指一个磁极下属于同一相的线圈按一定方式串联成的线圈组。

2. 交流绕组的基本要求

三相异步电动机交流绕组的构成主要从设计制造和运行两方面考虑。绕组的型式多种多样,具体要求为:

(1)在一定的导体数下,绕组的合成电势和磁势在波形上应尽可能为正弦波,在数值上尽可能大,而绕组的损耗要小,用铜量要省。

(2)对三相绕组,各相的电势和磁势要求对称而各相的电阻和电抗都相同。为此必须保证各绕组所用材料、形状、尺寸及匝数都相同且各相绕组在空间的分布应彼此相差 120°电角度。

(3)绕组的绝缘和机械强度要可靠,散热条件要好。

(4)制造、安装、检修要方便。

总之,上述对交流电机电枢绕组的要求,从原理上来看,可以归纳为对绕组感应电动势和产生磁动势的要求。对三相交流电机来说,要求三相绕组能感应出波形接近正弦、有一定数值的三相对称电动势;要求当三相绕组中流过三相对称电流时,能产生接近圆形的旋转磁动势。

三相交流绕组在槽内嵌放完毕后共有六个出线端引到电动机机座上的接线盒内。高压大、中型容量的异步电动机三相绕组一般采用星形接法;小容量的异步电动机三相绕组用三角形接法。

3. 三相交流绕组的分布、排列与连接要求

三相异步电动机交流绕组的作用是产生旋转磁场,要求交流绕组是对称的三相绕组,其分布、排列与连接应按下列要求进行:

(1)各相绕组在每个磁极下应均匀分布,以达到磁场的对称。为此先将定子槽数按极数均分,每一等分代表 180°电角度(称为分极);再把每极下的槽数分为三个区段(相带),每个相带占 60°电角度(称为分相)。

(2)各相绕组的电源引出线应彼此相隔 120°电角度。

(3)同一相绕组的各个有效边在同性磁极下的电流方向应相同,而在异性磁极下的电流方向相反。

(4)同相线圈之间的连接应顺着电流方向进行。

4. 交流绕组的分类

按槽内层数来分,可分为单层绕组、双层绕组和单双层混合绕组;按每极每相所占的槽数来分,可分为整数槽绕组和分数槽绕组;按绕组的结构形状来分,可分为链式绕组、交叉式绕组、同心式绕组、叠绕组和波绕组等。以下介绍三相单层绕组和三相双层绕组。

二、三相定子绕组的电势

通过单层链式绕组、同心式绕组和交叉式绕组等的展开图可以看出,这些绕组的线圈是

按照一定的规律分布排列着，且它们的线圈节距均小于其极距，也就是说，它们是分布线圈绕组。相比较而言，可以说变压器原、副边绕组都是集中线圈绕组。根据电磁感应定律可以证明，三相异步电动机定子绕组的相电势 E_1 为

$$E_1=4.44f_1N_1\Phi_mK_w \tag{2-8}$$

式中，f_1 为三相定子绕组中电流的频率；N_1 为每相定子绕组总的串联匝数；Φ_m 为异步电动机的每极磁通；$K_w=K_yK_q$ 为绕组因数。

K_y 称为节距因数，它的数值与线圈节距有关，它表示短距线圈和长距线圈电势的减小程度，短距线圈和长距线圈的 $K_y<1$，整距线圈的 $K_y=1$。

K_q 称为分布因数，它的数值与线圈分布有关，它表示分布线圈电势的减小程度，分布线圈的 $K_q<1$，集中线圈的 $K_q=1$。

三、三相定子绕组的磁势

1. 单相绕组的磁势

在三相定子绕组中通入三相正弦波的电流，则三相定子绕组中的每一个单相绕组所产生的磁势为脉动磁势。所谓脉动磁势，就是磁势的轴线(即磁势幅值所在的位置)在空间固定不动，但振幅不断随时间而变化的磁势。

可以证明，单相绕组脉动磁势，$f_\Phi(x,t)$的数学表达式可以写成

$$f_\Phi(x,t)=F_\Phi\cos x\cos\omega t \tag{2-9}$$

式中，f_Φ 为磁势的幅值；x 为空间坐标；t 为时间坐标；ω 为绕组中正弦交流电的角频率。

从式(2-9)可见，在任一瞬间，磁势的空间分布为一余弦波，但在空间任何一点的磁势，则又随时间作余弦变化。或者说，该磁势既是空间函数又是时间函数。

可以证明，单相绕组脉动磁势的幅值 $F_\Phi=\dfrac{0.9IN_1K_w}{p}$，说明单相绕组脉动磁势的幅值与绕组中的电流 I 成正比，与相绕组总的串联匝数 N_1 成正比，与绕组因数 K_w 成正比，与电机的极对数 p 成反比。

2. 三相绕组的磁势

三相绕组由三个单相绕组组成，这三个单相绕组分别产生脉动磁势。在三相异步电动机中，三个单相绕组是对称的，即U、V、W三相绕组在空间互相间隔的距离为120°电角度。电机在对称运行时，通入三相绕组中的三相电流亦是对称的，即其幅值相等，在时间相位上互差120°电角度，即

$$i_U=\sqrt{2}I\cos\omega t \tag{2-10}$$

$$i_V=\sqrt{2}I\cos(\omega t-120°) \tag{2-11}$$

$$i_W=\sqrt{2}I\cos(\omega t-240°) \tag{2-12}$$

因此，U、V、W三相绕组的磁势分别为

$$f_{\Phi U}=F_\Phi\cos x\cos\omega t \tag{2-13}$$

$$f_{\Phi V}=F_\Phi\cos(x-120°)\cos(\omega t-120°) \tag{2-14}$$

$$f_{\Phi W}=F_{\Phi}\cos(x-240°)\cos(\omega t-240°) \tag{2-15}$$

将这三个脉动磁势分别进行分解，可得

$$f_{\Phi U}=\frac{1}{2}F_{\Phi}\cos(\omega t-x)+\frac{1}{2}F_{\Phi}\cos(\omega t+x) \tag{2-16}$$

$$f_{\Phi V}=\frac{1}{2}F_{\Phi}\cos(\omega t-x)+\frac{1}{2}F_{\Phi}\cos(\omega t+x-240°) \tag{2-17}$$

$$f_{\Phi W}=\frac{1}{2}F_{\Phi}\cos(\omega t-x)+\frac{1}{2}F_{\Phi}\cos(\omega t+x-120°) \tag{2-18}$$

把上述三个公式相加，可知前三相余弦互相叠加，后三相之和为零。故三相合成磁势为

$$f(x,t)=1.5F_{\Phi}\cos(x-\omega t) \tag{2-19}$$

上式表明，当三相对称电流流过三相对称绕组时，三相绕组的合成磁势为一个圆形旋转磁势。

圆形旋转磁势的幅值为单相绕组脉动磁势幅值 F_{Φ} 的 1.5 倍，其旋转速度为同步转速，用 n_1 来表示，其计算公式为

$$n_1=\frac{60f_1}{p} \tag{2-20}$$

式中 f_1——三相定子绕组中电流的频率；

p——三相异步电动机的磁极对数。

一个三相对称绕组流过三相对称电流时，它所产生的合成磁势一定是一个圆形旋转磁势。这个概念可以进一步用图 2-8 来解释。图 2-8 中 U1U2、V1V2、W1W2 是定子上的三相绕组，它们在空间互相间隔 120°电角度。三相电流的变化曲线如图 2-9 所示。

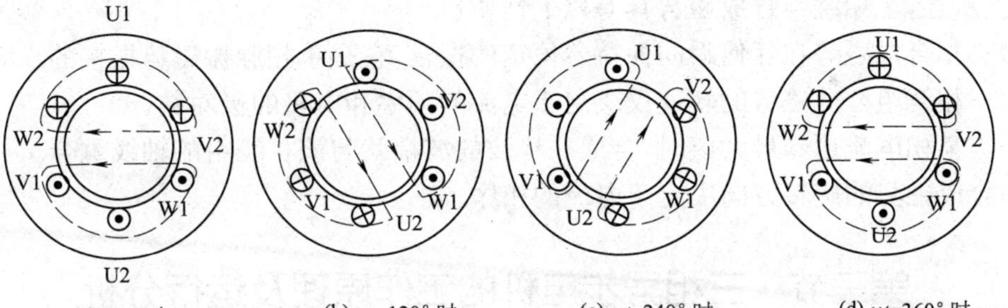

图 2-8 旋转磁势

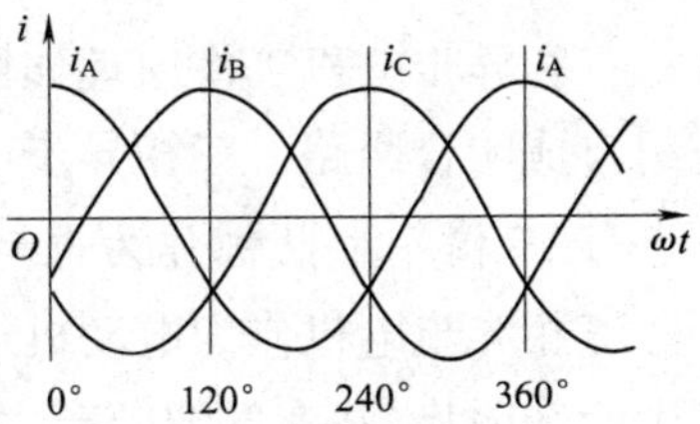

图 2-9 三相电流

在图 2-8 中假设：A、B、C 三相电流分别流入 U、V、W 三相绕组，正值电流是从绕组的首端流入（用⊕来表示流入）而从尾端流出（用⊙来表示流出），负值电流则从绕组的尾端流入而从首端流出。

在图 2-9 中，当 $\omega t=0$ 时，A 相电流具有正的最大值，相应地在图 2-8(a)中，A 相电流是从 U 相绕组的首端点 U1 流入，而从尾端点 U2 流出，此时，B 相及 C 相电流均为负值，所以电流 I_B 和 I_C 分别从 V 相绕组及 W 相绕组的尾端 V2 和 W2 流入，而从首端 V1

和 W1 流出。从图 2-8(a)中电流的分布情况可以清楚地看到:合成磁势的轴线正好与 U 绕组的中心线相重合。

在图 2-9 中,当 $\omega t=120^{\circ}$时,B 相电流达到正的最大值,A 相及 C 相电流则为负值,因此相应地在图 2-8(b)中,B 相电流是从 V 相绕组的首端 V1 点流入,而从尾端 V2 点流出,A 相及 C 电流分别从它们的尾端 U2 及 W2 点流入,而从首端 U1 及 W1 点流出,此时合成磁势的轴线便与 V 相绕组的中心线相重合。

根据同样的方法可以解释图 2-9(c),当 $\omega t=240^{\circ}$时,C 相电流有最大值,合成磁势的轴线便与 W 相绕组的中心线相重合。分析图 2-8(a)、(b)、(c)三个图形中磁势的位置,可以明显地看出:合成磁势是一个旋转磁势。旋转磁势的轴线总是与电流达到最大值的那一相绕组的中心线相重合。

如果三相绕组流过的是正序电流,则 A 相电流首先达到最大值,而后依次是 B 相及 C 相电流达到最大值,则合成磁势的轴线首先与 U 相绕组的中心线相重合,而后再依次同 V 相绕组和 W 相绕组中心线相重合。所以合成磁势的旋转方向是从 U 相到 V 相,再从 V 相到 W 相。也就是说:旋转磁势的转向总是从超前电流的相转向滞后电流的相。

如果三相绕组流过的是负序电流,则 A 相电流首先达到最大值,而后依次是 C 相及 B 相电流达到最大值,所以合成磁势的轴线首先与 U 相绕组的中心线相重合,而后再依次同 W 相绕组和 V 相绕组中心线相重合。合成磁势的旋转方向是从 U 相到 W 相,再从 W 相到 V 相。

可见:要改变旋转磁势的转向,只要改变通入电流的相序。也就是说,只要把三相绕组中的任何两个出线端的位置对换就可以了。

综上所述,三相绕组合成磁势具有以下性质:

(1)三相合成磁势在任何瞬间保持着恒定的振幅,它是单相脉振磁势振幅的 1.5 倍。

(2)三相绕组合成磁势的转速仅决定于电流的频率和电机的极对数。

(3)当某相电流达到最大值时,合成磁势波的波幅就与该相绕组的轴线重合。

(4)合成磁势的旋转方向决定于电流的相序。

第三节　三相异步电机的工作原理及运行分析

一、三相异步电机的工作原理

三相异步电机工作原理如图 2-10 所示,定子上的三相绕组接到三相交流电源上,转子绕组自成闭合回路。三相异步电机的工作可分为三种情况,以下分别做介绍。

1. 三相异步电机作为电动机运行

三相异步电机作为电动机运行是其最普遍的工作状态。三相电流流入三相定子绕组,产生旋转磁势,并在气隙中产生相应的旋转磁场。旋转磁场也是以同步转速 n_1 在旋转。为了便于说明问题,在图 2-10 中用一对旋转的磁极来表示该旋转磁场。

由于旋转磁场以 n_1 转速旋转,转子导体开始时是静止的,故转子导体将切割定子旋转磁场而产生感应电动势(感应电动势的方向用右手定则判定)。由于转子导体两端被短路环短接，在感应电动势的作用下，转子导体中将产生与感应电动势方向基本一致的感应电流。转子的载流导体在定子磁场中受到电磁力的作用(力的方向用左手定则判定)。电磁力对转子轴产生电磁转矩，驱动转子沿着旋转磁场方向旋转。

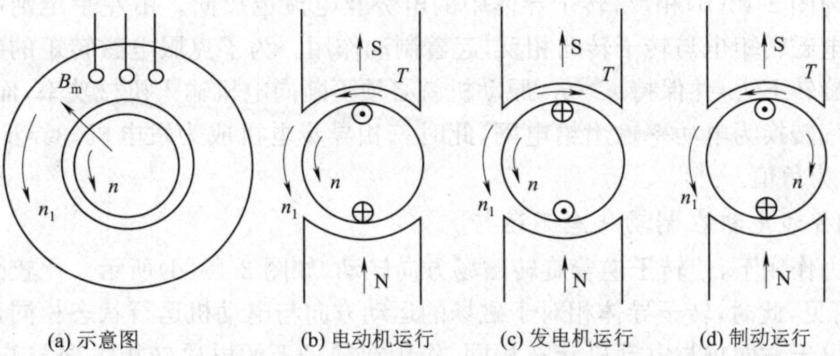

图 2-10　三相异步电机的工作原理

当三相异步电机作为电动机运行时，为了克服负载的阻力转矩，三相异步电动机的转速 n 总是略低于同步转速 n_1，以便气隙中的旋转磁场能够切割转子导体而在其中产生感应电动势和感应电流，从而能够产生足够的电磁转矩来拖动转子旋转。如果转子的转速与同步转速相等，转向又相同，则气隙旋转磁场与转子导体之间没有相对运动，因而转子导体中就不会产生感应电动势和电流，电机的电磁转矩也将为零。可见，异步电机产生电磁转矩的必要条件是，磁场的同步转速 n_1 和转子的转速 n 不相等，即 $n_1 \neq n$。

把同步转速 n_1 和转子转速 n 的差值称为转差，转差与同步转速 n_1 的比值称为转差率，转差率用 s 来表示，即

$$s=\frac{n_1-n}{n_1} \tag{2-21}$$

转差率是异步电机的一个基本变量，它可以表示三相异步电机的各种不同运行状态。

(1)在电机刚启动时，转子转速 $n=0$，则 $s=1$，转子切割旋转磁场的相对速度为最大，转子中的电动势及电流也最大。如果电动机产生的电磁转矩足以克服机械负载的阻力转矩，转子就开始旋转，转速会不断上升。

(2)随着转子转速 n 的上升，转差率 s 减小，转子切割旋转磁场的相对速度减小，转子中的电动势及电流也减小。在额定状态下，转差率 s 的数值通常都是很小的，中小型异步电动机的转差率约为 0.01～0.07，转子转速与同步转速相差并不很大。而空载时，因阻力矩很小，转子转速 n 很高，转差率则更小，约为 0.004～0.007，可以认为转子转速近似等于同步转速。

(3)假设 $n=n_1$，则转差率 $s=0$，此时转子导体不切割旋转磁场，转子中就没有感应电动势及电流，也不产生电磁转矩。

可见，作电动机运行时，转速 n 在 $0 \sim n_1$ 的范围内变化，而转差率则在 1～0 的范围内变化。

三相异步电动机的转速可用转差率来计算，即

$$n=(1-s)n_1 \tag{2-22}$$

2. 三相异步电机作为发电机运行

若三相异步电机的转轴上不是机械负载，而是用一原动机拖动异步电机的转子以大于同步转速的速度与旋转磁场同方向旋转，如图 2-10(c)所示，此时，转子导体相对于旋转磁场的运动方向与图 2-10(b)相反，转子导体中的电势及电流也反向。由左手定则可知，转子导体所产生的电磁转矩也与转子转向相反，起着制动作用。为了克服电磁转矩的制动作用，使转子能继续旋转下去，并保持 $n>n_1$，原动机就必须不断向电机输入机械功率，而电机则把输入的机械功率转换为电功率输出给电网，此时三相异步电机成为发电机。异步发电机运行时，转差率 s 为负值。

3. 三相异步电机在制动状态下运行

若在外力作用下，使转子逆着旋转磁场方向转动，如图 2-10(d)所示。比较图 2-10(b)和图 2-10(d)可见，此时，转子导体相对于磁场的运动方向与电动机运行状态相同，故转子导体中的电势和电流方向仍与电动机状态相同，作用在转子上的电磁转矩方向与旋转磁场方向一致，但却与转子转向相反，起了阻止转子旋转的作用，故称为三相异步电动机的制动运行。在这种情况下，它一方面消耗原动机的机械功率，同时也从电网吸收了电功率，这两部分功率均变为三相异步电机内部的损耗。制动运行时，由于转子逆着磁场方向旋转，$n<0$，则转差率 $s>1$。

在三种运行状态下，转子转速总是与旋转磁场转速(同步转速)不同，因而称为异步电机。又由于异步电机的转子绕组并不直接与电源相接，而是依靠电磁感应的原理来产生感应电动势和电流，从而产生电磁转矩使电动机转动，因而异步电机又称为感应电机。

实际上，异步电机绝大多数都是作为电动机运行。异步发电机的性能不如同步发电机优越，因此仅用在特殊场合。制动运行往往是吊车等设备的一种特殊运行状态。

二、三相异步电动机的功率和转矩平衡关系

1. 三相异步电动机中各项功率、损耗的含义

电机是机电能量转换的机械设备，在能量转换过程中必然会有功率平衡关系，也必然会有损耗。

当三相异步电动机接在电网上稳定运行时，由电网供给的电功率称为三相异步电动机的输入功率 P_1。

$$P_1=3U_1I_1\cos\varphi_1 \tag{2-23}$$

式中 U_1——三相异步电动机定子绕组相电压；

I_1——三相异步电动机定子绕组相电流；

φ_1——相电压 U_1 与相电流 I_1 之间的相位角；

$\cos\varphi_1$——三相异步电动机功率因数。

输入功率中的一小部分将消耗于定子绕组的电阻上，该部分称为定子绕组铜耗 p_{Cu1}。

$$p_{Cu1}=3I_1^2r_1 \tag{2-24}$$

式中 r_1——三相异步电动机定子绕组相电阻。

输入功率的另外一小部分将消耗于定子铁芯上，该部分称为铁耗 p_{Fe}。

转子铁芯损耗可忽略不计。这是因为正常运行时，三相异步电动机转子转速接近旋转

磁场的同步转速，转差率 s 很小，转子铁芯中磁通变化的频率很小，再加上转子铁芯和定子铁芯都是用硅钢片叠成，因而转子铁芯中铁耗很小。所以，三相异步电动机的铁耗主要是定子铁芯损耗。

输入功率减去定子铜耗和铁耗以后，余下的功率全部送入转子，这部分功率称为电磁功率 P_M。电磁功率是借助电磁感应作用通过气隙旋转磁场由定子传递到转子的。

$$P_M = P_1 - p_{Cu1} - p_{Fe} \tag{2-25}$$

传递到转子的电磁功率，一部分将消耗于转子绕组中的电阻上，这部分功率称为转子绕组铜耗 p_{Cu2}。

$$p_{Cu2} = 3I_2^2 r_2 \tag{2-26}$$

式中 I_2——三相异步电动机转子绕组相电流；

r_2——三相异步电动机转子绕组相电阻。

传递到转子的电磁功率减去转子铜耗 p_{Cu2} 后余下的功率称为全机械功率 $P_{全}$。

$$P_{全} = P_M - p_{Cu2} \tag{2-27}$$

全机械功率实际上是传递到电机转轴上的机械功率，它是转子绕组中的电流与旋转磁场相互作用产生电磁转矩，带动转子以转速 n 旋转时所对应的功率。

电机转子转动时，会产生轴承摩擦及风阻等阻力转矩，为克服此阻力转矩，将消耗一部分功率，这部分功率称为机械损耗 p_Ω。

定子及转子绕组中流过电流时，除产生基波磁通外，还产生高次谐波磁通及其他漏磁通，这些磁通穿过导线、定子及转子铁芯、机座、端盖等金属部件时，在其中产生感应电动势和电流并引起损耗，这部分称为杂散损耗 p_s。杂散损耗的大小与气隙的大小和制造工艺等因素有关。

全机械功率减去机械损耗和杂散损耗以后，就是三相异步电动机转轴上输出的机械功率 P_2。用 $p_{\Omega+s}$ 表示机械损耗和杂散损耗之和，则

$$P_2 = P_{全} - p_{\Omega+s} \tag{2-28}$$

铁耗 p_{Fe}、定子绕组铜耗 p_{Cu1}、转子绕组铜耗 p_{Cu2} 都属于电磁损耗，这三项损耗主要与电机的电磁负荷有关，即与电机中的磁场强度、绕组中的电流大小、铁芯和绕组的几何尺寸等有关。机械损耗 p_Ω 主要与电机的转速、摩擦系数等因素有关。以上四项损耗属于电机的基本损耗。杂散损耗 p_s 的值很小，一般可以忽略不计。

2. 三相异步电动机的功率平衡关系

三相异步电动机从电网吸收电功率，从转轴上输出机械功率，其功率流程如图 2-11 所示。

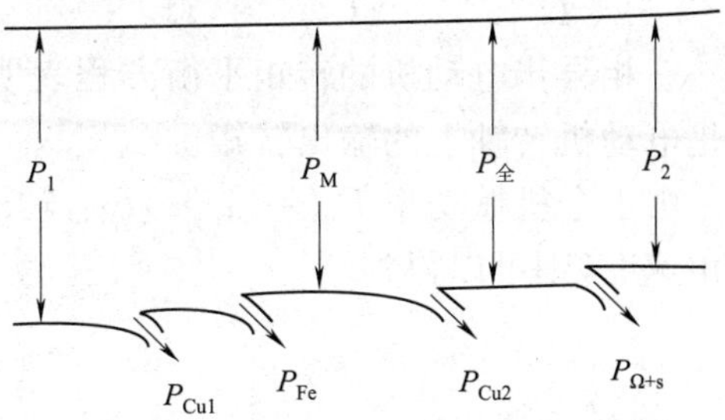

图 2-11 三相异步电动机功率流程图

从三相异步电动机功率流程图可见：

三相异步电动机的功率平衡方程

$$P_1 = p_{Cu1} + p_{Fe} + p_{Cu2} + p_{\Omega+s} + P_2 = \sum p + P_2 \tag{2-29}$$

电动机的总损耗

$$\sum p = p_{Cu1} + p_{Fe} + p_{Cu2} + p_{\Omega+s} \tag{2-30}$$

电磁功率

$$P_M = p_{Cu2} + p_{\Omega+s} + P_2 \tag{2-31}$$

全机械功率

$$P_{全} = p_{\Omega+s} + P_2 \tag{2-32}$$

除以上功率关系外，还可以证明，三相异步电动机的转子绕组铜耗与电磁功率之间存在着一定的关系：转子绕组铜耗为异步电机的转差率与电磁功率的乘积，即

$$p_{Cu2} = sP_M \tag{2-33}$$

上式说明，转差率越大，电磁功率中转变为转子铜耗的部分就越大。

根据三相异步电动机功率流程图和式(2-31)、式(2-32)、式(2-33)可知，全机械功率与电磁功率之间的关系为

$$P_{全} = P_M - p_{Cu2} = (1-s)P_M \tag{2-34}$$

3. 三相异步电动机的转矩平衡方程

在三相异步电动机中，输入定子的电能转换为转子上的机械能输出是通过转子上产生电磁力(载流导体在磁场中的受力)，由电磁力产生电磁转矩使转子旋转而实现的。因此，电磁转矩是电机中能量形态变换的基础。

对于已制造好的异步电动机，电磁转矩的大小与旋转磁场磁通的大小及转子电流大小密切相关。通过数学分析可知，电磁转矩 T 的大小与旋转磁场的每极磁通 Φ_m 及转子电流 I_2 正比，可用公式表示为

$$T = C_T \Phi_m I_2 \cos\varphi_2 \tag{2-35}$$

式中，C_T 为电机转矩常数，$\cos\varphi_2$ 为转子的功率因数。

从动力学知道，作用在旋转体上的转矩等于旋转体的机械功率除以它的机械角速度。因此，在三相异步电动机的功率关系式 $P_{全} = p_{\Omega+s} + P_2$ 中，两边都除以转子的机械角速度 Ω，便得到三相异步电动机的转矩平衡方程式，即

$$T = T_0 + T_2 \tag{2-36}$$

式中，$T = \dfrac{P_{全}}{\Omega}$；$T_0 = \dfrac{p_{\Omega+s}}{\Omega}$；$T_2 = \dfrac{P_2}{\Omega}$。

三相异步电动机的转矩平衡方程表明，电动机稳定运行时，电磁转矩减去空载转矩后，才是电动机转轴上的输出转矩。

由于全机械功率 $P_{全} = (1-s)P_M$，转子的机械角速度 $\Omega = (1-s)\Omega_1$，Ω_1 为旋转磁场的同步角速度，则可以得到

$$T = \frac{P_{全}}{\Omega} = \frac{P_M}{\Omega_1} \tag{2-37}$$

上式说明，作用在转子上的电磁转矩与通过气隙旋转磁场传递到转子的电磁功率成正比。

电磁转矩既可以用转子的全机械功率除以转子的机械角速度来计算，也可以用电磁功率除以旋转磁场的同步角速度来计算。前者是从转子本身产生机械功率这一概念导出，由于转子本身的机械角速度为 Ω，所以 $T = \dfrac{P_{全}}{\Omega}$。后者则是从旋转磁场对转子做功这一概念出发，由于旋转磁场以同步角速度 Ω_1 旋转，而旋转磁场为了带动转子旋转，通过气隙传到转子

的总功率就是电磁功率，所以 $T=\dfrac{P_M}{\Omega_1}$。

三、三相异步电动机的运行特性

异步电动机从定子边吸取电能，从转子轴端输出机械能。从使用方面来说，机械负载需要它有一定的转矩和转速；从电网方面来说，要求电动机具有一定的效率、功率因数，并应限制其启动电流。为了保证电动机能够可靠、经济地运行，在设计和制造时，必须保证电动机的性能满足国家标准所规定的技术指标。三相异步电动机的运行特性反映了一些重要技术指标的变化规律。

三相异步电动机的运行特性是指在额定电压及额定频率时，转速 n、电磁转矩 T、定子电流 I_1、定子功率因数 $\cos\varphi_1$ 以及效率 η 随着输出功率 P_2 而变化的关系曲线。

1. 转速特性

三相异步电动机在额定电压及额定频率下，输出功率 P_2 变化时，转速 n 的变化规律曲线 $n=f(P_2)$ 称为转速特性。

空载时，输出功率 $P_2=0$，转子电流很小，转子铜耗 p_{Cu2} 很小，转差率 $s\approx 0$，转子转速接近同步转速。随着负载的增大，转速会略有下降，这样旋转磁场便以较大的转差 $\Delta n=n_1-n$ 切割转子导体，使转子导体中的感应电动势及电流增加，而转子电流的增加，会产生较大的电磁转矩，从而与机械负载的阻力转矩相平衡。转速特性 $n=f(P_2)$ 曲线形状如图 2-12 所示，是一条微微下倾的曲线。

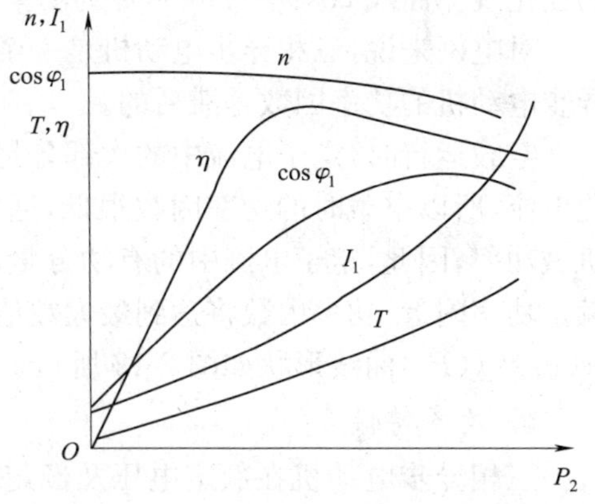

图 2-12 三相异步电动机工作特性

随着负载的增大，转子电流增大，转子铜耗及电磁功率也相应增大。但是，转子铜耗与转子电流的平方成正比，而电磁功率近似与转子电流的一次方成正比，转子铜耗比电磁功率增大的快。而电动机的转差率 $s=\dfrac{p_{Cu2}}{P_M}$，所以，随着负载的增大，转差率 s 也增大，即转速 n 稍有下降。对一般的三相异步电动机，为保证有较高的效率，转子铜耗 p_{Cu2} 不能过大，所以转差率 s 的数值很小。在额定负载时的转差率约为 $s_N=0.01\sim0.07$（其中小的数字对应于容量大的电机），这表明额定转速仅比同步转速低 1%～7%。

2. 转矩特性

三相异步电动机在额定电压及额定频率下，输出功率 P_2 变化时，电磁转矩 T 变化规律 $T=f(P_2)$ 曲线称为转矩特性。

由三相异步电动机的转矩平衡方程式可知

$$T=T_0+T_2=T_0+\frac{P_2}{\Omega} \tag{2-38}$$

从空载到额定负载之间，空载转矩 T_0 可认为不变，假设电动机的转速也不变，则转矩特

性 $T=f(P_2)$ 为一条直线。实际上，随着 P_2 的增加，电动机的转速略有下降，所以，转矩特性 $T=f(P_2)$ 是一条比直线略有上翘的曲线，如图 2-12 所示。

3. 定子电流特性

三相异步电动机在额定电压及额定频率下，输出功率 P_2 变化时，定子电流 I_1 变化规律曲线 $I_1=f(P_2)$ 称为定子电流特性。

空载运行时，转子电流 $I_2\approx0$，此时定子电流 I_1 几乎全部为励磁电流。励磁电流是定子电流中用来产生旋转磁场主磁通的电流分量。定子电流中的另一部分称为定子电流有功分量，定子电流有功分量用来与转子电流相平衡。

当负载增加以后，输出功率增大，转子转速下降，转子电流增加，以产生足够的电磁转矩与负载转矩相平衡，通过电磁感应关系，定子电流也随着增加，输入功率增大，从而满足功率平衡方程的要求。定子电流特 $I_1=f(P_2)$ 的曲线形状如图 2-12 所示。

4. 功率因数特性

三相异步电动机在额定电压及额定频率下，输出功率 P_2 变化时，定子功率因数 $\cos\varphi_1$ 的变化规律曲线 $\cos\varphi_1=f(P_2)$ 称为功率因数特性。

对电网来说，三相异步电动机是一个电感性负载，它从电网中吸取无功功率，所以，三相异步电动机的功率因数是滞后的。

空载运行时，定子电流中的大部分是励磁电流，由于励磁电流中的主要成分是无功的磁化电流，所以空载时的功率因数很低，通常为 $\cos\varphi_0<0.2$。加上负载后，由于要输出一定的机械功率，因此，定子电流中的有功分量增加，电动机的功率因数逐渐提高。一般电动机在额定功率附近，功率因数将达到最大数值，额定功率因数 $\cos\varphi_N=0.7\sim0.9$。功率因数特性 $\cos\varphi_1=f(P_2)$ 曲线形状如图 2-12 所示。

5. 效率特性

三相异步电动机在额定电压及额定频率下，输出功率 P_2 变化时，效率 η 的变化规律曲线 $\eta=f(P_2)$ 为效率特性。

三相异步电动机的效率 η 为输出功率与输入功率之比。

$$\eta=\frac{P_2}{P_1}=\frac{P_2}{P_2+\sum p} \tag{2-39}$$

空载时，输出功率 $P_2=0$，故 $\eta=0$。随着负载的增大，输出功率逐步增大，效率也相应增大。

异步电动机在运行过程中的转速及气隙磁通是近似不变的，故机械损耗与定子铁耗之和基本上是常数，称为不变损耗；定、转子铜耗与电流平方成正比，随电流的变化而变化，称为可变损耗。如同变压器与直流电机中的情况一样，当不变损耗与可变损耗相等时，出现最大效率。

出现最大效率后，若负载继续增大，电动机的效率就要下降，效率特性 $\eta=f(P_2)$ 曲线形状如图 2-12 所示。

由于额定功率附近的功率因数和效率都比较高，因此总希望电动机在额定功率附近运行。如果电机长时间在低负荷下运行，由于此时的效率和功率因数都很低，很不经济。因此，选用电动机时，应使电动机的机械容量与机械负载相匹配。

四、三相异步电动机的机械特性

异步电动机输出机械功率主要表现在输出转矩和转速上，因此转速或转差率是异步电动机的基本变量之一。当三相异步电动机的外加定子电压及频率不变，转差率 s 变化时，电磁转矩 T 的变化规律曲线 $T=f(s)$ 称为机械特性。通过数学分析，可以得到用参数表示的电磁转矩 T 的计算公式如下

$$T=\frac{3pU_1^2r_2'/s}{2\pi f_1[(r_1+r_2'/s)^2+(x_{1\sigma}+x_{2\sigma}')^2]} \tag{2-40}$$

式中　p——极对数；

U_1——电动机相电压；

f_1——定子频率；

r_1、$x_{1\sigma}$——定子绕组的电阻和电抗；

r_2'、$x_{2\sigma}'$——转子绕组的折算电阻和电抗。

当异步电机的定子电压、频率及各参数都为定值时，改变转差率 s 的大小，根据用参数表示的电磁转矩计算公式可算出相应的电磁转矩 T，可作出机械特性 $T=f(s)$ 曲线，如图 2-13 所示。

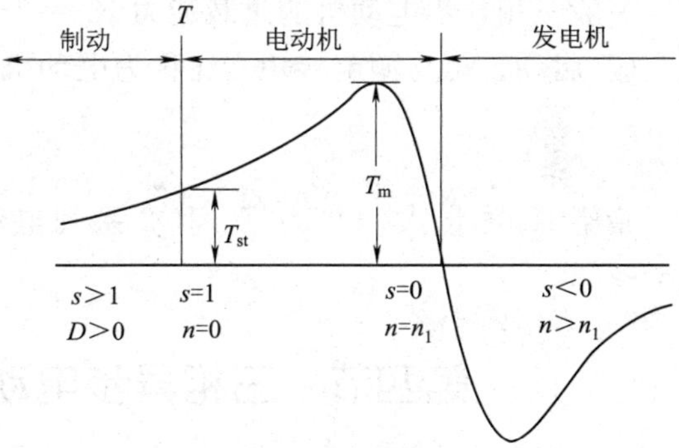

图 2-13　三相异步电动机的机械特性

由图可见，当 $1\geqslant s>0$ 时，电磁转矩和转子的转速都为正，转子转速小于磁场的同步转速，电机处于电动机运行状态；当 $s<0$ 时，转子的转速为正，转子转速大于磁场的同步转速，电磁转矩为负，电机处于发电机运行状态；当 $s>1$ 时，转子的转速为负，电磁转矩为正，电机处于制动运行状态。

通过机械特性曲线，可以看到三相异步电动机具有以下特点。

(1)在启动的瞬间，即 $s=1$ 时的电磁转矩称为启动转矩 T_{st}。通过数学分析的方法可知，启动时，电动机的启动电流很大，但转子功率因数很小，而 $T=C_T\Phi_m I_2\cos\varphi_2$，故启动转矩 T_{st} 并不很大。

(2)如果转子达到同步转速，即 $s=0$，则转子电流 $I_2=0$，此时的电磁转矩 $T=0$。

(3)当转差率 s 达到某一值时，电磁转矩达到最大值，称为最大转矩 T_m，对应于此时的转差率称为临界转差率 s_m，一般异步电动机的 $s_m=0.04\sim0.14$。通过数学分析的方法可得到临界转差率 s_m，和最大转矩 T_m 的数学表达式如下

$$s_m=\frac{r_2'}{\sqrt{r_1+(x_{1\sigma}+x_{2\sigma}')^2}} \tag{2-41}$$

$$T_m=\frac{3pU_1^2}{4\pi f_1[r_1+\sqrt{r_1^2+(x_{1\sigma}+x_{2\sigma}')^2}]} \tag{2-42}$$

可见，三相异步电动机的最大转矩与电网电压的平方成正比，最大转矩与转子电阻无关；临界转差率 s_m 与转子电阻成正比。

(4)转子电阻对 $T=f(s)$ 曲线的影响。异步电机转子回路中的电阻不同，其相应的机械特性 $T=f(s)$ 曲线的形状也不同，启动转矩的大小也不同。当 $s_m<1$ 时，随着转子电阻的增加，启动转矩变大；要使启动转矩达到最大转矩 $T_{st}=T_m$，则 $s_m=1$，即

$$s_m=\frac{r_2'+r_{st}'}{\sqrt{r_2'+(x_{1\sigma}+x_{2\sigma}')^2}}=1 \tag{2-43}$$

此时在转子回路中应串入电阻的折算值为 $r_{st}'=\sqrt{r_1'+(x_{1\sigma}+x_{2\sigma}')^2}-r_2'$。若转子回路串入的电阻超过该值，$s_m>1$，说明电动机的启动转矩变小。

(5)对应于额定负载时转矩称为额定转矩 T_N，相应的转差率称为额定转差率 s_N。

(6)最大转矩与额定转矩之比称为电动机的过载能力 K_m，它是衡量电动机过载能力的一个重要指标。

$$K_m=\frac{T_m}{T_N} \tag{2-44}$$

一般三相异步电动机的过载能力 $K_m=2\sim2.2$。

(7)启动转矩与额定转矩之比称为电动机启动转矩倍数 K_{st}

$$K_{st}=\frac{T_{st}}{T_N} \tag{2-45}$$

希望 K_{st} 尽量大一些为好。JO2 系列电动机的 $K_{st}=0.9\sim2$，Y 系列电动机的 $K_{st}=1.8\sim2.2$。

第四节　三相异步电动机的启动、反转和制动

一、三相异步电动机的启动

三相异步电动机的启动是指从电动机接入电网开始转动，到达正常运转为止的这一过程。

一般衡量三相异步电动机启动性能的好坏，主要有四点：

(1)启动电流尽可能小。

(2)启动转矩要足够大。

(3)启动所需用的设备简单、经济、操作方便。

(4)启动过程中的功率损耗要尽量小。

异步电动机在启动时存在着两种矛盾：电动机的启动电流大，而供电线路承受冲击电流的能力有限；电动机的启动转矩小，而负载又要求有足够的转矩才能启动。因此，在不同的情况下，应采取不同的启动方法。具体来讲，异步电动机的启动主要有以下四种方法：

1. 小容量电动机空载或轻载启动——直接启动

小容量电动机空载或带轻载时，可以直接启动。直接启动就是将电动机定子绕组直接接到具有额定电压的电网上。这种启动方法的优点是操作和启动设备都简单。直接启动时电流较大，如果负载的惯量较大，启动时间可能较长。为了保证电动机启动时不引起太大的电网压降，电动机应满足下面经验公式的要求：

$$\frac{I_{st}}{I_N}\leqslant\frac{3}{4}+\frac{\text{供电变压器的容量}}{4\times\text{电动机额定容量}} \tag{2-46}$$

电动机能否采用直接启动方法，不仅取决于电动机本身的容量大小，而且还与供电电网容量、供电线路长短、启动次数及其他用户的要求有关。

供电电网容量越大，允许直接启动的电动机容量也越大；电动机与供电变压器之间的距离越长，启动时线路电压降也越大，则电动机的端电压就越低，有可能使电机转不起来，此种情况下应降低允许直接启动的电动机容量；频繁启动的电动机，由同一台变压器供电的其他设备，如果都是动力用户，即都是电动机，则对允许直接启动的电动机容量的要求就放松一些，如果还有照明用户以及其他对电源电压波动很敏感的用户，则对允许直接启动的电动机容量的要求就更严一些。

至于具体的规定，可查阅有关书籍或电工手册。通常以下两种情况可以采用直接启动：容量在 7.5 kW 以下的三相异步电动机；电动机在启动瞬间造成的电网电压降不大于电压正常值的 10%，对于不经常启动的电动机可放宽到 15%。

2. 中、大容量电动机空载或轻载启动——降压启动

凡电动机容量超过前面所述的要求时，就不能直接启动。在这种情况下，如果仍是空载或轻载启动，则启动时的主要问题就是启动电流大而电网允许的冲击电流有限。因此必须降低启动电流。要降低启动电流，最有效的措施就是降压启动。

降压启动是指电动机在启动时降低加在定子绕组上的电压，启动结束后再加上额定电压运行。降压启动可以有效地降低电动机的启动电流，但由于感应电动机的启动转矩和电压的关系为

$$T_{st}=\frac{1}{2\pi f_1}\frac{3pU_1^2r_2'}{(r_1+r_2')^2+(x_{1\sigma}+x_{2\sigma}')^2} \tag{2-47}$$

由式(2-47)可见，感应电动机的启动转矩和电压的平方成正比，因此降压启动时，电动机的启动转矩也相应降低，所以，降压启动只适用于电动机空载或轻载启动。常用的降压启动方法有星三角降压启动、自耦变压器降压启动、定子绕组串电阻或电抗降压启动、延边三角形降压启动。以下仅介绍两种降压启动方法。

(1)星三角(Y/△)降压启动

星三角降压启动是指在额定电压下正常运行时为三角形接法的电动机，在启动时采用星形接法从而使三相定子绕组所承受的每相相电压降低为额定电压（电源线电压）的$\frac{1}{\sqrt{3}}$倍。其接线图如图 2-14 所示。

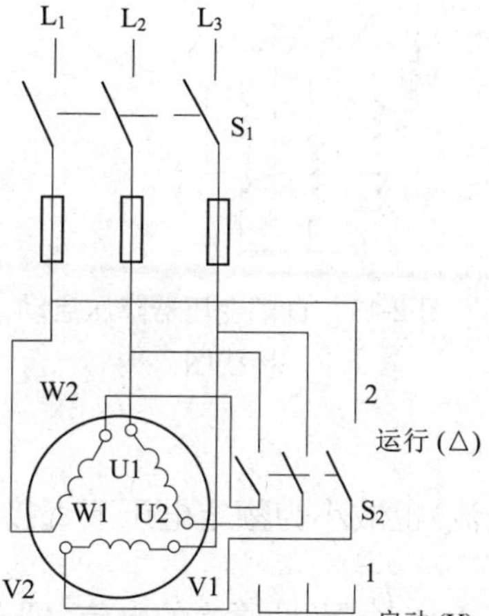

图 2-14 星三角降压启动接线图

启动时，先将转换开关 S_2 置于“启动”位，这时定子三相绕组作星形连接，然后将开关 S_1 合上，电动机开始启动，待电动机转速升高到一定值后，再把 S_2 置于“运行”位，此时定子三相绕组作三角形连接，电动机就在额定电压下正常运行。

当定子绕组接成星形启动时，每相绕组所加电压为$\frac{U_1}{\sqrt{3}}$，设电动机启动时每相阻抗为Z_{st}，则启动时的线电流为

$$I_{st(Y)}=\frac{U_1}{\sqrt{3}\,|Z_{st}|} \tag{2-48}$$

如用三角形直接启动时，每相所加电压为U_1，此时线电流为

$$I_{st(\triangle)}=\sqrt{3}\,\frac{U_1}{|Z_{st}|} \tag{2-49}$$

两种接线方法启动电流的比值是

$$\frac{I_{st(Y)}}{I_{st(\triangle)}}=\frac{1}{3} \tag{2-50}$$

由此可见，用星三角降压启动，启动电流为采用三角形接法直接启动时的 1/3，对降低启动电流很有效，但由于启动转矩T_{st}正比于U_1^2，因此启动转矩也相应降低为采用三角形接法直接启动时的 1/3，即启动转矩也降低很多，故此种方法只能用于空载或轻载启动的设备上。此种方法的最大优点是所需设备简单、价格低，因而获得了广泛的应用。由于此种方法只能用于正常运行时三相定子绕组为三角形接法的电动机，因此我国生产的 JO2 及 Y 系列三相鼠笼式异步电动机，功率在 4 kW 及以上者正常运行时都采用三角形接法。

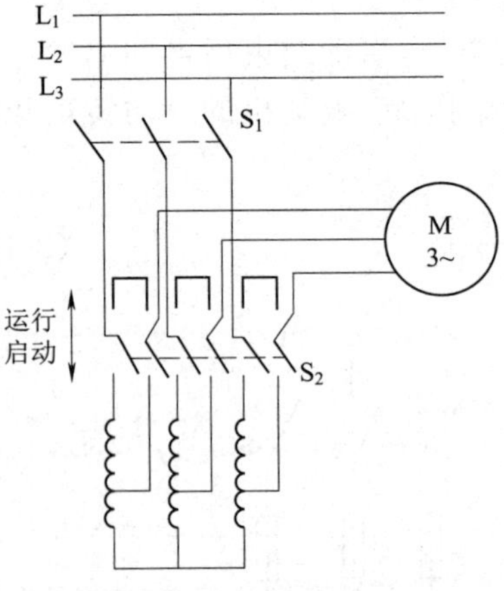

图 2-15　自耦变压器降压启动接线图

(2)自耦变压器降压启动

自耦变压器降压启动也称启动补偿器启动，这种启动方法是利用自耦变压器来降低启动时加在定子三相绕组上的电压，其接线图如图 2-15 所示，它由三相自耦变压器和控制开关等组成。

启动时，先将开关S_1闭合，然后再将开关S_2置于“启动”位，这时经过自耦变压器降压后的交流电压加到电动机三相定子绕组上，电动机开始降压启动，待电动机转速升高到一定值后，再把开关S_2置于“运行”位，电动机就在额定电压下正常运行，此时自耦变压器已从电网上被切除。

设自耦变压器的变比为K，原边电压为U_1，则副边电压为$U_2=\frac{U_1}{K}$，副边电流（即通过电动机定子绕组的线电流）也减小为额定电压下直接启动时启动电流的$\frac{1}{K}$倍。又因为变压器原副边的电流关系是$I_1=\frac{I_2}{K}$，可见原边的电流（即电源供给电动机的启动电流）比直接流过电动机定子绕组的电流还要小，此时电源供给电动机的启动电流为直接启动时的$\frac{1}{K^2}$倍，因此用自耦变压器降压启动对限制启动电流很有效。但采用此种方法降低启动电流的同时，启动转矩也会相应降低到直接启动的$\frac{1}{K^2}$倍。

这种启动方法的优点是可以按容许的启动电流和所需的启动转矩选择自耦变压器的变比从而实现降压启动，而且不论电动机定子绕组采用星形接法或三角形接法都可使用。缺点是投资较大，设备体积大。

3. 小容量电动机重载启动——鼠笼电机的特殊型式

小容量电动机重载启动时，启动的主要问题是启动转矩不足。针对这种情况，解决的办法有两个：其一是按启动要求，选择容量更大的电动机；其二是选用启动转矩较高的特殊型式的电动机，这些型式的电动机的机械特性与普通鼠笼式电动机的机械特性形状比较如图 2-16 所示。

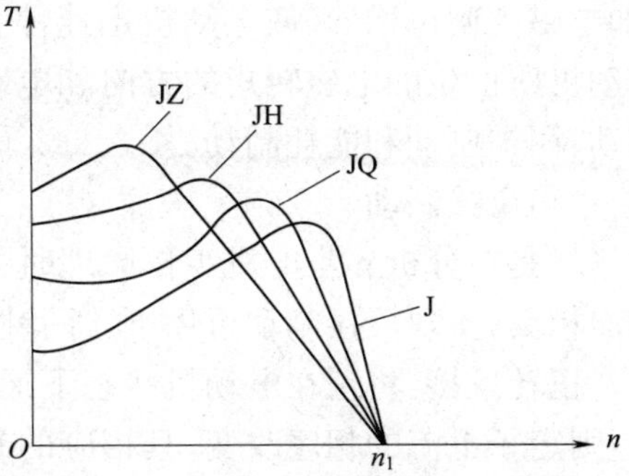

图 2-16　不同型式鼠笼电动机的机械特性

启动转矩较高的特殊型式的电动机主要是指以下三种。一是 JQ 型电动机，适用于一般重载启动，如皮带运输机等，其特殊的机械特性是由于转子参数（双鼠笼式异步电动机和深槽型异步电动机）设计制造成能够自动随转速变化。二是 JH 型电动机，它的转子电阻设计的偏大，因此它的机械特性较软，适用于冲压机这一类带冲击负载的机械，它们常常带着机械惯性较大的飞轮，在冲击负载来到时，转速降落大，由飞轮释放出来的动能可以帮助电机克服高峰负载。三是 JZ 型电动机，它的转子电阻设计的更大，启动转矩也相应的更大，机械特性更软，适用于频繁启动的起重机和冶金机械。

4. 中、大容量电动机重载启动——绕线电动机启动

中、大容量电动机重载启动时，启动的两种矛盾同时起作用，问题最尖锐。可以先用上述的特殊型式的鼠笼电机试一试，如果不行，就只能用绕线转子电机了。绕线电机常用转子串接电阻或转子串接频敏变阻器的方法来改善启动性能。绕线电机转子串接电阻时，如果阻值选择合适，可以既增大启动转矩，又减小启动电流，使两对矛盾都得到解决，当然投入的设备要多一些，成本较高。

另外，对于频繁启动、制动的电机来说，即使容量不大，但启动、制动的时间占整个电机工作时间的比例较大，大电流持续时间长，发热严重。如果选用鼠笼式电动机，哪怕只是空载，每小时来回启动、制动次数过多也会过热。这时也应采用绕线电机，利用转子外接电阻来控制启动、制动，启动时大部分热量产生在电机外面，电机本身的发热也就小多了。

二、三相异步电动机的反转和制动

1. 反转

三相异步电动机的旋转方向取决于定子旋转磁场的旋转方向，并且两者的方向相同。只要改变旋转磁场的方向，就能使三相异步电动机反转。因此，将三相接线端中的任意两相接线端对调，改变三相顺序，就改变了旋转磁场的方向，从而使三相异步电动机反转。

2. 制动

三相异步电动机的制动是指加上一个与电动机转向相反的转矩来使电动机迅速停转或限制电动机的转速。电动机在下述情况下运行时属于制动状态。一种情况是在负载转矩为

势能转矩的机械设备中(例如起重机下放重物,城市轨道交通车辆下坡运行)使设备保持一定的运行速度。另一种情况是在机械设备需要减速或停止转动时,电动机能实现减速或停止转动。

三相异步电动机的制动方法有两类:机械制动和电气制动。机械制动是利用机械装置(如电磁抱闸机构)来使电动机迅速停止转动,常用于起重机械设备上。电气制动是使异步电动机所产生的电磁转矩的方向和电动机转子的旋转方向相反,电气制动通常可分为反接制动、回馈制动和能耗制动。

(1)反接制动

就是在分析异步电机工作原理时指出的制动状态,此时转子的转向与定子旋转磁场的转向相反,实现反接制动可用下述两种方法。

正转反接:将正在电动机状态下运行的异步电动机的定子绕组三根供电线任意对调两根,则定子电流的相序改变,其相应的旋转磁场立即反转,从原来与转子转向一致变为与转子转向相反,于是电机立即进入相当于 $s \approx 2$ 时的制动状态。为了使反接时电流不致过大,若为绕线型异步电动机,反接时应在转子回路中串入附加电阻。当电动机转速下降至零时,必须立即切断定子电源,否则电动机将向相反方向旋转。

正接反转:当绕线型异步电动机拖动的起重机下放重物时,其运行状态便是正接反转制动。这时电机定子接线仍按电动机运行时的接法(正接),而利用在转子回路串入较大电阻 R_t 来使转子反转。其原理和在转子回路串入电阻调速一样,当串入转子的电阻 R_t 逐步增至很大时,转子转速逐步减小至零,如图 2-17 中 $a-b-c$ 所示。此时如果 R_t 继续增加,电磁转矩将小于总负载转矩(T_2+T_0),转子就开始反转(重物向下降落)而进入制动状态,当 R_t 增加到 R_{t3} 时,电动机稳定运行在 d 点,转差率 $s=1.2$,转子反转的速度为 $0.2n_1$,从而保证了重物以较低的均匀转速慢慢下降,而不致把重物损坏。显然,可调节 R_t 的大小来平滑控制重物下降的速度。

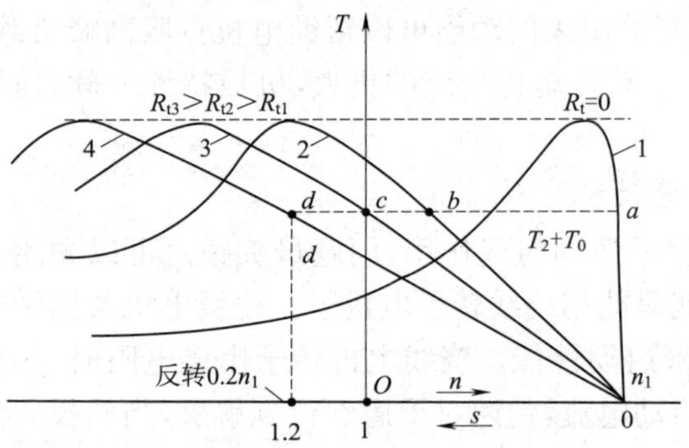

图 2-17　绕线型异步电动机正接反转的反接制动

(2)回馈制动

当异步电机作电动机运行时,如果由于外来因素,使转子加速到超过同步转速,则异步电动机进入回馈制动(发电机运行)状态。例如前述的起重机放下重物时,如果仍按电动机状态运行,即转子转向和定子旋转磁场转向相同,则在电动机的电磁转矩和重物的重力产生的转矩共同作用下,重物以越来越快的速度下降,当转子转速由于重力的作用超过同步转速,即 $n>n_1$ 时,异步电机就进入发电机制动状态运行,电磁转矩方向立即改变,一直到电磁转矩与重力转矩平衡时,转子转速以及重物下降速度才稳定不变,使重物恒速下降。这时重物下降减少的位能转换为电能送给电机所接的电网,因此称回馈制动。

回馈制动的优点是经济性能好,可将负载的机械能变为电能返送回电网。缺点是应用范围窄,只有在电动机转速大于同步转速时才能实现。

(3)能耗制动

如图 2-18 所示，将正在运行中的异步电动机的定子绕组从电网断开，而接到一个直流电源上，由直流电流励磁而在气隙中建立一个静止的磁场。于是，从正在旋转的转子上来看此磁场将是向后旋转的，因此由它感应于转子中的电流所产生的电磁转矩的方向应为向后转，即对转子起制动作用。这种制动方法是利用转子旋转时的惯性，使转子导体切割静止磁场的磁通而产生制动转矩，把转子的动能消耗于转子回路的电阻上成为铜耗，故称能耗制动。

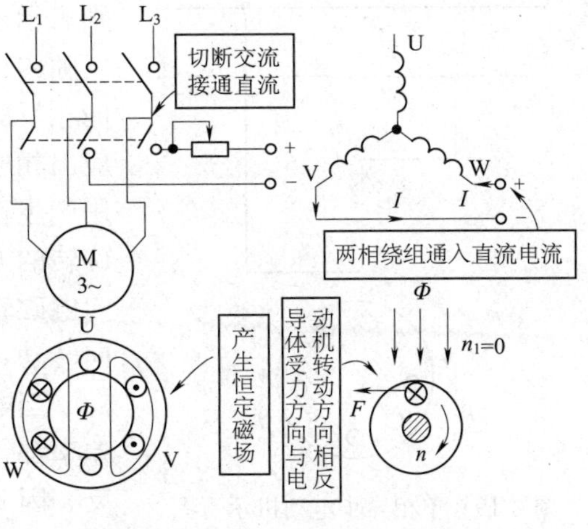

图 2-18　异步电动机的能耗制动

能耗制动的优点是制动力强、制动平稳、对电网影响小。缺点是需要一套直流电源装置，而且制动转矩随着电动机转速的减小而减小，不易制停。

第五节　单相异步电动机

单相异步电动机是利用单相交流电源供电的一种小容量交流电机。它具有结构简单、成本低廉、运行可靠、维修方便等优点及可以直接在单相 220 V 交流电源上使用的特点，因此在家用电器(电扇、洗衣机、电冰箱、空调器等)及轻工业装置上得到了广泛的应用。当然，与同容量的三相异步电动机比较，单相异步电动机的体积大，运行性能较差，效率较低。因此，单相异步电动机只能做成小容量的，从几瓦到几百瓦。

单相异步电动机的类型很多，但除罩极电动机的定子具有凸出的磁极外，其余各类的定子铁芯和普通三相异步电动机的相似。一般情况，定子铁芯上有两个绕组：一个称为工作绕组或主绕组，用以产生主磁场和从电源吸收电功率输入给电机；另外一个称为启动绕组或辅助绕组，用来启动电动机。单相异步电动机的转子是普通的鼠笼式转子。

一、单相脉振磁场——双旋转磁场理论

单相异步电动机接在单相电源上运行，单相绕组会产生如第二节所述的单相脉振磁场，单相脉振磁势如式(2-9)所示，该式可分解为

$$f_{\Phi}(x,t)=\frac{1}{2}F_{\Phi}\cos(\omega t-x)+\frac{1}{2}F_{\Phi}\cos(\omega t+x) \tag{2-51}$$

上式中两项表示两个正弦分布、波幅不变$\left(\text{等于}\frac{1}{2}F_{\Phi}\right)$、转速相等$\left(n_1=\frac{60f_1}{p}\right)$但旋转方向相反的两个旋转磁势。由此得出双旋转磁场理论：单相绕组脉振磁势可以分解成波幅恒定，转速为同步转速，但转向相反的两个旋转磁势。

二、单相异步电动机的工作原理

单相异步电动机定子绕组(工作绕组)接通电源，根据双旋转磁场理论，设 F_{1+} 和 F_{1-} 分

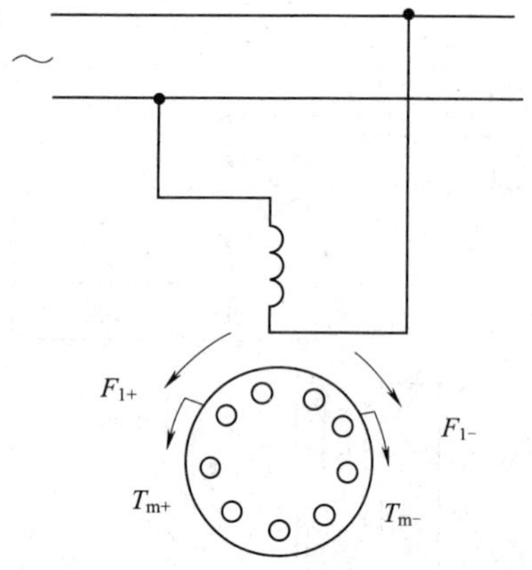

图 2-19　单相异步电动机示意图

别表示定子绕组的正向和反向旋转磁势，它们将分别在气隙内产生正向和反向旋转磁场。这两个大小相等、转向相反的旋转磁场切割转子导条后，将在导条中分别感应出相应的电势和电流。正向磁场与转子正向电流作用产生正向电磁转矩 T_{m+}，它企图使转子顺着正向磁场旋转的方向转动；反向磁场与转子反向电流作用产生反向电磁转矩 T_{m-}，它企图使转子顺着反向磁场旋转的方向转动，如图 2-19 所示。

当电动机静止不动时，转子对正向和反向磁场的转差率都等于 1，电磁转矩 T_{m+} 和 T_{m-} 大小相等、方向相反。因此，合成电磁转矩为零，电动机不能自行启动。

如果借助外力使电动机的转子向某一方向（如正向磁势 F_{1+} 的方向）转动，那么正向和反向旋转磁场切割转子导条的速度将不同，因此转子的反应也将不同。若转子转速为 n，则对正向磁场（即与转子同方向旋转的磁场）而言，转子的转差率 s_+ 应为

$$s_+=\frac{n_1-n}{n_1} \tag{2-52}$$

对反向磁场，由于其转速为 $-n_1$，故转子对它的转差率 s_- 应为

$$s_-=\frac{-n_1-n}{-n_1}=2-\frac{n_1-n}{n_1}=2-s \tag{2-53}$$

转矩 T_{m+}、T_{m-} 与转差率的关系和普通三相异步电动机相似。在 $0<s<1$ 时，正向磁场所产生的电磁转矩 T_{m+} 大于反向旋转磁场所产生的电磁转矩 T_{m-}，于是转子就受到一个合成电磁转矩 T_m 的作用。因为 T_{m-} 是反向转矩，对转子起制动作用，所以合成转矩 T_m 小于 T_{m+}。图 2-20 表示单相异步电动机的机械特性曲线。

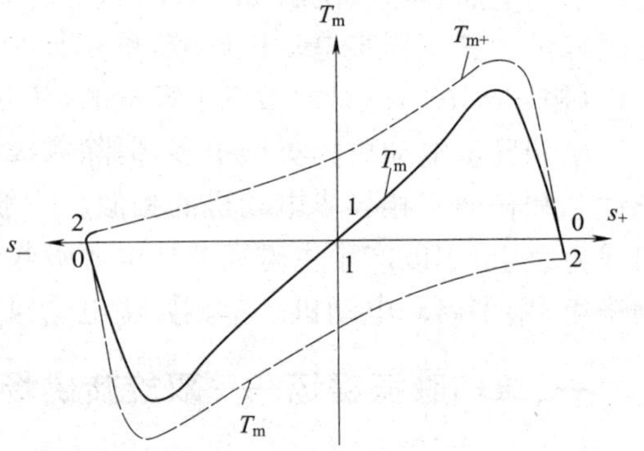

图 2-20　单相异步电动机的机械特性曲线

综上所述，单相异步电动机无启动转矩，因此必须采取措施使之产生必要的启动转矩。此外，$s=1$ 的两边，合成转矩是对称的，因此单相异步电动机没有固定的转向，在两个方向都可以旋转，运行时的旋转方向由启动时的转动方向而定。只要外力把转子向任一方向驱动，转子就将沿着该方向继续旋转，直到接近同步转速。

由于在单相异步电动机中始终存在着一个反向旋转磁场，因此单相异步电动机的损耗较大，效率较低，功率因数也较低，这样，就使得单相异步电动机的性能总是较次于三相异步电动机。

三、单相异步电动机的分类和启动方法

由于单相异步电动机转子不能自行启动，为了解决启动问题，应设法加大正向磁场，抑

制反向磁场，使在启动时电机气隙中能够形成一个旋转磁场。例如在定子上另装一个空间和时间上与工作绕组都不同相的启动绕组。

根据启动方法或运行方法的不同，单相异步电动机可分为单相电容启动电动机、单相电容运行电动机、单相电阻启动电动机、单相罩极启动电动机等几类，下面介绍单相电容启动电动机、单相电容运行电动机和单相电阻启动电动机的启动方法。

1. 单相电容启动电动机

单相电容启动电动机的接线图如图 2-21 所示。

装在定子铁芯上的启动绕组 Z_1Z_2（又称副绕组）与工作绕组（又称主绕组）在空间互差 90°电角度。启动绕组 Z_1Z_2 与电容器 C 串联后，通过离心开关或继电器触点 S 与工作绕组 U_1U_2 一起并接到同一电源上。

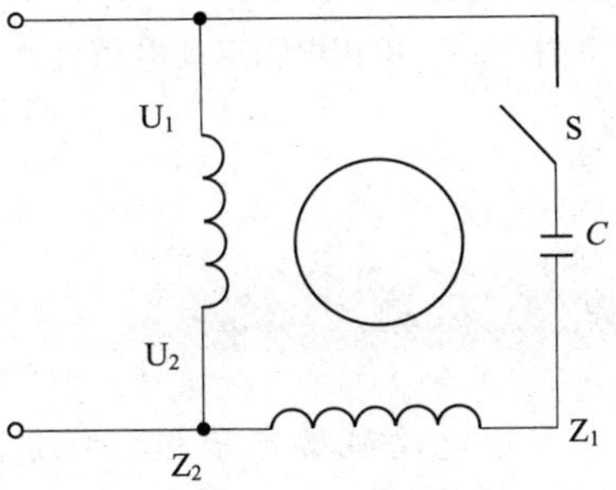

图 2-21 单相电容启动电动机

采用分析三相旋转磁势的方法，可以得到如下结论：向空间位置互差 90°电角度的两相定子绕组内通入在时间上互差 90°的两相电流，产生的磁势也是沿定子内圆旋转的旋转磁势。

适当地选择电容器值，使启动绕组中的电流超前工作绕组中的电流约 90°相角，则在定子内圆气隙中就会产生一个旋转磁势，相应地产生旋转磁场，在该磁场的作用下，能产生较大的启动转矩，使电动机转动起来。

启动绕组是按照短时运行方式设计的，如果长期通过电流，会因过热而损坏。因此，当电动机的转速达到同步转速的 75%～80%时，由离心开关 S 把启动绕组从电源断开，电动机便作为单相异步电动机运行。

单相电容启动电动机有较大的启动转矩，但启动电流也较大，适用于各种满载启动的机械，如小型空气压缩机，在部分电冰箱压缩机中也有采用。

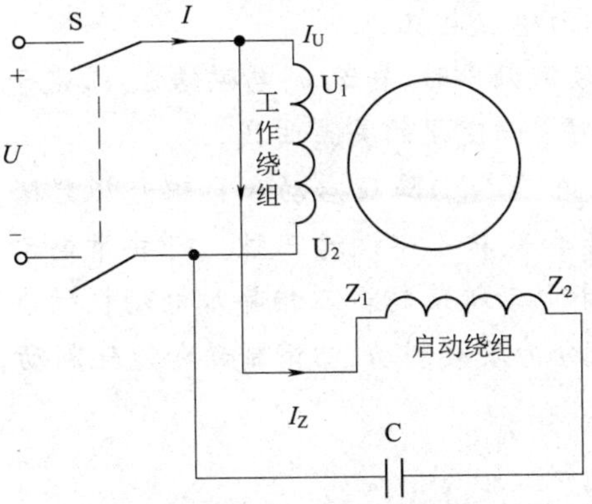

图 2-22 单相电容运行电动机

2. 单相电容运行电动机

如果启动绕组不仅供启动用，而且允许长期接在电源上工作，这种电机就称为单相电容运行电动机，如图 2-22 所示。

单相电容运行电动机实质上是一台两相异步电动机，其两个绕组在空间相隔 90°电角度，绕组中的电流也相差约 90°相角。单相电容运行电动机的性能有较大的改善，其功率因数、效率及最大转矩都比普通单相异步电动机高。

单相电容运行电动机结构简单，使用维护方便，只要任意改变工作绕组（或启动绕组）的首端、末端与电源的接线，即可改变旋转磁场的转向，使电动机反转。这类电动机常用于吊扇、台扇、洗衣机、吸尘器等。

3. 单相电阻启动电动机

将图 2-22 中的电容器换成电阻就构成单相电阻启动电动机，如图 2-23 所示。这种电动

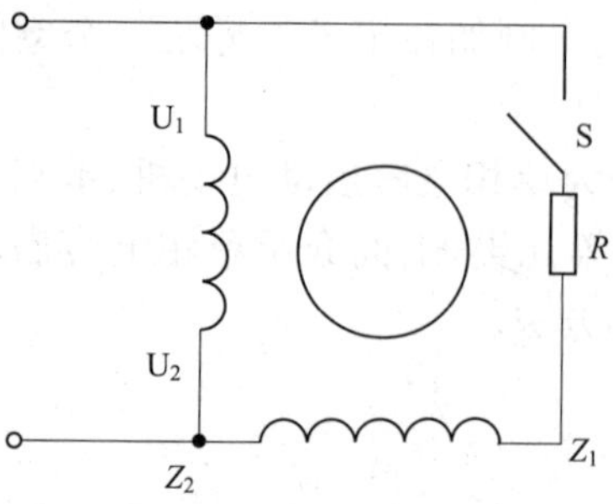

图 2-23　单相电阻启动电动机

机的特点是启动绕组 Z_1Z_2 的导线直径较细，匝数少，又与启动电阻串联，则该支路的总电阻远大于感抗，可近似看作流过绕组中的电流与电源电压同相位；工作绕组 U_1U_2 的导线直径较粗，匝数较多，则感抗远大于绕组中的直流电阻，可近似看作流过绕组中的电流滞后电源电压约 90°电角度。因此，对单相电阻启动电动机，可近似看作启动绕组中的电流与工作绕组中的电流相差 90°电角度，从而在定子与转子气隙中产生旋转磁场，使转子获得转矩而旋转。这种电动机启动转矩不大，宜于空载启动。

本章小结

异步电动机按定子相数可分为三相、单相和两相三类。按照转子型式，异步电机可分为鼠笼型转子和绕线型转子两大类。异步电动机由定子（包括定子三相绕组、定子铁芯和机座）和转子（包括转子铁芯、转子绕组及转轴）两大部分组成。

交流绕组是把属于同相的导体绕成线圈，再按照一定的规律，将线圈串联或并联起来。交流绕组通常都绕成开启式，每相绕组的始端和终端都引出来，以便于接成星形或三角形。按槽内层数来分，交流绕组可分为单层绕组、双层绕组和单双层混合绕组；按绕组的结构形状来分，可分为链式绕组、交叉式绕组、同心式绕组、叠绕组和波绕组等。

三相异步电机的工作有电动机运行、发电机运行和制动状态下运行三种情况，在三种运行状态下，转子转速总是与旋转磁场转速（同步转速）不同，因而称为异步电机。又由于异步电机的转子绕组并不直接与电源相接，而是依靠电磁感应的原理来产生感应电动势和电流，从而产生电磁转矩使电动机转动，因而异步电机又称为感应电机。

三相异步电动机的运行特性是指在额定电压及额定频率时，转速 n、电磁转矩 T、定子电流 I_1、定子功率因数 $\cos\varphi_1$ 以及效率 η 随着输出功率 P_2 而变化的关系曲线。

异步电动机常用的启动方法有：直接启动、星三角（Y/△）降压启动和自耦变压器降压启动。异步电动机的调速方法有变极调速、变频调速和变转差率调速三种。将异步电动机三相接线端中的任意两相接线端对调可以使三相异步电动机反转。三相异步电动机的制动方法有两类：机械制动和电气制动。电气制动通常可分为反接制动、回馈制动和能耗制动。

复习思考题

1. 按照转子型式，三相异步电动机可分为哪两大类？
2. 三相异步电动机铭牌上重要的数据有哪几个？各额定值的含义是什么？
3. 三相异步电动机主要由哪些部件组成？各部件的作用是什么？
4. 三相异步电动机交流绕组的基本要求是什么？
5. 三相异步电动机交流绕组如何分类？

6. 一台三相异步电动机铭牌上写明，额定电压 380/220 V，定子绕组接法 Y/△。如果使用时将定子绕组连成△，接在 380 V 的三相电源上，能否空载或带负载运行？为什么？如果将定子绕组连成 Y，接在 220 V 的三相电源上，能否空载或带负载运行？为什么？

7. 三相绕组所产生的旋转磁势，它的转速与通入的三相电流的频率以及绕组的极对数之间有什么关系？

8. 一台额定频率为 50 Hz 的三相电机，如果通以 60 Hz 的三相对称交流电，假设电压电流额定值等都不变，问旋转磁势的幅值大小、极对数、转速、转向将如何变化？

9. 一台三相异步电动机定子绕组为星形接法，如果把三相引出线中的两个头对调一下再接电源，问旋转磁势的转向是否变化？如果定子绕组为三角形接法，转向又将如何？

10. 试述三相异步电动机的工作原理？

11. 异步电动机为什么又叫感应电动机？

12. 已知三相异步电动机的额定频率为 50 Hz，额定转速为 970 r/min，该电机的极数是多少？额定转差率是多少？

13. 异步电动机的转速一定低于同步转速吗？什么叫转差率？如何由转差率的大小范围来判断异步电动机的运行情况？

14. 异步电动机运行时，内部有哪些损耗？当电机从空载变化到额定负载时，这些损耗中的哪些基本不变？哪些是随负载变化的？

15. 一台三相异步电动机，额定运行时电压为 380 V，电流为 6.5 A，输出功率为 3 kW，转速为 1 430 r/min，功率因数为 0.86，求该电动机额定运行时的效率、转差率和输出转矩。

16. 三相异步电动机的工作特性和机械特性是如何定义的？

17. 试述三相异步电动机的启动方法。

18. 什么叫三相异步电动机的调速？有哪几种调速方法？如何改变三相异步电动机的转向？

19. 什么叫三相异步电动机的制动？有哪几种制动方法？

20. 只有一个运行绕组的单相异步电动机为什么不能自行启动？单相异步电动机的启动方法有哪几种？

第三章　三相异步电动机变频调速

本章主要介绍三相异步电动机变频调速的基本原理，变频调速时异步电动机的运行方式、特性及异步电动机的特性调节等。

第一节　三相异步电动机变频调速的基本原理

一、三相异步电动机的调速方法

1. 调速方法

三相异步电动机转速公式为

$$n=n_1(1-s)=\frac{60f_1}{p_N}(1-s) \tag{3-1}$$

由上式可见，改变供电频率 f_1、电动机的极对数 p_N 及转差率 s，都可以达到改变转速的目的。

从调速的本质来看，有改变交流电动机的同步转速和不改变同步转速两种方法：

(1)不改变同步转速的调速方法有绕线式电动机的转子串电阻调速、斩波调速、串级调速以及应用电磁转差离合器、液力耦合器、油膜离合器等调速。

(2)改变同步转速的调速方法有改变定子极对数的调速、改变定子电压和频率的变频调速、无换向器电动机的调速等。

从调速时的能耗观点来看，有高效调速与低效调速两种方法：

(1)高效调速指转差率不变，因此无转差损耗，如多速电动机、变频调速以及能将转差损耗回收的调速方法(如串级调速等)。

(2)有转差损耗的调速方法属于低效调速，如转子串电阻调速方法，能量损耗在转子回路中；电磁离合器的调速方法，能量损耗在离合器线圈中；液力耦合器调速，能量损耗在液力耦合器的油中。一般来说转差损耗随调速范围扩大而增加，如果调速范围不大，能量损耗是很小的。

2. 各种调速方法的特点

(1)变极调速

变极调速时，保持电源的频率不变，改变定子绕组的极对数，就改变了同步转速，从而改变了转子的转速。

变极调速的特点为：具有较硬的机械特性，稳定性良好；无转差损耗，效率高；接线简单、控制方便、价格低；因属于有级调速，级差较大，不能获得平滑调速，但可以与调压调速、电磁转差离合器配合使用，获得较高效率的平滑调速特性。

变极调速适用于不需要无级调速的生产机械设备中，如金属切削机床、升降机、起重设备、风机、水泵等。

(2)变频调速

变频调速是通过改变电动机定子电源的频率，从而改变其同步转速的调速方法。变频调速系统主要设备是提供变频电源的变频器，变频器可分成交—直—交变频器和交—交变频器两大类，目前国内大都使用交—直—交变频器。

变频调速的特点为：效率高，调速过程中没有附加损耗；应用范围广，可用于鼠笼型异步电动机；调速范围大，特性硬，精度高；技术复杂，造价高，维护检修困难。

变频调速适用于要求精度高、调速性能较好的场合，如电力机车、内燃机车、动车组、城市轨道交通车辆等。

(3)绕线式电动机转子串电阻调速

绕线式电动机转子串入附加电阻，使电动机的转差率加大，电动机在较低的转速下运行。串入的电阻越大，电动机的转速越低。此方法设备简单，控制方便，但转差功率以发热的形式消耗在电阻上。属有级调速，机械特性较软。

(4)定子调压调速

当改变电动机的定子电压时，可以得到一组不同的机械特性曲线，从而获得不同转速。由于电动机的转矩与电压平方成正比，电压降低时，转矩将下降很多，其调速范围较小，使一般鼠笼型电动机难以应用。为了扩大调速范围，调压调速应采用转子电阻值大的笼型电动机，如专供调压调速用的力矩电动机，或者在绕线式电动机上串联频敏电阻。为了扩大稳定运行范围，当调速在 2∶1 以上的场合应采用反馈控制以达到自动调节转速的目的。

调压调速的主要装置是一个能提供可变电压的电源，目前常用的调压方式有串联饱和电抗器、串联自耦变压器以及使用晶闸管调压等几种。晶闸管调压方式为最佳。

定子调压调速的特点为：线路简单，易实现自动控制；调压过程中转差功率以发热形式消耗在转子电阻中，效率较低。

调压调速一般适用于额定功率为 100 kW 以下的机械设备中。

二、交—直—交变频调速系统的工作原理

1. 交—直—交变频调速基本电路

交—直—交变频调速基本电路如图 3-1 所示。频率固定的电网三相交流电经过变频器转变为频率可变的三相交流电，再向交流电动机供电。变频器主要由整流器、直流环节和逆变器三部分组成。

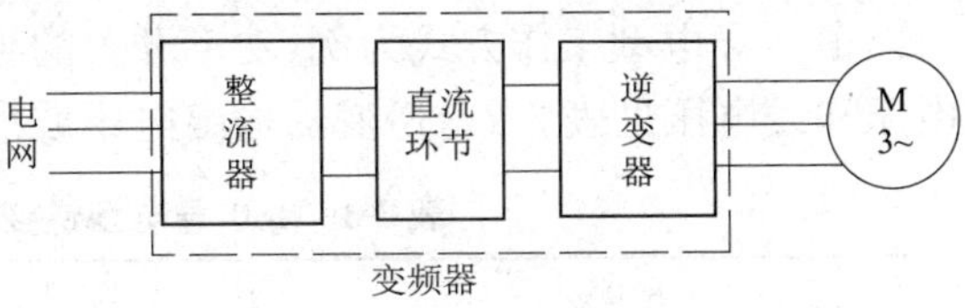

图 3-1 交—直—交变频调速基本电路

整流器的主要作用是将电网三相交流电整流成直流电。整流器分为不可控整流器和可控整流器，不可控整流器中的电子器件为二极管，而可控整流器中的电子器件大多采用双极型或复合型电子器件，如可控硅、GTR、GTO、IGBT、IPM 等，如图 3-2 所示。

直流环节分为电压型和电流型两种，如图 3-3 所示，C_d 主要起稳压作用，L_d 主要起稳流作用。

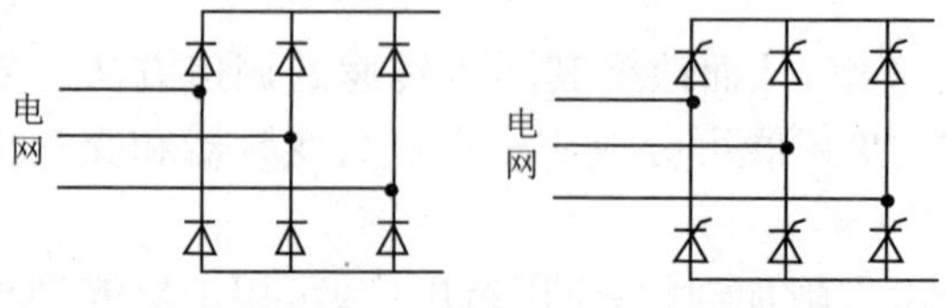

(a) 不可控整流器　(b) 可控整流器

图 3-2　整流器

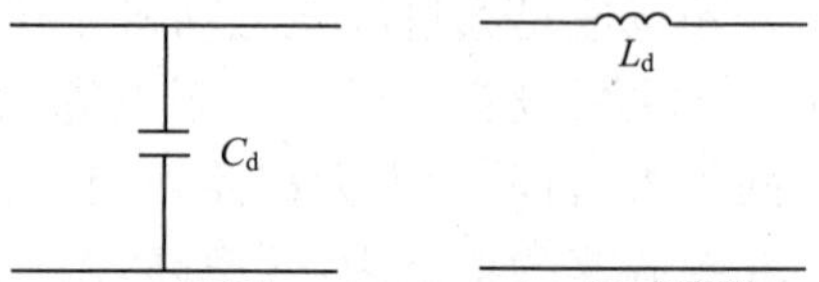

(a) 电压型　(b) 电流型

图 3-3　直流环节

逆变器的作用主要是将直流电逆变为频率可调的三相交流电，再向三相异步电动机供电。逆变器分为电压型逆变器和电流型逆变器，其基本电路如图 3-4 所示。

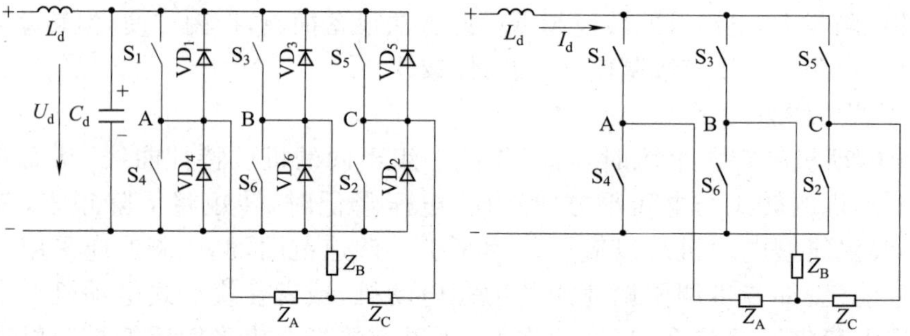

(a) 电压型逆变器　(b) 电流型逆变器

图 3-4　逆变器

2. 逆变器的基本原理

(1)电压型逆变器

图 3-4(a)中，直流电源并联有大容量滤波电容器 C_d，使直流输出电压具有电压源特性，内阻很小。电感 L_d 的电感量较小，起限流作用。$S_1 \sim S_6$ 为功率开关，根据实际需要可以选用可控型电子器件。$VD_1 \sim VD_6$ 为续流二极管，为负载的滞后电流提供一条反馈到电源的通路。每只功率开关每隔 60°电角度触发导通一次，相邻两相的功率开关触发导通时间互差 120°，一个周期共换相六次，对应六个不同的工作状态(又称六拍)。根据功率开关的导通持续时间不同，可以分为 180°导电型和 120°导电型两种工作方式。

以 180°导电型工作方式为例，功率开关的导通规律见表 3-1。经计算各个工作状态下的相电压和线电压见表 3-2。逆变器输出电压波形如图 3-5 所示。

表 3-1　180°导电型逆变器功率开关导通规律

工作状态	S_1	S_2	S_3	S_4	S_5	S_6
状态 1(0～60°)	导通				导通	导通
状态 2(60°～120°)	导通	导通				导通

续上表

工作状态	S_1	S_2	S_3	S_4	S_5	S_6
状态 3(120°～180°)	导通	导通	导通			导通
状态 4(180°～240°)		导通	导通	导通		
状态 5(240°～300°)			导通	导通	导通	
状态 6(300°～360°)				导通	导通	导通

表 3-2　负载为 Y 形接法时各个工作状态下的相、线电压

工作状态		状态 1	状态 2	状态 3	状态 4	状态 5	状态 6
相电压	u_A	$U_d/3$	$2U_d/3$	$U_d/3$	$-U_d/3$	$-2U_d/3$	$-U_d/3$
	u_B	$-2U_d/3$	$-U_d/3$	$U_d/3$	$2U_d/3$	$U_d/3$	$-U_d/3$
	u_C	$U_d/3$	$-U_d/3$	$-2U_d/3$	$-U_d/3$	$U_d/3$	$2U_d/3$
线电压	u_{AB}	U_d	U_d	0	$-U_d$	$-U_d$	0
	u_{BC}	$-U_d$	0	U_d	U_d	0	$-U_d$
	u_{CA}	0	$-U_d$	$-U_d$	0	U_d	U_d

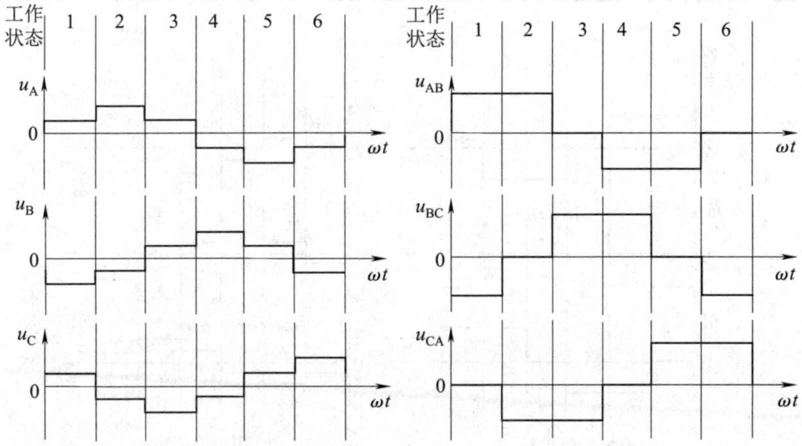

(a) 相电压波形　　(b) 线电压波形

图 3-5　逆变器输出电压波形图

(2)电流型逆变器

图 3-4(b)中,直流电源串联有大容量滤波电感 L_d,起限流作用,为逆变器提供的直流电流波形平直、脉动小,具有电流源特性,同时又是缓冲负载无功能量的储能元件。S_1～S_6 为功率开关,根据实际需要可以选用可控型电子器件。

以 120°导电型工作方式为例,功率开关的导通规律见表 3-3。经计算各个工作状态下的相电流和线电流见表 3-4。逆变器输出电流波形如图 3-6 所示。

表 3-3　120°导电型逆变器功率开关导通规律

工作状态	S_1	S_2	S_3	S_4	S_5	S_6
状态 1(0～60°)	导通					导通
状态 2(60°～120°)	导通	导通				
状态 3(120°～180°)		导通	导通			
状态 4(180°～240°)			导通	导通		
状态 5(240°～300°)				导通	导通	
状态 6(300°～360°)					导通	导通

表 3-4　负载为△形接法时各个工作状态下的相、线电流

工作状态		状态 1	状态 2	状态 3	状态 4	状态 5	状态 6
线电流	i_A	I_d	I_d	0	$-I_d$	$-I_d$	0
	i_B	$-I_d$	0	I_d	I_d	0	$-I_d$
	i_C	0	$-I_d$	$-I_d$	0	I_d	I_d
相电流	i_{AB}	$2I_d/3$	$I_d/3$	$-I_d/3$	$-2I_d/3$	$-I_d/3$	$I_d/3$
	i_{BC}	$-I_d/3$	$I_d/3$	$2I_d/3$	$I_d/3$	$-I_d/3$	$-2I_d/3$
	i_{CA}	$-I_d/3$	$-2I_d/3$	$-I_d/3$	$I_d/3$	$2I_d/3$	$I_d/3$

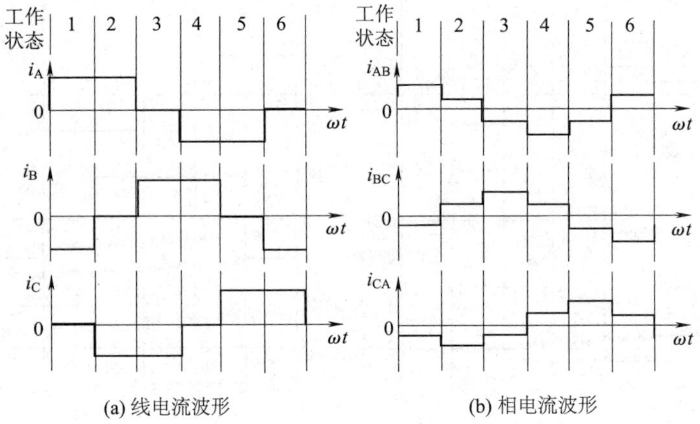

图 3-6　逆变器输出电流波形图

3. 交—直—交变频调速系统原理

直接转矩控制交—直—交变频调速系统的基本框图如图 3-7 所示。该系统主要由主电路和控制系统两部分组成，主电路中，电网单相交流电经主断路器送入变压器主绕组，经降压从二次侧输出单相频率不变的交流电，经整流器整流成直流电，再由逆变器转变为频率可调的三相交流电，输送给三相异步电动机。控制系统中，三相异步电动机经 3/2 变换，转变为两相交流电机，由电流互感器检测出两相电流 $i_{\alpha1}$ 和 $i_{\beta1}$，由电压互感器检测出两相电压 $u_{\alpha1}$ 和 $u_{\beta1}$，一起送入定子磁链模型，输出磁链 $\psi_{\alpha1}$ 和 $\psi_{\beta1}$，再合成为定子磁链 ψ_1，与给定定子磁链 ψ_1^* 进行比较，输出差值信号 $\Delta\psi_1$，经磁链滞环调节后送入开关状态选择。$i_{\alpha1}$、

$i_{\beta1}$ 和 $\psi_{\alpha1}$、$\psi_{\beta1}$ 经转矩模型输出转矩 T。给定转速 ω^* 与经过转速传感器 TG 检测出来的转子实际转速 ω 进行比较，输出的转速差值信号 $\Delta\omega$ 经转速调节器转变为转矩给定信号 T^*，T^* 与 T 进行比较，输出转矩差值信号 ΔT，经转矩滞环调节后送入开关状态选择。最后由开关状态选择去控制逆变器中功率开关的导通状态，通过调节电压矢量的大小达到调节电动机转速的目的。

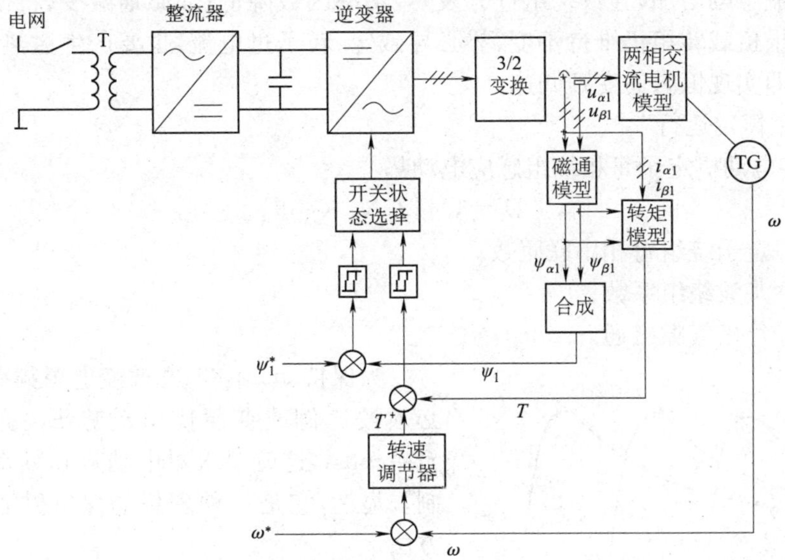

图 3-7　直接转矩控制交—直—交变频调速系统框图

直接转矩控制的核心思想是通过不同时刻给出不同的电压矢量，以控制定子按一定幅值的正六边形磁链轨迹运行并控制其旋转速度，在机车控制级的控制下，即可按直接转矩控制的思想控制牵引电动机的输出力矩，使列车获得预期的牵引特性。

第二节　异步电动机变频调节的运行方式和特性

一、异步电动机变频运行的机械特性

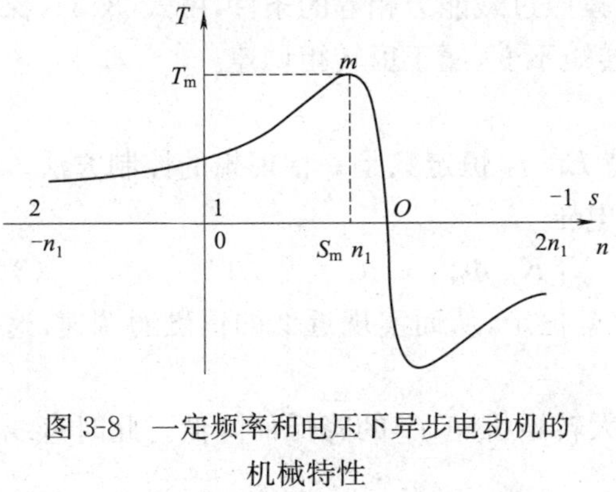

图 3-8　一定频率和电压下异步电动机的机械特性

由异步电动机原理可知：在一定的电压和频率下，异步电动机的机械特性如图 3-8 所示。

当异步电机作为电动机运行时，电机在 $0<s<1$ 范围内运行，图中 s_m 为电动机最大转矩时的临界转差率。其中，$s=0\sim s_m$ 一段是电动机的稳定运行范围；当 $s>s_m$ 后，电动机的转矩将明显减少，使电动机转速越来越低，直到停转。所以 s 在($s_m\sim1$)区段是电动机不稳定运行区。

二、异步电动机运行方式及其机械特性

1. 保持额定磁通的恒磁通运行

为了充分利用铁芯材料，在设计电机时，一般将额定工作点选在磁化曲线开始弯曲处。因此，调速时希望保持每极磁通 Φ_m 为额定值，即 $\Phi_m=\Phi_{mN}$。因为磁通增加，将引起铁芯过分饱和、励磁电流急剧增加，导致绕组过分发热，功率因数降低；而磁通减少，将使电动机输出转矩下降，如果负载转矩仍维持不变，势必导致定、转子过电流，也要产生过热，故而希望保持磁通恒定，即实现恒磁通变频调速。

(1)E_1/f_1 恒定运行

根据异步电动机定子每相绕组感应电动势

$$E_1=4.44f_1N_1K_{N1}\Phi_m \tag{3-2}$$

式中 N_1——定子绕组每相串联匝数；

K_{N1}——基波绕组系数；

Φ_m——每极气隙磁通。

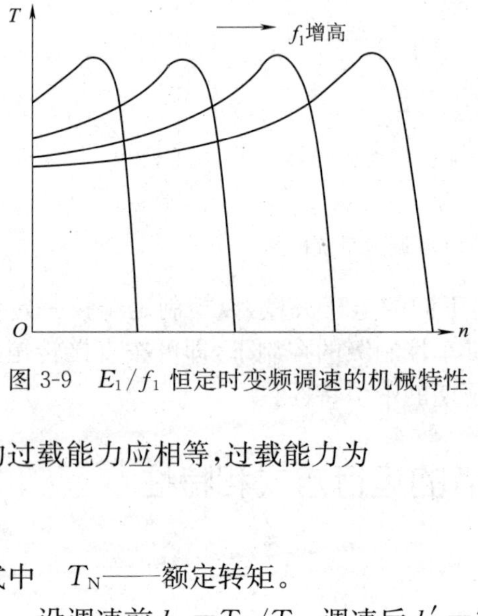

图 3-9 E_1/f_1 恒定时变频调速的机械特性

为保持 Φ_m 不变，在改变电源频率 f_1 的同时，必须按比例改变感应电动势 E_1，亦即保持 $E_1/f_1=\text{const}$，这就要求对电动势和频率进行协调控制。显然，它是一种理想的保持磁通恒定的控制方法。

保持 E_1/f_1 恒定进行变频调速时，对应于同一转矩 T，转速降 Δn 基本不变，亦即直线部分斜率不变（硬度相同），机械特性平行地移动，如图 3-9所示。

在变频调速过程中，即频率变化前后，电动机的过载能力应相等，过载能力为

$$k_m=\frac{T_m}{T_N} \tag{3-3}$$

式中 T_N——额定转矩。

设调速前 $k_m=T_m/T_N$，调速后 $k'_m=T'_m/T'_N$，按照过载能力相等的条件，由式(3-3)，保持 E_1/f_1 恒定时，$T_m=T'_m$，则 $T_N=T'_N$。说明输出转矩不变，属于恒转矩调速。

(2)U_1/f_1 恒定运行（或恒定子电流运行）

实际上，由于感应电动势难于直接控制，保持 E_1/f_1 恒定只是一种理想的控制方法。当忽略定子漏阻抗压降时，近似地可以认为定子相电压

$$U_1\approx E_1=4.44f_1N_1K_{N1}\Phi_m \tag{3-4}$$

因此，保持 $U_1/f_1\approx\text{const}$，可以近似地维持 Φ_m 恒定，从而实现近似的恒磁通调速，这可通过对定子相电压和频率进行协调控制来实现。

可见，保持 U_1/f_1 恒定进行变频调速时，最大转矩将随 f_1 的降低而降低。此时直线部分的斜率仍不变，机械特性如图 3-10 实线所示。

补偿后的机械特性如图 3-10 虚线所示，因为在 U_1/f_1 恒定的情况下，I_1 也保持恒定，故这种运行方式又称为恒定子电流运行方式。

2. 保持电压为额定值的恒电压运行

在额定频率(基波)以上调速时，鉴于电动机绕组是按额定电压等级设计的，超过额定电压运行将受到绕组绝缘强度的限制，因此定子电压不可能与频率成正比地升高，只能保持在额定电压，即 $U_1=U_{1N}$。此时气隙磁通 Φ_m 将随着频率 f_1 的升高而反比例下降，类似于直流电动机的弱磁升速。保持电压为额定值时变频调速的机械特性如图 3-11 所示。

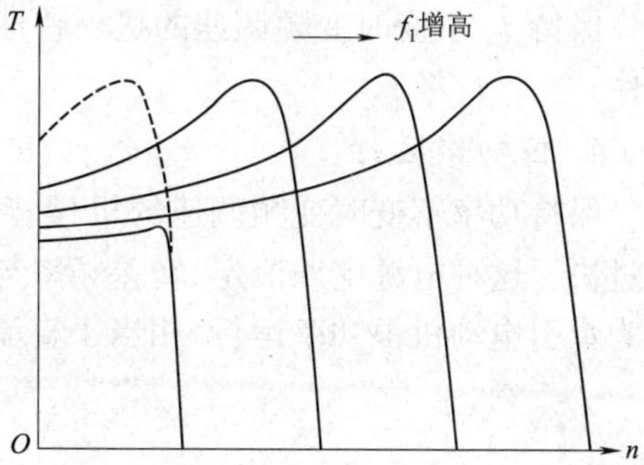

图 3-10 U_1/f_1 恒定时变频调速的机械特性

当保持电压为额定值，且 s 变化范围不大时，如果频率 f_1 增加，则转矩 T 减少，而同步机械角速度 $\Omega_1=2\pi f_1/p_N$ 将随频率而增加。根据 $P_M=T\Omega_1$，可近似地看作恒功率调速。综合额定频率以下及以上两种情况，其定子电压和气隙磁通的控制特性如图 3-12 所示。

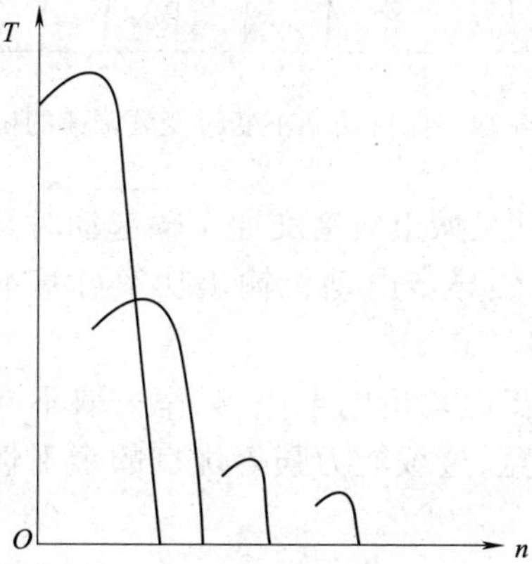

图 3-11 保持 U_1 为额定值时变频调速的机械特性

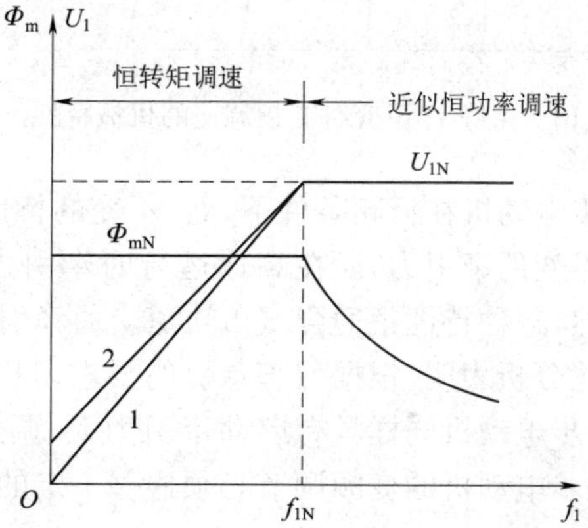

图 3-12 异步电动机变频调速的控制特性
1—不含定子压降补偿；2—含定子压降补偿

3. 恒转差频率运行

这是一种在逆变电路的输出电压达到最大值后，仅仅通过改变逆变电路输出频率的运行方式。

由于

$$f_1=\frac{pn_1}{60} \tag{3-5}$$

$$T\propto\left(\frac{U_1}{f_1}\right)^2 f_s \tag{3-6}$$

式中 f_s——转差频率，$f_s=n_1-n$。

当 U_1 达到最大值后，如果保持 f_s 不变，则

$$T\propto\frac{1}{f_1^2} \tag{3-7}$$

保持 f_s 不变时变频调速的机械特性如图 3-13 所示，相当于直流串励电动机的自然转矩特性。

4. 恒功率运行

保持功率不变时变频调速的机械特性如图 3-14 所示。T 与 f_1 成正比增加，防止 T 下降过快。这种电源电压恒定、转差频率与电源频率成正比、输入电流也基本恒定的运行方式称为牵引电动机恒功率运行，相当于直流牵引电动机在磁场削弱工况下运行。

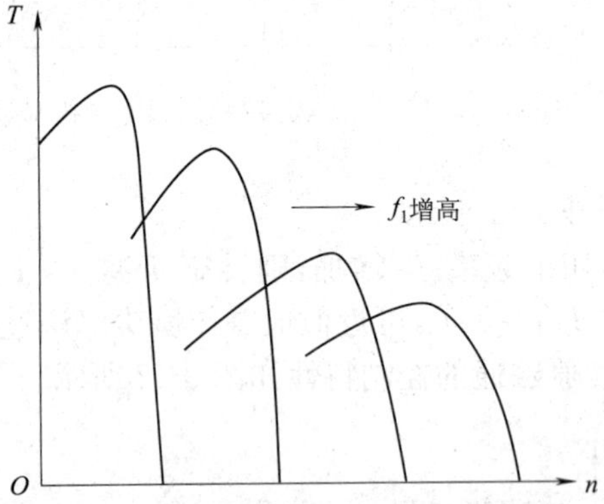

图 3-13　保持 f_s 不变时变频调速的机械特性

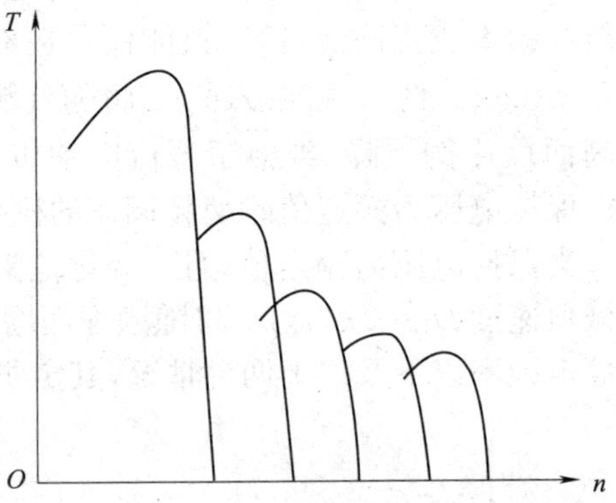

图 3-14　保持功率不变时变频调速的机械特性

异步电动机在低频条件下，T_m 不变的特性可以满足城市轨道交通车辆起动时具有较大而稳定不变的牵引力，而在高速运行时牵引力较小，使异步电动机输出功率可基本保持不变。显然，这种特性很适合城市轨道交通牵引动力的要求。

上述分析表明，根据列车牵引的要求，只要对异步电动机的电压、频率采取不同的调节方式，异步电动机同样具有启动牵引力大、调速范围宽、过载能力强等优良的牵引性能。当然，对异步电动机的变频调节必须遵循一定的规律。

第三节　异步电动机的恒转矩、恒功率变频调节

一、恒转矩特性的变频调节

通常运行在固定频率下的三相异步电动机，其启动电流约为额定电流的 5～6 倍。但由于此时转子的频率高、漏抗大、功率因数很低，所以启动转矩实际上并不大。而采用变频调节时，则可使异步电动机在较低频率下启动，此时定、转子漏抗都很小，从而改善了转子的功率因数，增大了启动转矩。一般来说，列车启动时，异步电动机低频启动电流大致为 2 倍额定电流的情况下，可使电机启动转矩为最大转矩的 70%左右，并保持不变。由于异步电动机最大转矩正比于$(U_1/f_1)^2$，U_1 与 f_1 之比通常称为“伏赫比”。要使城市轨道车辆获得恒定的启动转矩，电机必须保持伏赫比不变，即电机的端电压随频率的提高而正比例增加，这时，电动机的气隙磁通也近似不变。这就是列车起动加速区异步电动机变频调节规律。

应当注意的是：根据公式 $T=\dfrac{3pU_1^2r_2'/s}{2\pi f_1[(r_1+r_2'/s)^2+(x_{1\sigma}+r_{2\sigma}')^2]}$，电动机启动开始时，频率

很低,因此 $x_{1\sigma}$ 和 $x_{2\sigma}$ 很小,这时电阻在阻抗中的比例相当大,忽略 r_1 会产生较大的误差。若要保持磁通不变,则在启动时必须适当增加电压 U_1,以克服 r_1 所产生的电压降。在恒转矩下变频调节时电机电压 U_1 和定子电流 I_1 随频率 f_1 的变化曲线如图 3-15 所示。

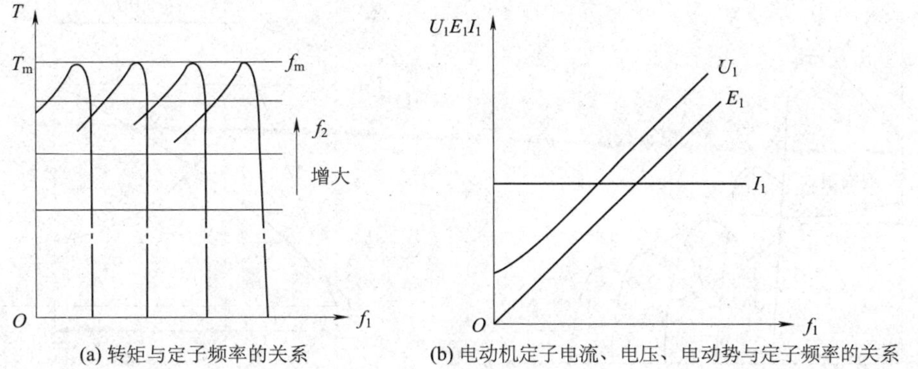

(a) 转矩与定子频率的关系　(b) 电动机定子电流、电压、电动势与定子频率的关系

图 3-15　恒转矩调节特性

二、恒功率特性的变频调节

在恒转矩运行中,随着电动机转速的上升,电压 U_1 的提高,电机输出功率增大。但电压的提高受到电动机功率或变频器最大电压的限制,当电压升高到一定数值后将维持不变,或者电压不再正比于 f_1 上升。此后异步电动机将以恒功率输出为条件进行电压和频率的调节。

为使异步电动机有恒定的输出功率,电压和频率的调节方式分为:恒功率变电压变频调节和恒功率恒电压变频调节两种。

1. 恒功率变电压变频调节

根据公式

$$\frac{U_1^2}{f_1}=\text{常数} \quad \text{或} \quad U_1=K_2\sqrt{f_1} \tag{3-8}$$

式中,K_2 为比例常数。由式(3-8)可见,为保持不同运行速度下输出功率不变,异步电动机的电压 U_1 应随定子频率 f_1 的平方根正比变化。这就是保持异步电动机工作在额定工况下输出功率恒定时所应遵循的变频调节规律。所以,这种调节方式称为恒功率变电压变频调节,其牵引特性曲线如图 3-16 所示。恒功率变电压变频调速时异步电动机的电压、电流和功率曲线如图 3-17 所示。

电动机启动转矩约为 1.6～1.8 倍的额定转矩并保持不变。转速增加时电压和功率正比增加,电流不变。电动机启动结束进入恒功率运行区,电压按式(3-8)关系变化,电流随转速增加而减小,两者乘积保持恒定,作恒功率运行。

2. 恒功率恒电压变频调节

城市轨道交通车辆运行时,保持异步电动机的电压和功率都不变的变频调速方法,称为恒电压变频调节。

为了保证电机正常工作,必须使最高频率时的工作转矩低于最大转矩。如图 3-18 所示为该种调频方式所得的牵引特性曲线。

恒功率恒电压变频调速时异步电动机的电压、电流和功率曲线如图 3-19 所示。

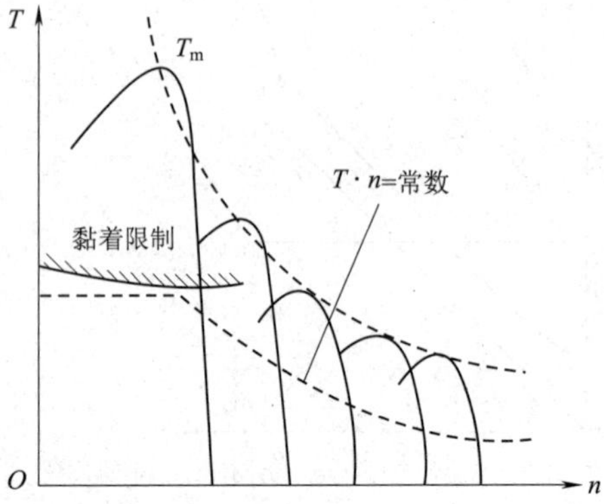

图 3-16 异步电动机恒功率变电压变频调速时的牵引特性曲线

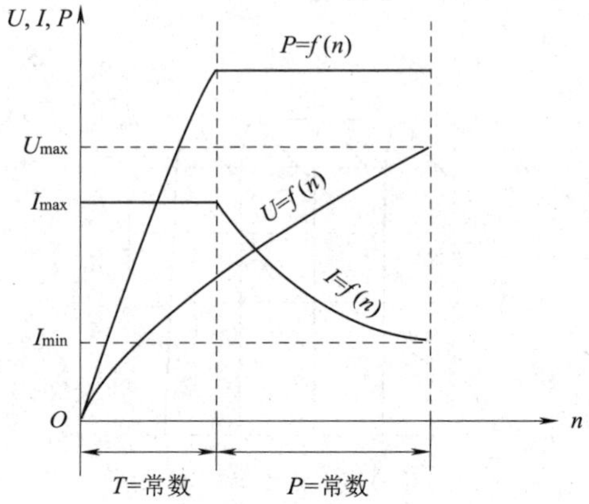

图 3-17 恒功率变电压变频调速时的电压、电流和功率曲线

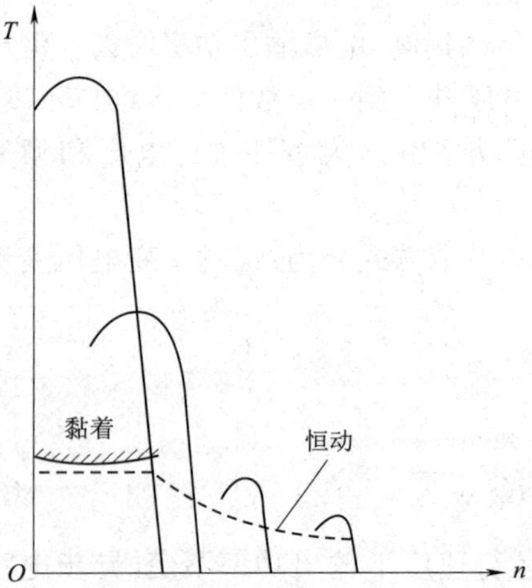

图 3-18 异步电动机恒功率、恒电压变频调速时的牵引特性曲线

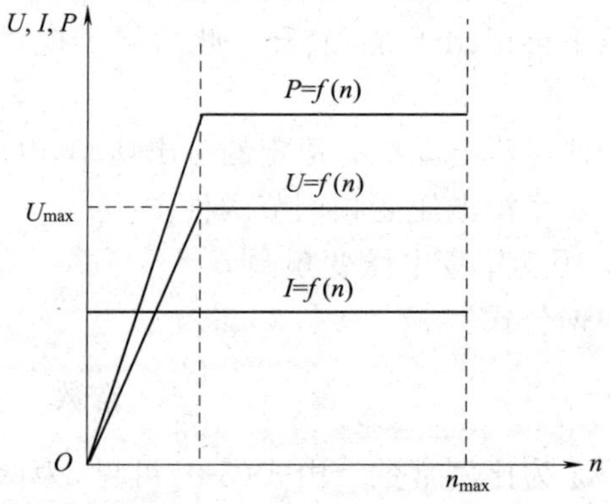

图 3-19 恒功率恒电压变频调速时的电压、电流和功率曲线

本章小结

三相交流异步电动机由于结构简单、运行可靠、成本较低、效率较高、坚固耐用等优点，在工农业生产中应用非常广泛。本章从三相交流异步电动机变频调速的基本原理、异步电动机的运行方式和特性及异步电动机的特性调节等四个方面研究三相交流异步电动机。

三相异步电动机的调速方法主要有变极调速、变频调速、绕线式电动机转子串电阻调速和定子调压调速四种。交—直—交变频调速基本电路主要由整流器、直流环节和逆变器三部分组成。整流器的主要作用是将电网三相交流电整流成直流电，分为不可控整流器和可控整流器；直流环节分电压型和电流型两种；逆变器的作用主要是将直流电逆变为频率可调的三相交流电，再向三相异步电动机供电，分为电压型逆变器和电流型逆变器。

异步电动机运行方式有保持额定磁通的恒磁通运行、保持电压为额定值的恒电压运行、恒转差频率运行和恒功率运行四种。

复习思考题

1. 试述三相交流异步电动机的调速方法有哪些？各有什么特点？
2. 简述交—直—交变频调速基本电路的原理。
3. 异步电动机两种变压变频调速方法有何异同？
4. 异步电动机的运行方式有哪几种？
5. 异步电动机恒转差频率运行方式和恒功率运行方式有何异同？
6. 列车恒功率运行区对异步电动机的调节有哪两种方法？并对两种方法进行比较。

第四章 直线电机

直线电机是一种将电能直接转换成直线运动机械能，而不需要任何中间转换机构的传动装置。本章主要介绍直线感应电机的发展、分类，详细分析直线感应电机的结构、工作原理及基本特性，并介绍直线感应电机在轮轨交通中的应用。

第一节 直线电机概述

一、直线电机的发展

据记载，国外直线电机的历史最早可以追溯到 1840 年惠斯特(Wheatstone)开始提出略具雏形但并不成功的直线电机。先后经历了探索实验(1840—1955 年)、开发应用(1956—1970 年)和实用商品化(1971 年至今)三个阶段。如今各类直线电机的应用得到了迅速的推广，制成了许多具有实用价值的装置和产品，例如直线电机驱动的钢管输送机、运煤机、起重机、空压机、电动窗、电动编织机等。特别可喜的是利用直线电机驱动的磁悬浮列车，其速度已超过 500 km/h，接近了航空的飞行速度，且运行行程可达数十万千米。

二、直线感应电机与旋转感应电机

直线电机按工作原理可分为直线异步电机、直线感应电机、直线同步电机、直线步进电机及直线磁阻电机等。城市轨道交通车辆中的直线电机以感应电机为主。

直线感应电机是一种将电能直接转换成直线运动机械能，而不需要任何中间转换机构的传动装置。图 4-1 所示为一台旋转感应电机和一台直线感应电机。

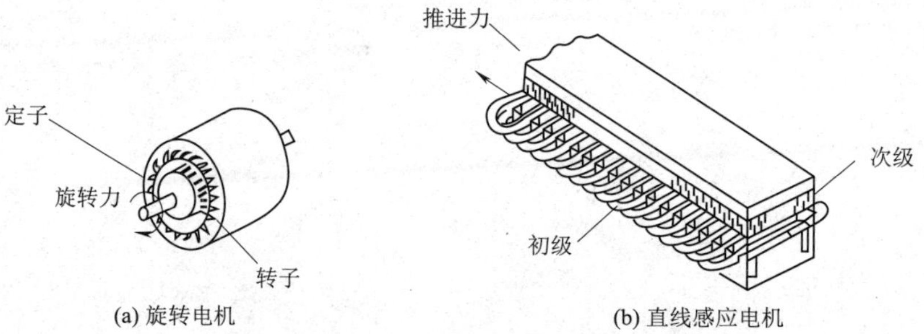

图 4-1 直线感应电机和旋转电机示意图

直线感应电机可以认为是旋转感应电机在结构方面的一种演变，它可看作是将一台旋转电机沿径向剖开，然后将电机的圆周展成直线，如图 4-2 所示。由旋转电机定子演变而来的一侧称为初级或一次侧，有直线放置的三相对称绕组；由转子演变而来的一侧称为次级或二次侧。旋转电机的径向、周向和轴向在直线感应电机中对应地称为法向、纵向和横向。

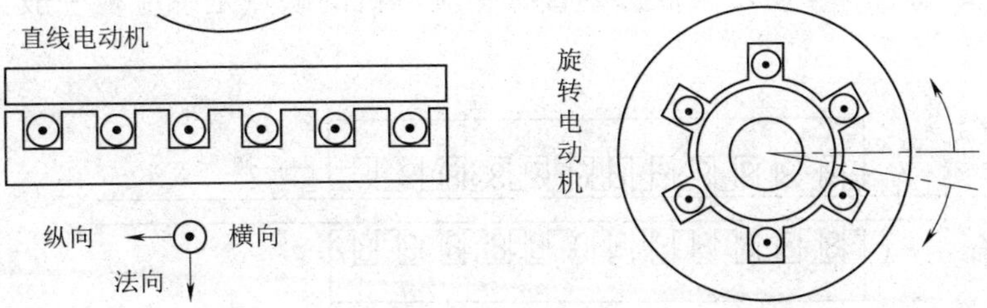

图 4-2 从旋转感应电动机到直线感应电机的演化

三、直线感应电机的分类

直线感应电机按其结构形式可分为扁平形、圆筒形(或管形)、弧形和盘形等。

1. *扁平形直线感应电机*

扁平形直线感应电机,顾名思义,即为一种扁平的矩形结构的直线感应电机,它有单边型和双边型之分,每种形式下有短初级、长次级(长初级)、短次级几种。

由图 4-2 中演变而来的直线感应电机,其初级和次级长度是相等的。由于在运行时初级与次级之间要做相对运动,如果在运动开始时,初级与次级正巧对齐,那么在运动中,初级与次级之间互相耦合的部分越来越少,而不能正常运动。为了保证在所需的行程范围内,初级与次级之间的耦合能保持不变,因此实际应用时,是将初级与次级制造成不同的长度。

在制造直线感应电机时,既可以是初级短、次级长,也可以是初级长、次级短。前者称为短初级长次级(短定子),如图 4-3(a)所示,后者称为长初级短次级(长定子),如图 4-3(b)所示。

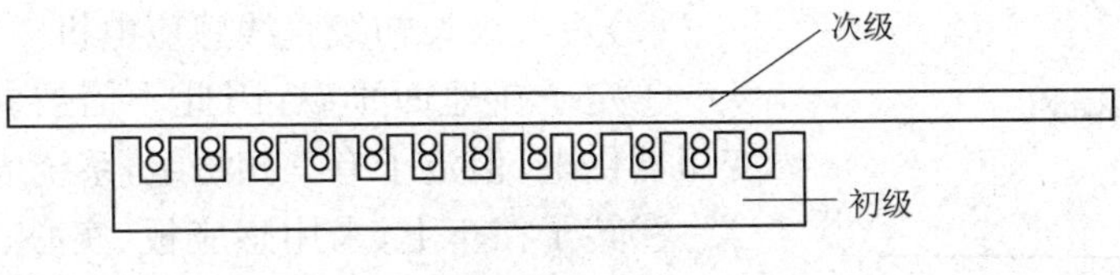

(a) 短初级长次级

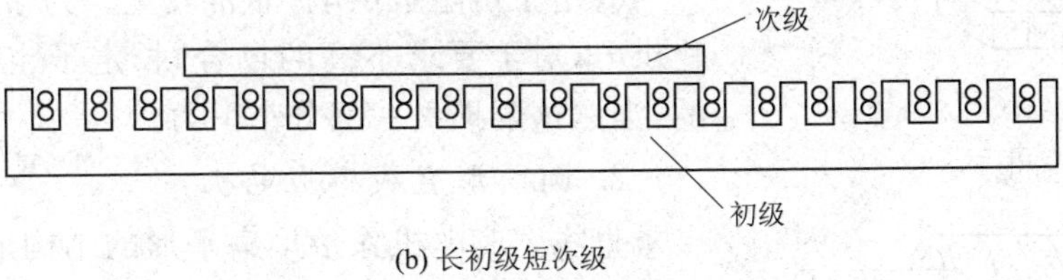

(b) 长初级短次级

图 4-3 单边型直线感应电机

如图 4-3 所示,直线感应电机中仅在一边安放初级,对于这样的结构形式称为单边型直线感应电机。这种结构的电机,最大特点是在初级与次级之间存在着一个很大的法向吸力一般这个法向吸力在短次级时约为推力的 10 倍左右,在大多数的场合下,这种法向吸力是不希望存在的，如果在次级的两边都装上初级，那么这个法向吸力可以相互抵消，这种结构形式称为双边型，如图 4-4 所示。双边型直线感应电机的缺点是感应板一般只能垂直安放，占用空间较大。

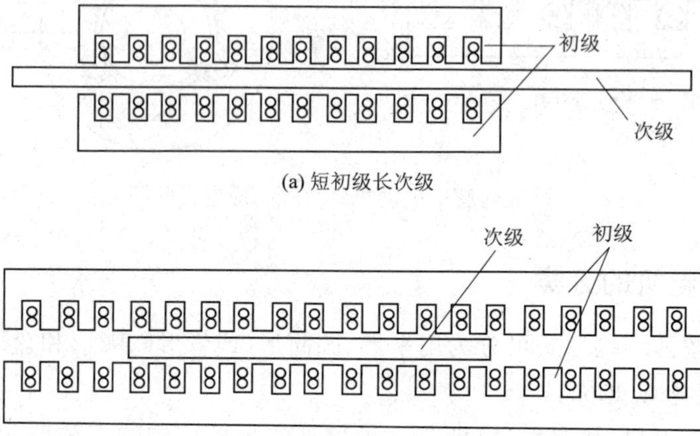

(a) 短初级长次级

(b) 短次级长初级

图 4-4　双边型直线感应电机

短初级长次级和短次级长初级直线感应电机分别具有以下特点。

(1)短初级长次级直线感应电机

①定子在车上，单边励磁，因此需要接触网/轨或直线变压器供电。

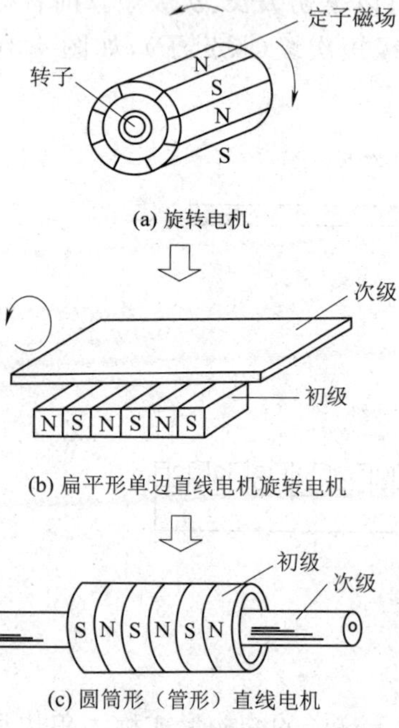

(a) 旋转电机

(b) 扁平形单边直线电机旋转电机

(c) 圆筒形（管形）直线电机

图 4-5　旋转电机演变为圆筒形直线感应电机的过程

②转子在地面，采用感应板(实心、无绕组)，结构简单，经济。

③采用接触网/轨供电时，运行速度受到限制。

(2)短次级长初级直线感应电机

①定子在地面励磁，因此不需要接触网/轨或直线变压器供电，但定子有三相绕组，系统成本较高。

②转子在车上，采用感应板(实心、无绕组)，结构简单，车体轻。

③定子可隐蔽供电，非常安全。为了节省材料或简化供电，对于要求不高的场合，长定子也可以做成分段的，当然这要损失一部分牵引力。

2. 圆筒形直线感应电机

直线感应电机除了呈扁平形的结构形式外，还可以做成圆筒形(也称管形)结构，圆筒形(管形)结构直线感应电机也可以看作是由旋转电机演变而来，其演变的过程如图 4-5 所示。

圆筒形直线感应电机既有旋转运动又有直线运动，旋转直线的运动体既可以是一次侧，也可以是二次侧。

3. 弧形和盘形直线感应电机

弧形是将扁平形直线感应电机的初级沿运动方向改成弧形，并安放于圆柱形次级的柱面外侧。它相当于把实心转子感应电动机的定子切除掉一部分，其转子做旋转运动而不是直线运动，但它的工作原理与直线感应电机相同，如图 4-6 所示。盘形结构是把次级做成一片圆盘，将初级放在次级圆盘靠近外缘的平面上，并能够绕经过圆心的轴自由转动，如图 4-7 所示。次级可以是双面的也可以是单面的。

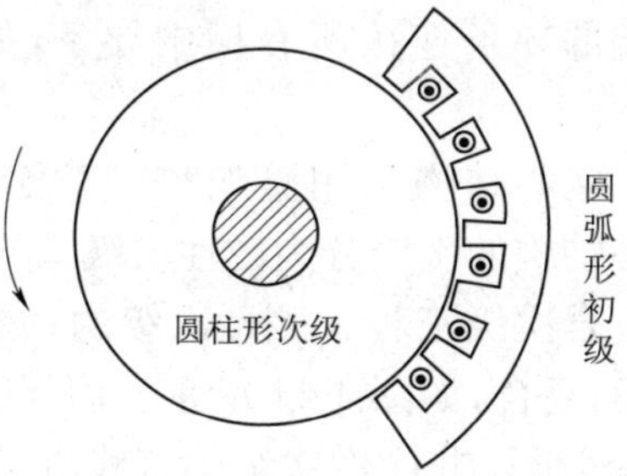

图 4-6　弧形直线感应电机

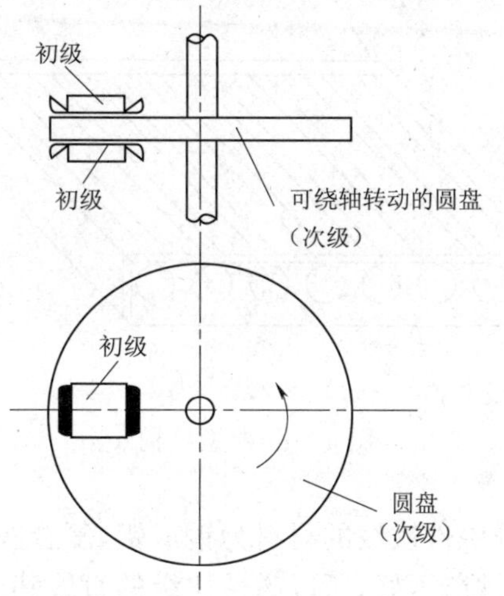

图 4-7　盘形直线感应电机

盘形直线感应电机与普通旋转电机相比的优点：

(1)力矩与旋转速度可以通过多台一次侧组合的方式或通过一次侧在圆盘上的径向位置来调节。

(2)无需通过齿轮减速箱就能得到较低的速度，因而电动机的振动和噪声很小。

四、扁平形直线感应电机的基本结构

扁平形直线感应电机的结构主要包括初级、次级及气隙三部分。

初级由铁芯和绕组组成，和旋转电机一样，扁平形直线感应电机的初级绕组有单相、两相、三相或者多相之分。绕组有单层与多层之分。

图 4-8 是单层绕组，其极数可为奇数也可以为偶数，但偶数极更为常用。单层绕组分为单层同心式绕组、单层链式绕组。图 4-9 是双层绕组，双层绕组是扁平形直线感应电机中常用的一种形式。与单层同心式绕组相比，具有线圈端部排列整齐的优点，且可以选择适当的短距以削弱磁势的高次谐波。双层绕组有叠绕组和波绕组之分，扁平形直线感应电机中一般采用叠绕组。

扁平形直线感应电机的双层绕组与旋转电机的绕组有一个显著差别，就是嵌置同样数目的线圈的槽数较多，在铁芯两端有一些槽中只嵌入一个线圈边，这些槽称为半线槽或半填槽。

由图 4-9 可以看出，双层绕组在其端部有半填槽。由于三相绕组空间分布位置的不对称，所以扁平形直线感应电机不像旋转电机那样，它的三相间的互感不同，即使在三相对称电压供电的情况下，三相电流也是不对称的。这一点对电机的电磁场分布也有一定的影响。

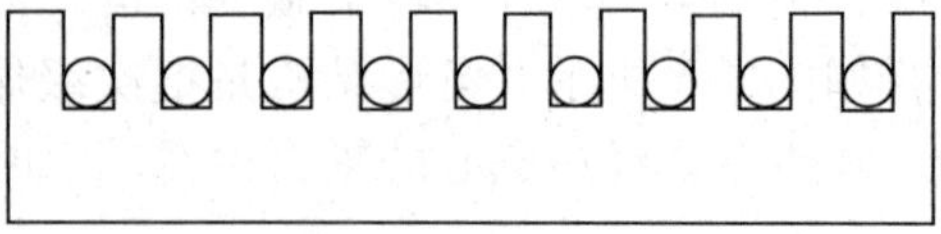

图 4-8　单层绕组分布图

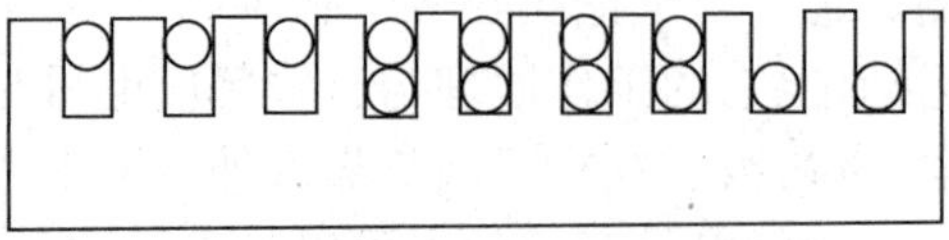

图 4-9　双层绕组分布图

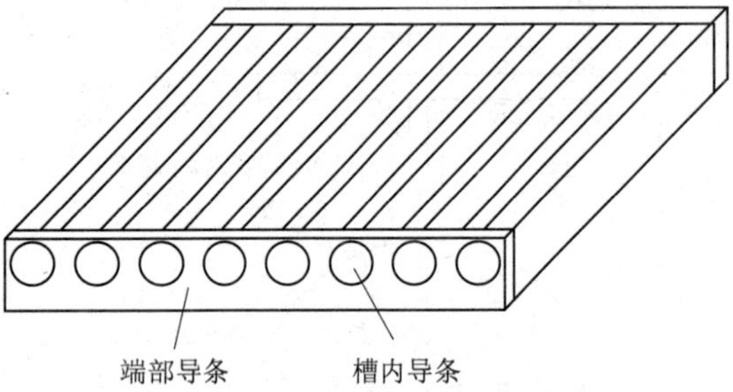

图 4-10　栅型结构

次级有两种结构类型：栅型结构和实心结构。

栅型结构相当于旋转电机的笼型结构，次级铁芯上开槽，槽中放置导条，并在两端用端部导条连接所有槽中导条，如图 4-10 所示。

实心结构采用整块均匀的金属材料。实心结构的次级分为磁性次级、非磁性次级和复合次级三种。磁性次级的材料为低碳钢板，非磁性次级的材料为铜或铝，复合次级是二者的复合，如图 4-11 所示。由于低碳钢板的导电性能不好，所以磁性次级的直线感应电机效率较低。非磁性次级的直线电机，其次级材料的导磁性能差，因此功率因数较低。而复合次级的直线感应电机具有较好的性能指标。

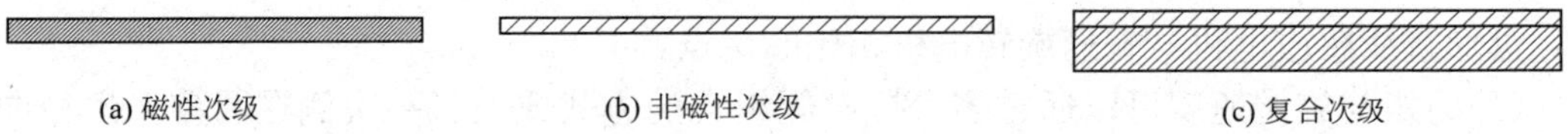

图 4-11　直线感应电机的次级横截面图

直线电机的气隙相对于旋转电机的气隙要大得多，主要是为了保证在长距离运动中，初级与次级之间不致摩擦。因铜或铝均属非磁性材料，其导磁性能和空气相同，故

电磁气隙＝机械气隙（单纯的空气隙）＋铜板或铝板厚度

由于直线感应电机的电磁气隙（2～10 mm）较旋转电机的电磁气隙（0.2～1 mm）大得多，加之边端效应的影响，直线感应电机的功率因数和效率较同容量旋转电机低。

典型的单边扁平形短初级直线感应电机的结构如图 4-12 所示。

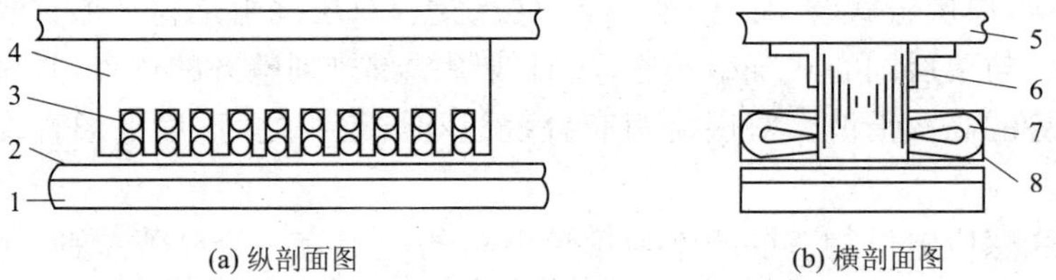

图 4-12　单边扁平型短初级直线感应电机

1—次侧铁芯；2—次侧导电板；3—三相绕组；4—初级铁芯；5—支架；6—固定用角铁；7—初级绕组端部；8—环氧树脂

由图 4-12 可以看出，单边扁平形短初级直线感应电机的初级铁芯的纵向两端形成了两个纵向边缘，铁芯和绕组不能像旋转电机那样在两端相互连接，这是直线感应电机的初级与旋转电机的定子的明显差别。

第二节　直线感应电机工作原理

直线感应电机与旋转感应电机不仅在结构上与类似，在工作原理上也类似，直线感应电机的工作原理如图 4-13 所示。为了便于对比，把旋转电机的基本工作原理图并列在一起，如图 4-14 所示。

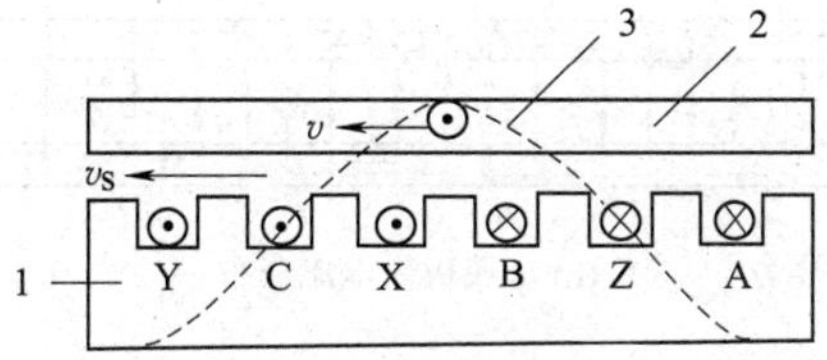

图 4-13　直线感应电动机的基本工作原理

1—初级；2—次级；3—行波磁场

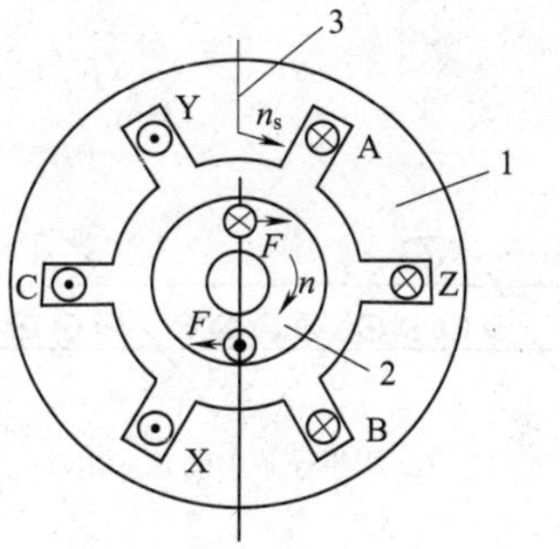

图 4-14　旋转感应电机的基本工作原理

1—定子；2—转子；3—磁场方向

直线感应电机的三相绕组中通入三相对称正弦电流后，三相电流随时间变化时，气隙磁场将按 A、B、C 相序沿直线移动。这个原理与旋转电机的相似。差异是：这个磁场平移，而不是旋转，因此称为行波磁场。当不考虑由于铁芯两端开断而引起的纵向边端效应时，这个气隙磁场的分布情况与旋转电机的相似，即可看成沿展开的直线方向呈正弦波形分布。如图 4-15 所示，磁通密度 B 的波形是 $t=0$ 时的波形，随着距离的增加 B 的波形将向右移动，可用下式表示 B。

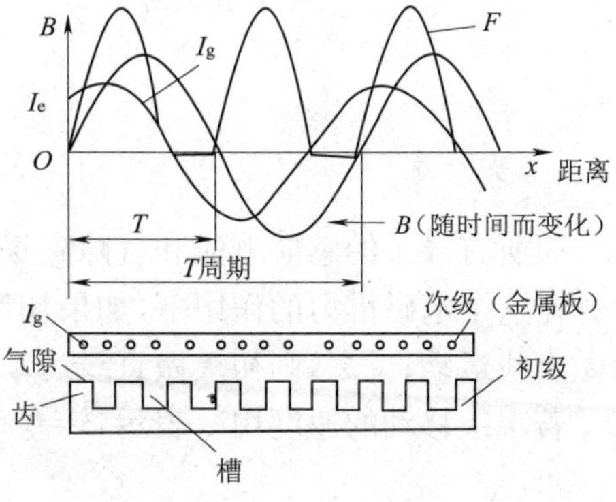

图 4-15　直线感应电机行波磁场、感应电流 I_e 及连续推力 F

$$B=B_0\cos\left(\omega t-\frac{\pi\chi}{\tau}\right)$$

式中　ω——电源角频率；

t——时间；

χ——定子表面上的距离；

τ——极距。

显然，行波磁场的移动速度与旋转磁场在定子内圆表面上的线速度是一样的，用 v_s (m/s) 表示，称为同步速度，它与旋转磁场在定子内圆周表面上的线速度是一致的，即

$$v_s=\frac{D}{2}\left(\frac{2\pi n_s}{60}\right)=\frac{D}{2}\left(\frac{2\pi}{60}\right)\frac{60f}{p}=2f\left(\frac{\pi D}{2p}\right)=2f\tau$$

式中　D——旋转电机的定子内圆直径，m；

f——电流频率，Hz；

τ——极距，$\tau=\pi D/2p$，m；

p——极对数；

n_s——旋转磁场的同步转速，$n_s=60f/p$，r/min。

再来看行波磁场对次级的作用。假定次级为栅形次级，如图 4-16 所示，在图中仅画出其中的一根导条。次级导条在行波磁场切割下，将感应感生电动势并产生电流。设次级导条感应电压为E_e，磁通的作用面积为 A，则

$$E_e=-A\frac{dB}{dt}=\omega AB_0\sin\left(\omega t-\pi\frac{x}{\tau}\right)$$

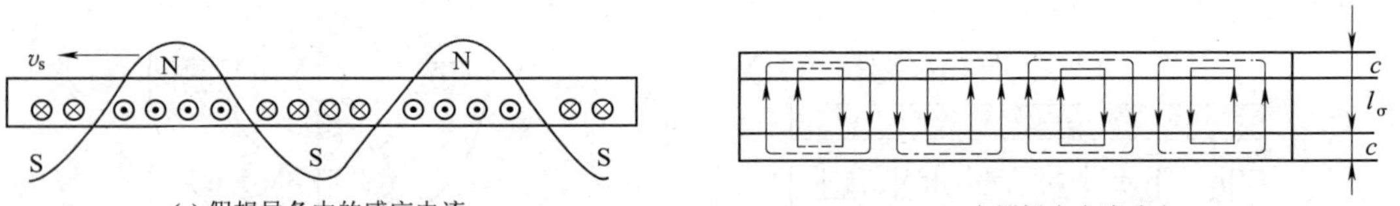

(a) 假想导条中的感应电流　　(b) 金属板内电流分布

图 4-16　次级导体板中的电流

次级有电感 L 和电阻 R，则金属板上的感应电流I_e(涡流)为

$$I_e=\frac{E_e}{Z}=\frac{\omega AB_0}{Z}\sin\left(\omega t-\pi\frac{x}{\tau}-\varphi\right)$$

$$Z=\sqrt{R^2+(\omega l)^2}$$

$$\varphi=\text{arc}\tan^{-1}\frac{\omega L}{R}$$

而所有导条的感应电流和气隙磁场相互作用便产生电磁推力，如图 4-13 中v_s所指的方向。在这个电磁推力的作用下，如果初级是固定不动的，那么次级就顺着行波磁场运动的方向做直线运动；反之，则初级做直线运动。

若次级移动的速度用 v 表示，转差率用 s 表示，则有

$$s=\frac{v_s-v}{v_s}$$

在电动机运行状态下，s 在 0 与 1 之间，这就是直线感应电机的基本工作原理。应该指出，直线感应电机的次级大多采用整块金属板或复合金属板，因此并不存在明显的导条。但在分析时，不妨把整块看作是无限多的导条并列放置，这样仍可以应用上述原理进行讨论。如图 4-16 所示，分别画出了假想导条中的感应电流及金属板内电流的分布，图中，l_σ为初级铁芯的叠片厚度，c 为次级在l_σ长度方向伸出初级铁芯的宽度，它用来作为次级感应电流的端部通路，c 的大小将影响次级的电阻。

我们知道，旋转感应电机通过对换任意两相的电源线，可以实现反向旋转。这是因为三相绕组的相序相反了，旋转磁场的转向也随之反了，使转子转向跟着反过来。同样，直线异

步电动机对换任意两相的电源后，运动方向也会反过来，根据这一原理，可使直线感应电机做往复直线运动。

直线感应电机可以通过调整电源频率 f 或极距来改变直线感应电动机的速度；通过改变初级电源相序，可以改变行波磁场行进方向，从而改变次级导条移动的方向。

由上可见，直线感应电机与旋转感应电机在工作原理上并无本质区别，只是所得到的机械运动方式不同而已。但是，两者在电磁性能上却存在很大的差别，主要表现在以下三个方面：

(1)旋转感应电机定子三相绕组是对称的，因而若所施加的三相电压对称，则三相电流就是对称的。但直线感应电机的初级三相绕组在空间位置上是不对称的，位于边缘的线圈与位于中间的线圈相比，其电感值相差很大，也就是说三相电抗是不相等的。因此，即使三相电压对称，三相绕组电流也不对称。

(2)旋转感应电机定、转子之间的气隙是圆形的，无头无尾，连续不断，不存在始端和终端。但直线感应电机初、次级之间的气隙存在着始端和终端。当次级的一端进入或退出气隙时，都会在次级导体中感应附加电流，这就是所谓的"边缘效应"(详见第三节)。由于边缘效应的影响，直线感应电机与旋转感应电机在运行特性上有较大的不同。

(3)由于直线感应电机初、次级之间在直线方向上要延续一定的长度，且法向电磁力往往不均匀，因此在机械结构上一般将初、次级之间的气隙做得较长，这样，其功率因数比旋转感应电机还要低。

第三节 直线感应电机的基本特性

一、直线电机的特性

1. 基本特性

(1)推力—速度特性

将直线感应电机的推力—速度特性与旋转感应电机的特性相比较，则推力—速度特性如图 4-17 所示，图中转差率 $s=\frac{v_s-v}{v_s}$，旋转感应电机的转矩最大值发生在转差率较低处；而直线感应电机的最大推力发生在高转差率处，此时 $s\approx1$。可见，直线感应电机的启动推力大，高速区域的推力小，比较符合城轨车辆的驱动要求。

直线感应电机的推力—速度特性近似成直线，如图 4-18 所示。

其推力是

$$F=\frac{(F_s-F_\mu)(v_f-v)}{v_f}$$

式中 F_s——启动推力，N；

F_μ——摩擦力，N；

v_f——空载速度，m/s。

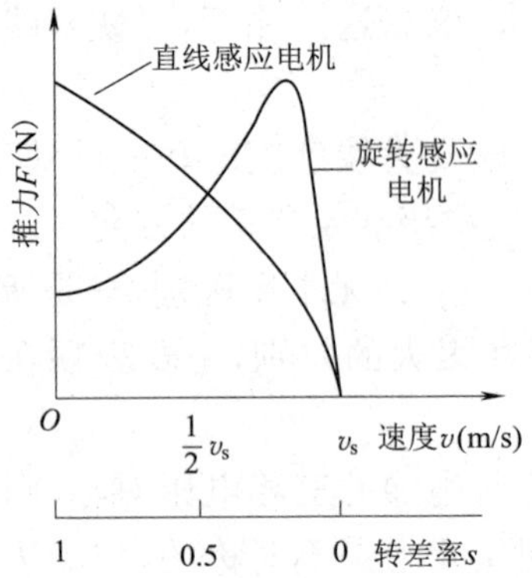

图 4-17　直线感应电机与旋转感应电机的推力—速度特性比较

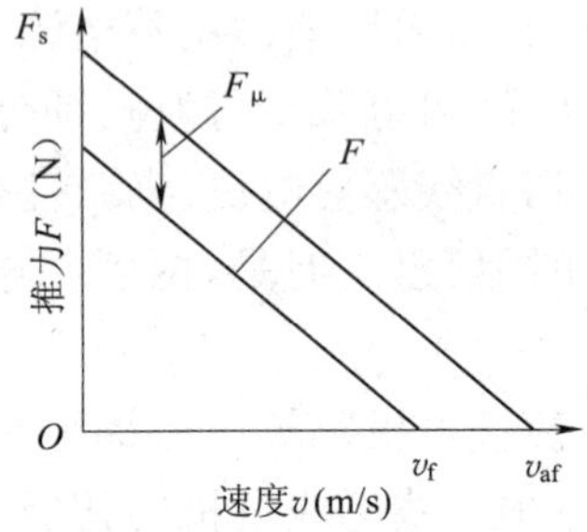

图 4-18　直线感应电机的推力—速度特性

(2)推力—气隙特性

图 4-19 所示为直线感应电机的推力 F 随气隙 g 变化的特性。气隙小对电机特性和工作稳定性有利。但为了保证在长距离运动中，初、次级不致相擦，通常直线感应电机的气隙要比旋转异步电动机大。一般旋转异步电动机的极距与气隙之比为 $\tau/g=10$ 左右，而直线感应电机的 $\tau/g=20$ 左右；因而直线感应电机的效率和功率因数都较低。

图 4-20 所示为直线感应电机的电流随气隙 g 变化的特性。随着气隙的增加，电流增加，推力减小。

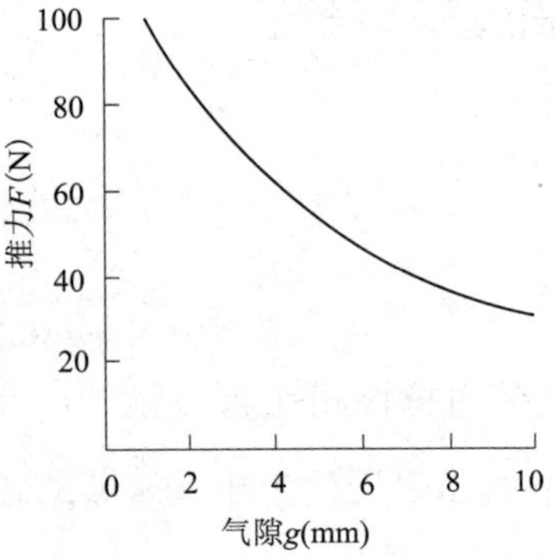

图 4-19　直线感应电机的推力—气隙特性

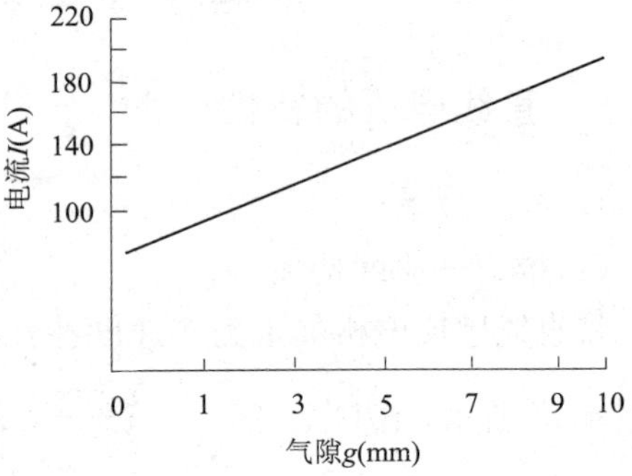

图 4-20　直线感应电机电流—气隙特性

因此导致直线感应电机的功率因数和效率较低原因有两个：一是电磁气隙较大，导致所需励磁电流也较大；二是定子铁芯的不连续两端开断产生边端效应。

直线感应电机的功率因数一般为 50%～60%，效率为 60%～80%；而旋转电机的功率因数一般在 80%左右，效率在 90%以上。因此，在设计直线感应电机时，设计者一般最重视的就是如何提高它的功率因数和效率。

(3)推力—负荷占空因数特性

如图 4-21 表示了推力—负荷占空因数特性曲线，所谓负荷占空因数即通电时间与整个周期时间之比，当负荷占空因数增大时，直线感应电动机的推力按指数函数规律下降。

2. 边缘效应

直线电机不像旋转电机是闭合圆环结构，而是长直的、两端开断结构，由于动体长度有限，存在着始端和终端，引起了边缘效应（端部效应），这是直线电机和旋转电机的基本差异。直线电机的纵向（磁场移动的方向）和横向都存在边缘效应。

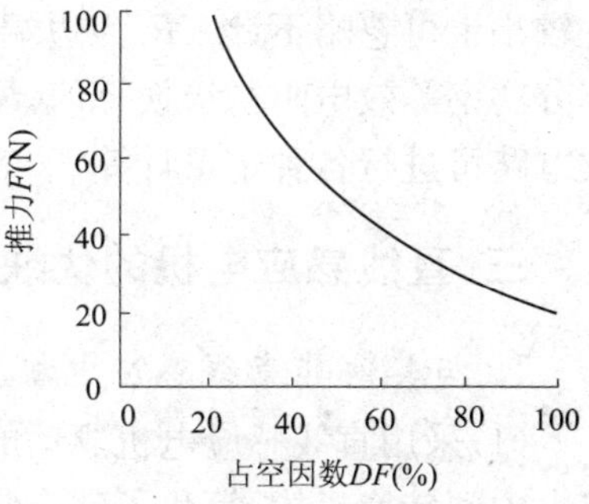

图 4-21　直线感应电机的推力—负荷占空因数特性

(1)静态纵向边缘效应

铁芯和绕组的不连续，使得各相的互感不相等，即使电源是对称的三相交流电压，由于三相绕组在空间位置不对称，在各相绕组中也将产生不对称电流，利用对称分量法将得到顺序、逆序和零序电流。因而在气隙中出现脉振磁场和反向行波磁场，运行过程中将产生阻力和增大附加损耗。这种效应当初、次级相对静止时也存在，因而称为静态纵向边缘效应，纵向即磁场移动的方向。

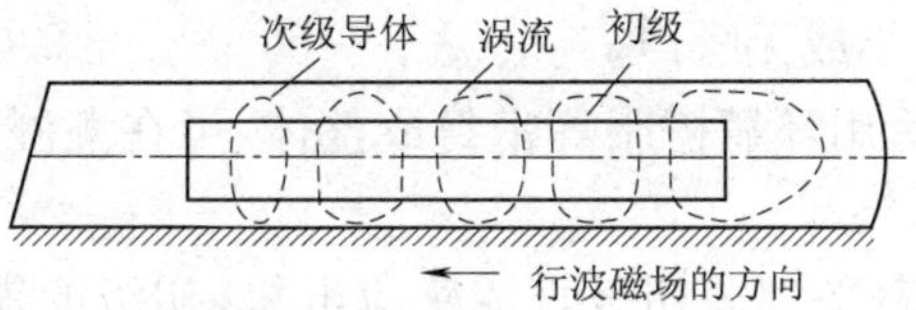

图 4-22　直线电机行波磁场方向上的涡流分布

(2)动态纵向边缘效应

直线电机做初、次级相对运动时，次级导体板在行波磁场方向上的涡流分布是不对称的，如图 4-22 所示。这使得初级进入端的磁场削弱，离开端的磁场加强。这种当初、次级相对运动时的磁场和涡流分布的畸变称为动态纵向边缘效应。运动速度越高，动态纵向边缘效应越显著，使行波磁场方向上的推力分布越不均匀，起减小推力的作用。

(3)横向边缘效应

城市轨道交通车辆应用的直线电机，大多是次级导体板的宽度小于初级铁芯的宽度，因而在横向的边缘区域磁场削弱，造成空载气隙磁场横向分布不均匀，这是第一类横向边缘效应。通常采用气隙系数来表示气隙磁通密度的最大值与铁芯宽度范围内磁通密度的平均值之比，以简化第一类横向边缘效应的定量计算。

次级导体板对电流分布及气隙磁场密度沿横向分布的影响称为第二类横向边缘效应。次级导体板的宽度大于初级铁芯的宽度时影响较大。

二、电路原理

直线感应电机的稳态特性近似计算方法基本可沿用旋转感应电机的等效电路，但直线感应电机的气隙长度可达一般旋转电机的 10～20 倍，励磁电流极大，只能采用 T 形等效电路，考虑到直线感应电机的纵向与横向效应，其等效电路图可在旋转感应电机的等效电路图基础上加以修正，直线感应电机的等效电路如图 4-23 所示，由于直线感应电机铁芯中磁密一般较低，铁耗可忽略不计，次级板的漏电

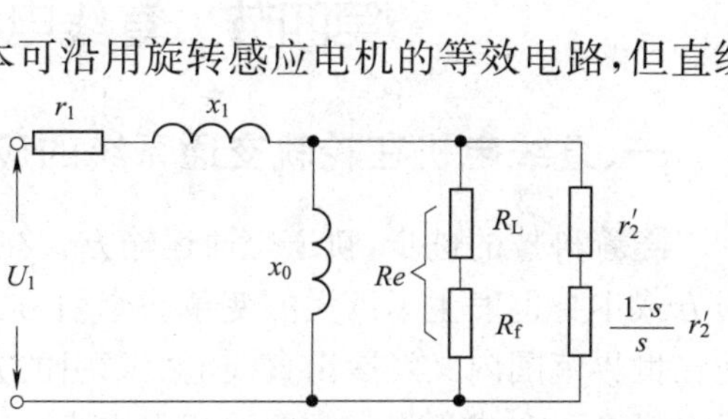

图 4-23　直线感应电机的等效电路

抗较小也可忽略不计。R_e为边端效应消耗功率的等效电阻初级换算值；R_f为边端作用有效部分功率等效电阻初级换算值；R_L为边端效应无效部分功率等效电阻初级换算值。由该等效电路可进行各种定量计算。

三、直线感应电机的优缺点

1. 与其他非直线感应电机驱动的装置相比具有的优点

(1)采用直线感应电机驱动的传动装置，不需要任何转换装置而直接产生推力。它可以省去中间转换机构，简化了整个装置或系统，而且运行可靠、效率提高、易于维护、降低成本。

(2)普通旋转电机由于受离心力的作用，其圆周速度受到限制，而直线感应电机运行时，它的直线速度可以不受限制。

(3)直线感应电机是通过电能直接产生电磁推力的，其运动可以无机械接触，大大减小了机械损耗。

(4)旋转电机通过钢绳、齿条、传动带等转换机构转换成直线运动，噪声是不可避免的，而直线感应电机是靠电磁力驱动装置运行的，噪声小或无噪声。

(5)直线感应电机结构简单，初级铁芯在嵌线后用环氧树脂等密封成整体，可在潮湿、腐蚀或有害和高低温环境中使用。

(6)直线感应电机散热效果好，特别是常用的扁平型短初级直线感应电机，初级的铁芯和绕组端部直接暴露在空气中，同时次级很长，热量容易散发，热负荷可取较高值，不需要附加冷却装置。

2. 当用在交通运输方面时，用其驱动的地铁车辆具有的优点

(1)驱动不受黏着限制。

(2)对复杂地形的适应性较强，爬坡能力强，拐弯半径小，有利于轨道交通选线。

(3)减少了隧道横断面的面积，使得工程造价低。

3. 直线感应电机主要不足之处

(1)效率和功率因数低，尤其是在低速时比较明显。通常直线感应电机的极距与气隙之比要比旋转电机大得多，初级和次级之间的气隙大，需要的磁化电流大，所以空载电流大。边缘效应特别是纵向边缘效应减少了驱动推力，增大了损耗。

(2)除驱动推力外，直线感应电机初级和次级间有吸引力，因而必须增加构架强度。

第四节　直线电机的应用及发展前景

一、直线电机在轮轨交通系统的应用

随着科技的进步，轨道交通运输方式在速度、密度、重量等方面有了很大的提高，轨道交通方式本身也发生了巨大的变革。牵引方式历经蒸汽牵引、内燃牵引、电力牵引等阶段，目前在世界范围内又发展出直线电机牵引的方式，包括磁悬浮铁路、直线电机轮轨交通等。直线电机牵引会成为将来主要的牵引方式之一。

直线电机成功地用于轨道交通是在磁悬浮列车上首先实现的。由于磁悬浮列车不依靠

车轮驱动，所以很自然地采用了直接通过电磁力驱动列车的直线电机。自 20 世纪 60 年代以来，随着电力电子技术的进步，德国、日本、英国、美国、瑞士、韩国、中国等国相继建立起采用交流调速技术的直线电机驱动的高速磁悬浮列车的试验和试运行线路。进入 21 世纪以后，中国上海浦东高速磁悬浮、长沙机场中低速磁悬浮列车和日本名古屋低速磁悬浮列车的商业运营标志着磁悬浮铁路已进入了实际应用的阶段。

如果说磁悬浮列车采用直线电机是在旋转电机无法发挥作用下的唯一选择，那么现代直线电机轮轨交通系统则可以看作是在磁悬浮列车获得成功的推动下诞生的。人们意识到，既然直线电机驱动的磁悬浮列车因为不再通过黏着力牵引而具有更大的爬坡能力，那么直线电机用于轮轨列车当然具有同样的优点。因此，20 世纪 80 年代以后，加拿大、日本等国在研究磁悬浮列车的同时成功地开发出了由直线电机驱动的城市轮轨车辆交通系统并付诸实用。

我国已建成的北京地铁机场线、广州 4、5、6 号地铁线均采用直线感应电机驱动，依靠轮轨系统进行支撑和导向。

二、轮轨交通系统中的直线感应电机的分类及特点

1. 轨道交通直线感应电机分类

(1)按定子长度分类

按定子长度可以划分为长定子直线感应电机和短定子直线感应电机。

长定子直线感应电机的定子设置在导轨上，其定子绕组可以在导轨上无限长地铺设，故称为“长定子”。短定子直线感应电机的定子设置在车辆上。由于其长度受列车长度的限制，故称为“短定子”。目前的地铁车辆、中低速磁悬浮铁路普遍采用的短初级单边型直线感应电机。

(2)按磁场是否同步分类

直线感应电机按磁场是否同步可以划分为直线同步电机 LSM 和直线感应电机 LIM。

直线同步电机 LSM 导轨上的转子磁场与车辆上的定子磁场同步运行，控制定子磁场的移动速度就可以准确控制列车的运行速度。直线感应电机 LIM 转子磁场与定子磁场不同步运行，故也称为直线异步电机，一般采用短定子，中低速磁悬浮铁路及直线感应电机轮轨交通一般使用该种电机。

(3)按驱动方式分类

直线感应电机按驱动方式可以划分为导轨驱动和车辆驱动两种类型。

导轨驱动也称为路轨驱动或地面驱动，采用长定子直线同步电机 LSM。车辆驱动技术采用短定子直线感应电机 LIM。直线感应电机的初级线圈(定子)设置在车辆上，其运行工况及运行速度由司机控制，故称为车辆驱动。一般用于城市轨道交通及中低速磁悬浮铁路。

(4)按冷却方式分类

直线感应电机按冷却方式可以划分为自然通风和强迫通风两种类型。广州地铁与国内单位共同开发的大功率强迫风冷直线电机，该电机的小时功率高达 184 kW，质量约 950 kg。

2. 轨道交通直线感应电机特点

直线感应电机与传统的旋转电机不同，靠直线运动实现牵引与制动，有其独特运载特性：

(1)爬坡能力强

车辆的运动是依靠直线电机所产生的电磁力来推进，而车辆车轮仅起支撑承载作用，不传递力，不再受到轮轨黏着因素的制约。因此，车辆可以获得很强的起动、加速和减速动力性能，尤其具有突出的爬坡能力。

(2)转弯半径小

直线电机驱动方式，车轮不再传递牵引/制动力，径向转向架结构简化，提高了车辆的曲线通过性能和运行平稳性。

(3)横断面结构的小型化

由于直线电机驱动方式不需要中间传动装置，因此可缩小车轮直径；再者，不需要旋转电机的悬挂安装空间，可降低车辆地板面。

(4)低噪声低振动、安全性与可靠性高

采用直线电机驱动的地铁车辆，没有齿轮传动机构的啮合振动和噪声，也没有动力轮对与钢轨蠕滑滚动产生的振动和噪声。这种驱动力下车辆牵引/制动性能发挥不依赖于环境，且取消了旋转电机驱动所必需的滚动轴承、传动齿轮，大幅提高了车辆运行的可靠性和可维护性。

(5)编组灵活性良好和运营适应性强

直线电机驱动的地铁车辆具有比传统车辆更强的加减速性能，有更高的停车位置控制精度，因此更容易实现小编组，高密度，自动驾驶的运行模式。

但是，由于车辆上应用了直线电机，车载定子与地面转子是处在一个相对直线运动的弹性(轴箱垂向弹性定位)系统间，不可避免地会造成相互间隙变化，因此气隙设计的不能太小，否则会导致不安全因素，一般定在 12 mm 左右。再加上直线电机是有端部的，因此漏磁场较大，机电能量转化率低，所以直线电机效率较低，一般在 70%～80%，功率因数也较低，一般在 0.5～0.6。

三、直线电机在轨道交通中的应用现状及发展

世界上最早采用直线电机轮轨技术的国家是加拿大。该技术体系以高架线路为主，为保证选线的灵活性以及高架车站总体规模、客流因素等，需要采用小编组、高密度、小运量系统。

直线电机应用于城市轨道交通车辆时，初级可以设置在车上，也可以设置在地面，分别称为车载初级式和地面初级式。

直线电机没有旋转部件，不需要齿轮、轴承，不接触就可以传递动力。在城市轨道交通车辆中，利用直线电动机来实现非黏着驱动，突破了动轮和轨道之间依靠黏着传递动力的种种限制。同时，可降低车辆高度，从而缩小地铁隧洞直径，降低工程成本。

利用直线电机，城市轨道交通车辆容易得到较高的加速度、减速度和运行速度。城市轨道交通车辆较多采用车载初级式异步直线电动机，初级安装在车辆的转向架上，从地面接触

网受电，电源的变换和控制设备都安装在车上，动车的质量比较大。而次级就是沿线路敷设在两根走行钢轨之间的导体板，建设费用比较便宜。对客流量很大的线路，为了减小动车质量，实现地面对列车的集中控制，采用沿线路敷设线圈的地面初级式异步直线电机比较有利。

1. 日本直线电机地铁技术现状

日本地铁采用直线电机，可节约建设成本，与既有线地铁方式相比，直线电机地铁的建设成本能降低20%～30%，但其电能消耗量高，例如LIM气隙为12 mm时的直线电机地铁车辆运行所需电能消耗要多30%左右。直线电机地铁虽然运行电能消耗比既有地铁方式多，但直线电机地铁车辆无须齿轮传动装置，非黏着驱动的特点使得车轮和钢轨磨耗少、维修量小。所以，总体来看，直线电机的运营费要比既有地铁方式低。

日本的LIM采用自然风冷，省去电机冷却风扇安装及维护的麻烦，标准气隙值为12 mm，减少电能的消耗。由于电磁气隙较大及边端效应的影响所致，LIM的功率因数一般为0.5～0.6，效率为60%～80%。

2. 国内直线电机地铁技术现状

在20世纪80年代已开始研究直线电机轮轨技术，2000年以后广州地铁4号线及北京地铁机场线进行技术方案论证，2005年12月建成了国内第一条城市轨道交通直线电机轮轨系统线路广州大学城专线，2008年、2009年北京地铁机场线和广州地铁5号线相继开通运营。

广州市轨道交通直线电机电动车组每一列车由四节全动车组成。列车编组为A—B—B—A，其中A车为带司机室的车辆，B车为不带司机室的车辆。车辆由第三轨DC 1 500 V供电，采用铝合金车体、径向柔性转向架、微机控制的电空架控的制动系统、空调机组系统、电动塞拉门系统、乘客广播和信息显示系统等世界先进技术。车辆采用直线电机牵引的交流传动系统；采用IGBT元件和脉宽调制技术的牵引VVVF逆变器，实现牵引和再生、电阻、高转差率、反接制动控制，正常状态可不使用机械制动。采用IGBT元件的辅助逆变电源系统，实现对列车交流负载、直流负载供电及对蓄电池充电；采用微机网络通信控制的列车控制管理系统，实现列车的控制、故障诊断、子系统监控；设有ATC装置，实现列车的自动保护、自动操作和自动监视。采用无线通信装置，实现与地面的通信联络等，具有爬坡能力强、通过小曲线半径能力好、低噪声等优点。

本章小结

直线感应电机是一种将电能直接转换成直线运动而不需要通过任何中间转换机构的传动装置。我国直线电机的应用与发展是从20世纪70年代初开始的。直线电机按结构可分为扁平形单边式、扁平形双边式、圆筒形、圆盘形；按工作原理可分为直线异步电机、直线感应电机、直线同步电机、直线步进电机、直线压电电机及直线磁阻电机。

在城市轨道交通中对直线电机的应用以直线感应电机(LIM)较多。直线感应电机的工作原理和旋转式感应电机类似，定子绕组与交流电源相连接，通以三相交流电流后，则在气隙中产生一个平稳的行波磁场(当旋转磁场半径很大时，就成了直线运动的行波磁场)。该磁场沿气隙作直线运动，同时，在转子导体中感应出电动势，并产生电流，这个电流与行波磁场相互作用产生电磁推动力，使转子沿行波方向作直线运动。若把直线感应电机定子绕组中电源相序改变一下，则行波磁场移动方向也会反过来，根据这一原理，可使直线电机作往复直线运动。

直线电机具有结构简单、定位精度高、反应速度快、随动性好、工作安全可靠、寿命长的特点。

直线电机的基本特性包括推力—速度特性、推力—气隙特性和推力—负荷占空因数特性。

由直线电机驱动的直线运动装置和系统具有结构简单、运行可靠、控制方便、智能化程度高等优点。目前在世界范围内，都在加强直线电机及其驱动装置与系统的研究与应用，如磁悬浮列车、磁浮船、各种流水生产线、各种制造设备的驱动部分、进刀机构、磁盘读取装置、打印机、自动门、军用等各个方面。

复习思考题

1. 简述直线电机的工作原理。
2. 简述直线电机的结构及分类。
3. 直线电机和旋转电机相比有哪些优缺点？
4. 直线电机的发展前景如何？
5. 直线电机应用到哪些领域？
6. 简述直线电机的工作原理及其在轨道交通中的应用。

第五章　变压器基本知识

本章主要介绍变压器的分类及基本结构，变压器的工作原理及运行分析，铭牌数据，变压器的连接组别，其他用途变压器，城市轨道交通牵引供电及牵引逆变器等内容。

第一节　变压器的分类及基本结构

一、变压器的分类

由于变压器的应用范围十分广泛，因此它的分类方法很多，但主要的有以下几种。

1. 按用途分类

(1)电力变压器

在电力系统中，电力变压器是变电站的核心设备，其功能是将电力系统中的电能电压升高或降低，以利用电能的合理输送、分配和使用。作为电压变换设备，电力变压器在电力、工业和商业配电系统中被普遍使用，且数量巨大。通过如图 5-1 所示的一个简单电力系统示意图，可加深对电力变压器所处重要地位的认识。

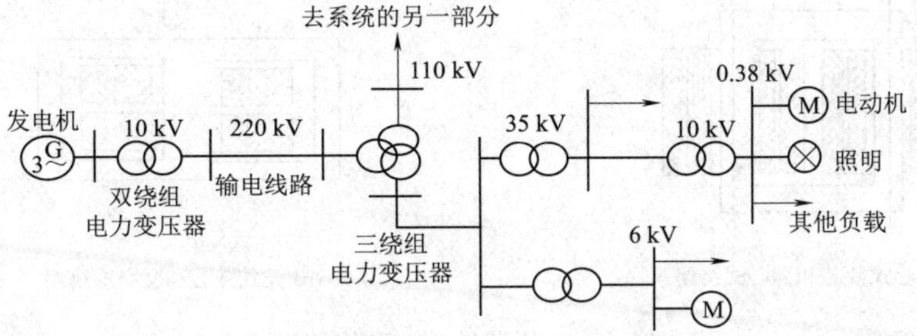

图 5-1　简单电力系统示意图

远距离输送一定的电功率，电压越低则电流越大，消耗在输电线路上的电阻损耗越大。若要减小输电线电阻以输送大电流，就要用大截面的输电线而消耗较多的导体材料。所以，为了减小输电线路上的电阻损耗和节约导体材料，目前电力系统的输电线路都采用高压输电。由于受到绝缘水平的限制，发电厂的同步发电机一般输出的额定电压为 10.5 kV(发电机额定电压越高对发电机各部分的绝缘要求就越高)，而一般高压输电线路的额定电压为 110 kV、220 kV、330 kV、500 kV，这就需要用升压变压器将电压升高后再送输入电线路。当电能经过高压输电线路传输到用电区后，必须用降压变压器把输电线路上的高电压降下来，才能供给我们一般情况下所使用的动力用电和照明用电。由图 5-1 可见，电力系统中存在许多变压器，通过这些变压器的作用产生了不同等级的电压从而能够满足不同的需要。

(2)仪用变压器

仪用变压器分为电流互感器和电压互感器。在电力系统中,直接测量大电流、高电压是比较困难的,操作起来也十分危险。因此,常利用变压器把大电流转换成小电流、高电压转换成低电压后再测量。所用的转换装置就称为互感器。利用互感器可使测量仪表与高电压、大电流隔离,从而保证仪表和人身的安全,又可大大减少测量中能量的损耗,扩大仪表量程。

(3)自耦变压器

自耦变压器的输出电压连续可调,在实验室中,常用自耦变压器实现调压的功能。三相自耦变压器常用作大容量的三相异步电动机降压启动装置。

(4)专用变压器

如电解用的整流变压器,焊接用的弧焊变压器以及供无线电通信用的特殊变压器等。

2. 按相数分类

按相数分主要有单相和三相两大类。单相变压器用于单相交流电系统;发电厂、变电所通常采用三相电力变压器。

3. 按结构分类

按结构分类主要有心式变压器和壳式变压器两类,如图 5-2 所示。

心式变压器:其结构特点是绕组包围铁芯,电力变压器都采用心式结构。

壳式变压器:其结构特点是铁芯包围绕组,电子设备中的小变压器一般采用这种结构。该结构的变压器机械强度高,铁芯散热比较容易。

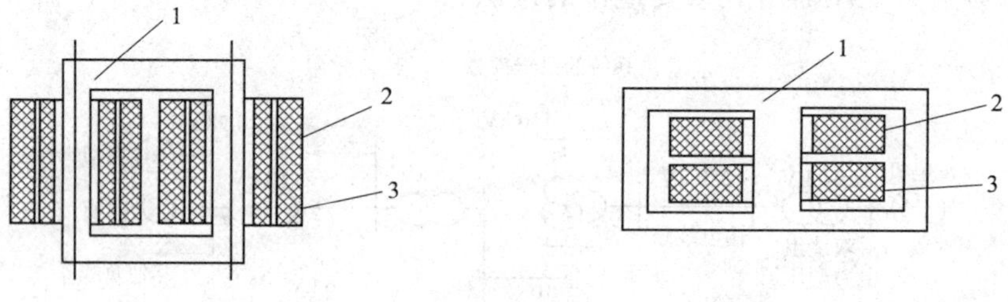

(a) 心式铁芯和同心式绕组　　(b) 壳式铁芯和交叠式绕组

图 5-2　变压器的铁芯和绕组型式

1—铁芯;2—低压绕组;3—高压绕组

4. 按绕组数目分类

按照绕组数目分,有单绕组自耦变压器、双绕组变压器、三绕组变压器。发电厂大多采用双绕组变压器。

5. 按冷却方式分类

按冷却方式分,有干式、油浸式和充气式(SF_6)等。油浸式变压器还可进一步分为油浸自冷、油浸风冷、油浸水冷、强迫油循环风冷或水冷等型式。容量在 50 000 kV·A 以上采用强迫油循环水冷或风冷。

充气式变压器是指变压器的铁芯与绕组均位于一个充有绝缘气体的外壳内。一般情况下是采用 SF_6 气体,所以又称气体绝缘变压器。

虽然变压器的种类很多，但各种变压器运行时的基本物理过程及分析变压器运行性能的基本方法大体上都是一样的。

下面以油浸式电力变压器为例进行介绍。

二、变压器的基本结构

变压器的基本结构部件是铁芯及套装在铁芯上的一、二次绕组，由它们组成变压器的器身。为了改善散热条件，大、中容量变压器的器身浸入盛满变压器油的封闭油箱中，各绕组与外电路的连接则经绝缘套管引出。为了使变压器安全可靠地运行，还设有储油柜、气体继电器（瓦斯继电器）和安全气道、压力释放阀等附件，如图 5-3 所示。

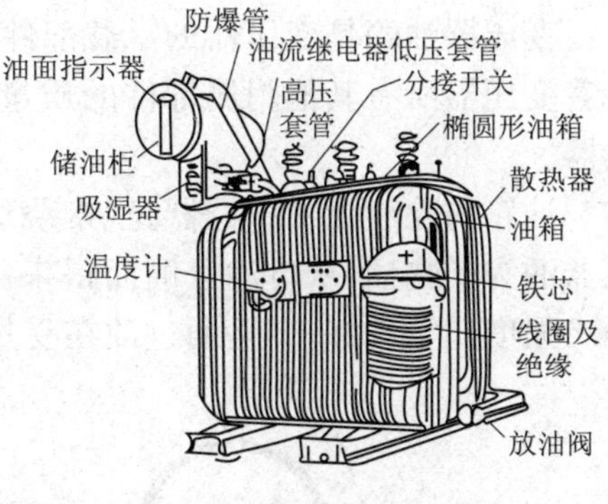

图 5-3　油浸式电力变压器

1. 铁芯

铁芯既作为变压器的磁路，又作为变压器的机械骨架。

交流磁通在铁芯中会引起涡流损耗和磁滞损耗，使铁芯发热。为了提高导磁性能，减少交变磁通在铁芯中引起的损耗，变压器的铁芯都采用厚度为 0.35～0.5 mm、表面涂有绝缘漆的硅钢片叠装而成。电工钢片的两面涂有绝缘层，起绝缘作用。大容量变压器多采用高磁导率、低损耗的冷轧电工钢片。

铁芯由铁芯柱和铁轭组成，铁芯柱上装有绕组，铁轭将铁芯柱连接起来，使之成为闭合的磁路。根据结构形式和工艺特点，变压器铁芯有单相芯式、单相壳式、渐开线式和成型卷片式等。

变压器铁芯必须可靠接地，以防感应电压或漏电，而且铁芯接地点只能有一个，以免在其内部形成闭合回路，产生环流。

2. 绕组

绕组是变压器的电路部分，用来传输电能。变压器的绕组大多用包有绝缘材料的铜或铝导线绕制而成。变压器的绕组一般都绕成圆形，因为这种形状的绕组在电磁力的作用下有较好的机械性能，不易变形，同时也便于绕制。对最常见的双绕组变压器，按电压等级的不同，绕组可分为高压绕组和低压绕组，高压绕组的匝数多、导线细，低压绕组的匝数少、导线粗。

从能量的变换传递来说，接在电源上，从电源吸收电能的绕组称为原边绕组（又称一次绕组或初级绕组）；与负载连接，给负载输送电能的绕组称副边绕组（又称二次绕组或次级绕组）。

根据高、低压绕组的相对位置不同，绕组可以分为同心式和交叠式两种。

同心式绕组适用于芯式变压器。大部分同心式绕组都将高、低压绕组同心地套在铁芯柱上，一般低压绕组在里面，高压绕组在外面，这样做的目的是为了减少绕组和铁芯间的绝缘距离。由于这种绕组结构简单，制造方便，使用最为普遍。

交叠式绕组只是在壳式变压器和电压低、电流大的电炉变压器中有所应用。所谓交叠式绕组就是将高、低压绕组各分别做成若干个线饼沿铁芯柱高度依次交错叠放的绕组。由于绕组均为饼形，因此这种绕组也称为饼式绕组。为了便于绝缘，通常低压绕组靠近铁轭。

3. 油箱和变压器油

变压器油箱是变压器的承载部件，由钢板焊接而成。不仅支持着器身的质量，而且也支持着变压器所有其他附属部件的质量。为了增强冷却效果，油箱壁上焊有散热管或装设散热器。

油箱内除放置变压器器身(带绕组的变压器铁芯组件)外，其余空间充满变压器油。变压器油为矿物油，从石油分馏而得来。它有两个作用：一是起到加强绝缘的作用，因为油的绝缘强度比空气好；二是通过油在受热后的对流作用或强迫油循环的方法散热。

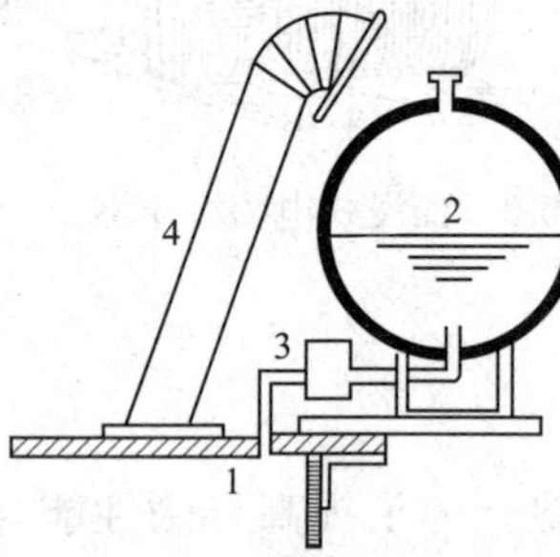

图 5-4　储油柜

1—主油箱；2—储油柜；3—气体继电器；4—安全气道

4. 其他附件

(1)储油柜(图 5-4)

储油柜(又称油枕)位于变压器油箱上方，通过气体继电器与油箱相通，储油柜中储油量一般为油箱总油量的 8%～10%。

储油柜能容纳油箱中因温度升高而膨胀的变压器油，并限制变压器油与空气的接触面积，减少油受潮和氧化的程度。此外，通过储油柜注入变压器油，还可防止气泡进入变压器内。通过储油柜上的油位表来检查油位，正常油位应在油位表刻度的 1/4～3/4。

储油柜内装有吸湿器，使储油柜上部的空气通过吸湿器与外界空气相通。吸湿器中装有硅胶等吸附剂，用以吸附通入储油柜内空气中的杂质和水分。吸湿器内干燥的硅胶是蓝色，吸湿后变为粉红色或红色(吸湿器内的吸湿剂 2/3 变色认为吸湿饱和)。

(2)防爆管(安全气道)

防爆管是一根钢质圆管，顶端出口装有一块玻璃或酚醛薄膜片，下部与油箱连通。当变压器内部发生故障时，油箱内压力升高，油和气体冲破玻璃或酚醛薄膜片向外喷出，从而避免油箱受高压破裂。

(3)气体继电器(瓦斯继电器)

气体继电器安装在储油柜与油箱之间的连接管中，是变压器内部故障的保护装置。当变压器内部发生故障时(如绝缘击穿、匝间短路、铁芯事故、漏油使油面下降等)，产生的气体和油流迫使气体继电器动作。轻者发出信号，以便运行人员及时处理，重者使断路器跳闸，避免事故扩大。

(4)绝缘套管

为了使变压器高、低压绕组引出线与油箱体绝缘，常采用绝缘套管作为固定引出线的装置，并由此与外电路相连接。绝缘套管由外部瓷质的绝缘套筒和中间的导电杆组成。高压侧套管高而大，低压侧套管低而小，对它的要求主要是绝缘性能和密封性能要好。

(5)调压装置

变压器的输出电压可以通过改变高压绕组的匝数，在小范围内进行调节。一般在高压绕组某个部位(如中性点、中部或端部)引出若干个抽头，并把这些抽头连接在可切换的分接开关上。在停电状态下方可切换的分接开关称无励磁调压开关，在不断开负载的情况下可切换的分接开关称有载调压开关。

(6)冷却装置

冷却装置包括散热器或冷却器。常用的冷却介质有变压器油和空气两种。常见的冷却方式有油浸自冷、油浸风冷、强迫油循环及强迫油导向循环等。

三、变压器的铭牌

为了使变压器安全、经济运行，并保证一定的使用寿命，制造厂按照标准规定了电力变压器的额定数据，将有关数据标写在铭牌上，并将铭牌镶嵌在变压器箱体表面。数据主要包含变压器型号、相数、额定值等参数。所谓额定值，是指制造厂按照国家标准，对变压器正常使用时的有关参数所作的限额规定。在额定值下运行，可保证变压器长期可靠地工作，并具有优良的性能。

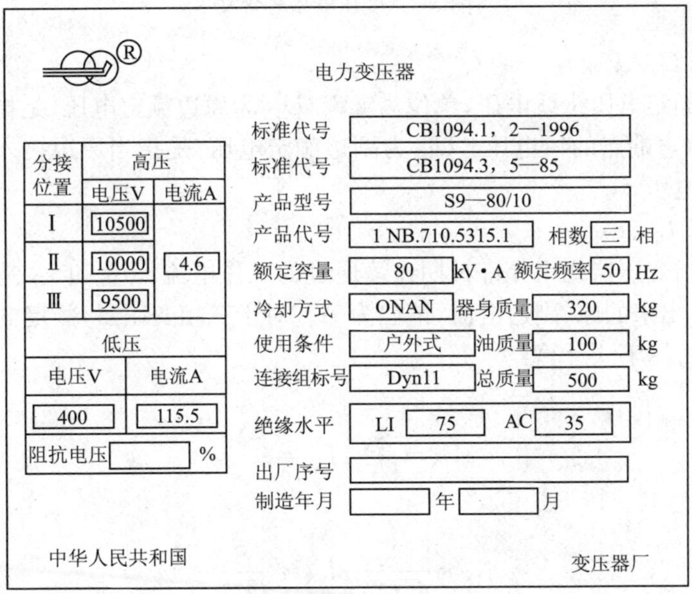

图 5-5 变压器铭牌

1. 型号

变压器型号由字母和数字两部分组成，字母代表变压器的基本结构特点，数字分别代表额定容量(kV·A)和高压侧的额定电压(kV)。变压器型号含义如图 5-6 所示。

例如：SJL1—560/10

S—三相；J—油浸自冷式；L—铝导线；1—设计序号；560—额定容量为 560 kV·A；10—高压侧额定电压为 10 kV。

2. 额定值

(1)额定容量 S_N

额定容量是指变压器在额定运行状态下输出的视在功率，单位为 kV·A 或 MV·A。

对于双绕组变压器，原、副边绕组的容量相等，即是变压器的额定容量。

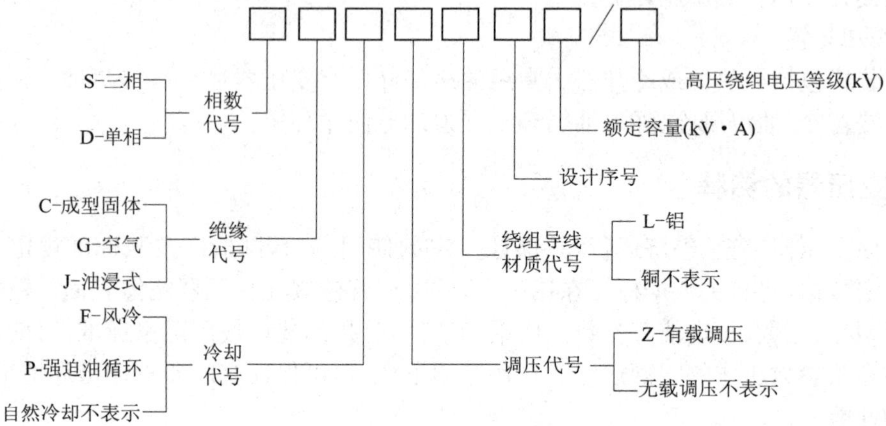

图 5-6　变压器型号含义

(2)额定电压 U_{1N}、U_{2N}

三相变压器额定电压指线电压，单位为 kV。U_{1N}为原边额定电压，是指变压器正常工作时，加到变压器原边端点的线电压。U_{2N}为副边额定电压，是指当原边接入额定电压而副边空载(开路)时的电压。

(3)额定电流 I_{1N}、I_{2N}

额定电流是指变压器绕组允许长期连续通过的工作电流。I_{1N}和 I_{2N}是分别根据额定容量、额定电压计算出来的原、副边电流，单位为 A。对于三相变压器，额定电流指线电流。

原副边电流可用下式计算：

单相变压器

$$I_{1N}=\frac{S_N}{U_{1N}};I_{2N}=\frac{S_N}{U_{2N}} \tag{5-1}$$

三相变压器

$$I_{1N}=\frac{S_N}{\sqrt{3}U_{1N}};I_{2N}=\frac{S_N}{\sqrt{3}U_{2N}} \tag{5-2}$$

(4)额定频率 f_N

变压器的额定频率是指所设计的运行频率，我国规定电力系统的额定频率为 50 Hz(常称“工频”)。

3. 绕组的连接组标号

变压器的三相绕组可以连接成星形(Y)或三角形(D)，例如：变压器的连接组标号为 Dyn11，它表示原边绕组为三角形接法，副边绕组为星形接法，带中性线，组别号为 11。

4. 阻抗电压 U_K

阻抗电压 U_K 也称短路电压，表示变压器通过额定电流时在变压器自身阻抗上所产生的电压损耗，一般用百分值表示，称阻抗电压百分数或短路电压百分数。其表达式为

$$\Delta U\%=\frac{U_K}{U_{1N}}\times 100\% \tag{5-3}$$

U_K 越小，输出电压越稳定，但承受的短路电流也越小。

除上述参数外，铭牌上还标明了温升、冷却方式、绝缘水平等。

第二节 变压器的工作原理及运行分析

一、变压器的工作原理

不管是哪种变压器，它们的基本原理相同，都是根据电磁感应原理制成的一种静止电气设备。以单相双绕组变压器为例来分析变压器的工作原理，变压器原理结构如图 5-7 所示。

为了提高导磁性能，减少涡流及磁滞损耗，铁芯是用涂有绝缘漆、厚度为 0.35～0.5 mm 的硅钢片叠成。两个互相绝缘的绕组套装在铁芯上，其中接受电能，即与交流电源相连的绕组称为一次绕组（也可称为原边绕组或初级绕组），简称一次侧（原边或初级），匝数用 N_1 表示。与负载相连的绕组称为二次侧绕组（也可称为副边绕组或次级绕组），简称二次侧（副边或次级），匝数用 N_2 表示。

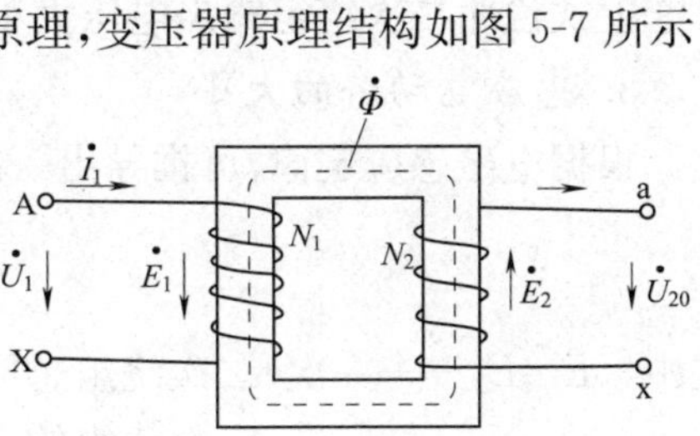

图 5-7 变压器原理结构图

在绕组 N_1 上外施交流电压 $\dot{U}_1$，便有交流电流 $\dot{I}_1$ 流入，并在铁芯中产生交变磁通 $\dot{\Phi}$，根据电磁感应定律可知，磁通 $\dot{\Phi}$ 的交变会在绕组 N_2 中感应出电动势 $\dot{E}_2$，此时若绕组 N_2 接上负载，则在二次侧产生的感应电动势的作用下，二次侧中就有电流流过，向负载输出电功率，从而实现了电能的传递，这就是变压器的工作原理。

为了分析方便，把忽略绕组直流电阻、铁芯损耗、漏磁通和磁饱和影响的变压器称为理想变压器。下面主要分析理想变压器在空载运行和负载运行中的情况。

二、变压器空载运行

变压器的一次绕组接在额定电压和额定频率的电网上，而二次绕组开路时的运行状态，称为空载运行。

理想变压器空载运行参见图 5-7。

空载时一次绕组上接电源电压 $\dot{U}_1$（正弦交流电），在一次绕组中就会有电流 $\dot{I}_0$ 流过，电流 $\dot{I}_0$ 产生空载磁势 $\dot{I}_0 N_1$ 加在变压器的铁芯磁路上，空载磁势 $\dot{I}_0 N_1$ 在铁芯中激励起按正弦变化的磁通 $\dot{\Phi}$，该磁通同时与一次、二次绕组交链，通过铁芯回路闭合，称为主磁通，其幅值用 Φ_m 表示，它在一次和二次绕组中产生感应电势 $\dot{E}_1$ 和 $\dot{E}_2$。

1. 空载电流 $\dot{I}_0$

变压器空载运行时流过一次绕组的电流称为空载电流，理想变压器的空载电流主要是产生铁芯中的磁通，所以空载电流也称为空载励磁电流。

2. 电压和感应电动势的关系

因为理想变压器不考虑绕组的直流电阻和铁芯的损耗，所以一次绕组的电压平衡方程式为

$$\dot{U}_1=-\dot{E}_1 \tag{5-4}$$

上式说明一次绕组中感应电动势等于电源电压大小，在相位上$\dot{E}_1$与$\dot{U}_1$反相位，相差180°。

二次绕组的电压为U_{20}，由于二次绕组开路时无电流输出，所以二次绕组的电压平衡方程式为

$$\dot{U}_{20}=\dot{E}_2 \tag{5-5}$$

上式说明二次绕组输出电压大小等于感应电动势，并且$\dot{U}_{20}$与$\dot{E}_2$同相位。

3. 感应电动势的大小

根据电磁感应定律，可推导出一次绕组、二次绕组感应电势的有效值为

$$E_1=4.44fN_1\Phi_m \tag{5-6}$$

$$E_2=4.44fN_2\Phi_m \tag{5-7}$$

式中 E_1、E_2——一次、二次绕组感应电势的有效值，V；

N_1、N_2——一次、二次绕组的匝数；

Φ_m——主磁通$\dot{\Phi}$的幅值，Wb；

f——正弦交流电的频率，Hz。

上式表示感应电动势的大小与电源频率f、绕组匝数N及铁芯中的主磁通的幅值Φ_m成正比。由于一次绕组的匝数与变压器的主磁通关联，所以不能随意减少一次绕组的匝数，否则在维持主磁通基本不变的情况下，一次绕组的励磁电流必然增大，可能会烧坏变压器。

4. 变压器的变压比

变压器的变压比用K表示，它定义为一次绕组电势E_1与二次绕组电势E_2之比，即

$$K=\frac{E_1}{E_2} \tag{5-8}$$

根据$E_1=4.44fN_1\Phi_m$，$E_2=4.44fN_2\Phi_m$，$\dot{U}_1=-\dot{E}_1$，$\dot{U}_{20}=\dot{E}_2$及变压器额定电压的定义可得

$$K=\frac{E_1}{E_2}=\frac{N_1}{N_2}=\frac{U_1}{U_{20}}=\frac{U_{1N}}{U_{2N}} \tag{5-9}$$

上式表明，绕组的电压与匝数成正比。变压比K是变压器的一个重要参数，它和变压器的设计、制造和运行检修都有密切关系。我们可以根据变比K来判断变压器的类型。当$N_1>N_2$，即$K>1$时，则该变压器为降压变压器，起降压作用；当$N_1=N_2$，$K=1$时，变压器起隔离作用；当$N_1<N_2$，$K<1$时，则该变压器为升压变压器，起升压作用。

三、变压器的负载运行

负载运行是指变压器一次绕组加额定电压，二次绕组接负载后输出电流的工作状态。变压器负载运行示意图如图5-8所示。

当变压器二次绕组接上负载Z时，二次绕组就有电流$\dot{I}_2$流过，该电流产生磁动势$\dot{F}_2=$

$N_2\dot{I}_2$，该磁势也作用在主磁路上，根据楞次定律，该磁势将使铁芯中的主磁通 Φ_m 趋于改变，从而打破了原有的平衡，使原边绕组电流发生变化，电流由 $\dot{I}_0$ 变为 $\dot{I}_1$，磁动势也由 $\dot{F}_0$ 变为 $\dot{F}_1=N_1\dot{I}_1$，以抵消磁动势 $\dot{F}_2$ 对主磁通的影响，从而保持主磁通基本不变。

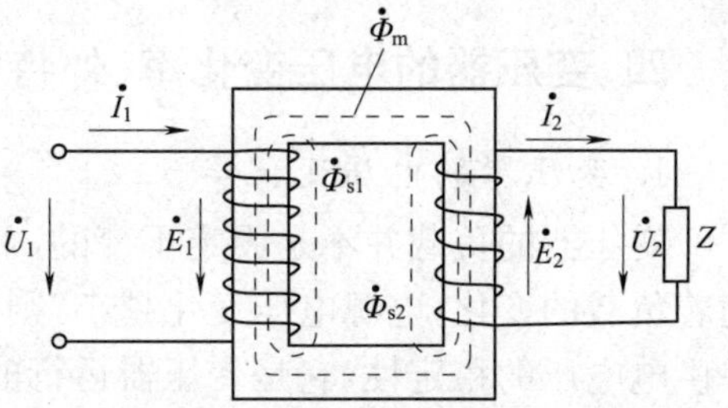

图 5-8 变压器的负载运行

变压器负载运行时原边绕组电压方程为

$$\dot{U}_1=-\dot{E}_1+\dot{I}_1Z_{1\sigma} \tag{5-10}$$

若漏磁忽略不计，当电源电压 $\dot{U}_1$ 不变时，$\dot{E}_1$ 近似不变，与 $\dot{E}_1$ 对应的磁通 Φ_m 也近似不变，因而变压器空载时和负载时产生该磁通 Φ_m 的磁势也应该不变，即空载时的励磁磁势与负载时的合成磁势应该相等，由此，可以得出变压器的磁势平衡方程为

$$\dot{I}_0N_1=\dot{I}_1N_1+\dot{I}_2N_2 \tag{5-11}$$

上式表明，变压器负载时原边绕组电流产生的磁势与副边绕组电流产生的磁势的合成值等于励磁电流产生的磁势。在上式中用 N_1 除各项后可得

$$\dot{I}_1=\dot{I}_0+\dot{I}_1' \tag{5-12}$$

式中，$\dot{I}_1'=-\frac{N_1}{N_2}\dot{I}_2$，表示原边绕组电流的负载分量。

当变压器在额定负载下运行时，励磁电流 $\dot{I}_0$ 相对于额定电流来说是很小的，故将上式中的 $\dot{I}_0$ 忽略后可得

$$\dot{I}_1\approx-\frac{N_1}{N_2}\dot{I}_2=-\frac{1}{K}\dot{I}_2 \tag{5-13}$$

上式表明，变压器的一次绕组电流 $\dot{I}_1$ 与二次绕组电流 $\dot{I}_2$ 在相位上几乎相差 180°，而有效值的大小是 $\dot{I}_2$ 为 $\dot{I}_1$ 的 K 倍，即一次和二次绕组电流与其匝数近似成反比关系。

【例 5-1】 单相变压器的一次电压为 3 000 V、变比为 15，求二次侧电压是多少？当二次侧电流为 60 A 时，求一次侧电流是多少？

【解】 根据变压器变比

$$K=\frac{U_1}{U_2}=\frac{I_2}{I_1}$$

二次侧电压为

$$U_2=\frac{U_1}{K}=\frac{3\,000}{15}=200(\text{V})$$

一次侧电流为

$$I_1=\frac{I_2}{K}=\frac{60}{15}=4(\text{A})$$

答：二次侧电压 U_2 为 200 V，一次侧电流 I_1 为 4 A。

四、变压器的电压变化率、外特性和效率

1. 变压器的电压变化率

变压器的负载并不是固定不变的，负载的变化会影响到变压器的副绕组端电压的变化。随着负载的变化，电源电压变化越小，则说明供电电压的质量越高。一般用电压变化率来反映供电电压的稳定性，它是变压器运行的主要性能指标之一。

变压器一次绕组接在额定频率、额定电压的电网上，二次侧空载电压 U_{20} 与在给定负载功率因数下二次侧有电流时的二次电压 U_2 的算术差($U_{20}-U_2$)，与二次额定电压之比，即为电压变化率，用 $\Delta U\%$ 来表示，则

$$\Delta U\%=\frac{U_{20}-U_2}{U_{20}}\times 100\%=\frac{U_{2N}-U_2}{U_{2N}}\times 100\% \tag{5-14}$$

一般情况下，照明电源电压波动为 $-5\%\sim+5\%$，动力电源电压波动为 $\pm(5\%\sim10\%)$。

2. 变压器的外特性

当变压器一次电压为额定电压，负载功率因数 $\cos\varphi_2$ 为一常数时，变压器二次电压 U_2 随负载电流 I_2 变化的规律 $U_2=f(I_2)$ 称为变压器的外特性，如图 5-9 所示。由图可见，空载时 $I_2=0$，则 $U_2=U_{20}$。

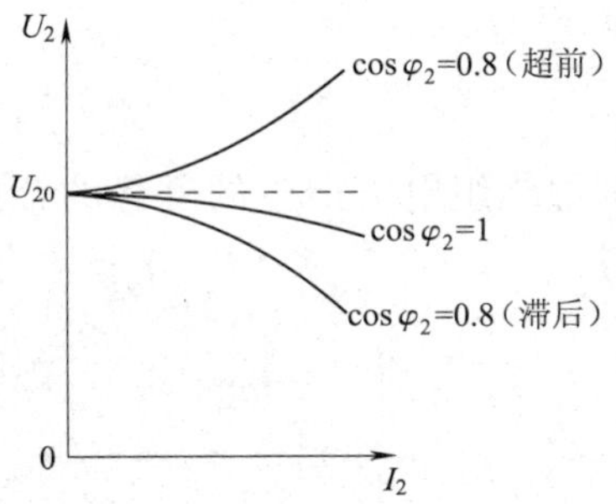

图 5-9　变压器的外特性

当负载为电阻性或电感性负载时，随着 I_2 的增大，U_2 逐渐降低，即变压器具有下降的外特性；当负载为电容性负载时，变压器具有上升的外特性。在负载大小相同时，其电压下降的程度取决于负载的功率因数，负载的功率因数越低，U_2 下降越大。由变压器外特性可知：二次侧负载功率因数越大，输出电压的稳定性越好。

3. 变压器的效率

变压器在能量转换过程中会产生损耗，其损耗分为铁损耗和铜损耗两大类。

铁损耗与主磁通有关，因电源电压稳定时主磁通基本不变，所以铁损耗也基本不变，又称之为不变损耗。铜损耗是电流流过变压器绕组时产生的损耗，与电流的大小和绕组电阻(即短路电阻)的大小有关，随负载变化而变化，故称之为可变损耗。

变压器总损耗为

$$\sum P=P_{Fe}+P_{Cu}$$

变压器效率是输出有功功率 P_2 与输入功率 P_1 的比值为效率，用字母 η 来表示。即

$$\begin{aligned}\eta&=\frac{P_2}{P_1}\times 100\%\\&=\frac{P_1-\sum P}{P_1}\times 100\%\\&=\left(1-\frac{\sum P}{P_2+\sum P}\right)\times 100\%\end{aligned} \tag{5-15}$$

式中　P_2——变压器输出有功功率，kW，单相 $P_2=U_2I_2\cos\varphi_2$。

变压器效率的高低，反映了变压器运行的经济性，是运行性能的重要指标。由于变压器是静止的电气设备，在能量转换过程中没有机械损耗，故其效率较高，一般中小型变压器效率可达95%～98%，大型变压器可达99%以上。

变压器的效率 η 随输出功率 P_2 变化的规律称为变压器的效率特性 $\eta=f(P_2)$，如图5-10所示。

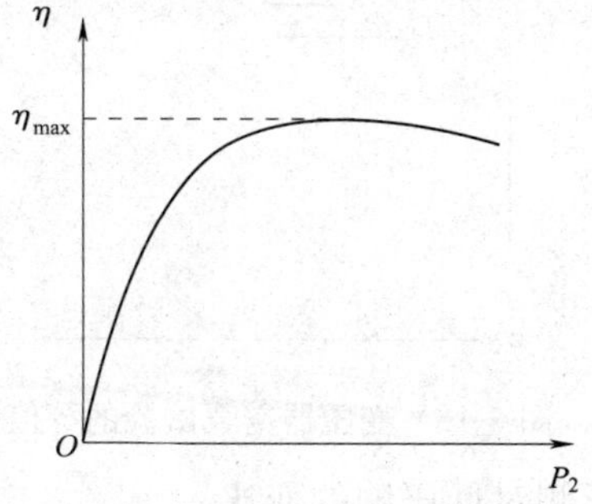

图5-10　变压器效率特性

由图可见，变压器的效率有一个最大值。当变压器的不变损耗等于可变损耗时，变压器的效率达到最大。要提高变压器的效率，不应使变压器在较小负载下运行，也不宜使变压器在很大负载下运行，如果负载过大，铜损耗会急剧增大，不仅使效率下降，而且温度升高，会使变压器过热而受到损害，严重时将烧毁变压器。

五、变压器的参数测定

对已经制造出来的变压器，可用空载试验和短路试验测定等效电路中的各阻抗参数。这些参数直接影响变压器的运行性能。

1. 空载试验

空载试验可测定励磁阻抗 Z_m、铁芯损耗 p_0、空载电流 I_0 及变比 K。图5-11所示为变压器空载试验原理接线图。

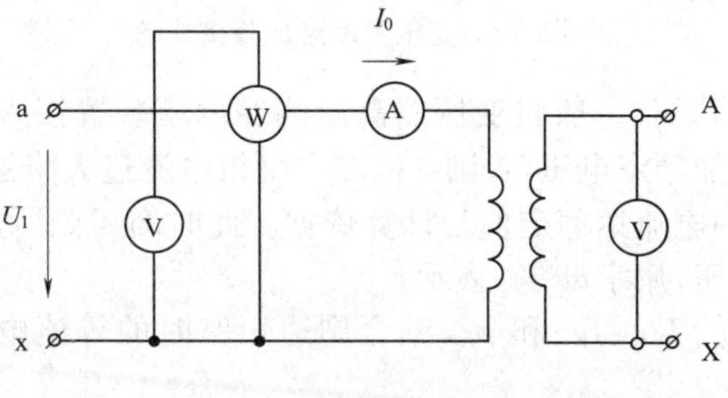

图5-11　变压器空载试验接线图

为了试验安全和仪表选择方便，一般在低压侧施加电压而高压侧空载。由于励磁阻抗的数值与铁芯的饱和程度有关，即与外施电压有关，因此试验电压应为额定电压，这样测定的励磁阻抗值才有意义。

图5-12所示为空载时的等值电路，其中，$X_m \gg X_{1\sigma}$，这是由于变压器中的主磁通远大于它的漏磁通；$R_m \gg R_1$，这是由于空载时的铁耗远大于钢耗。因此可以得到变压器的励磁阻抗 Z_m、励磁电阻 R_m 及励磁电抗 X_m 分别为

$$\frac{U_1}{I_0}=Z_0=Z_{1\sigma}+Z_m \approx Z_m \tag{5-16}$$

$$\frac{p_0}{I_0^2}=R_0=R_1+R_m \approx R_m \tag{5-17}$$

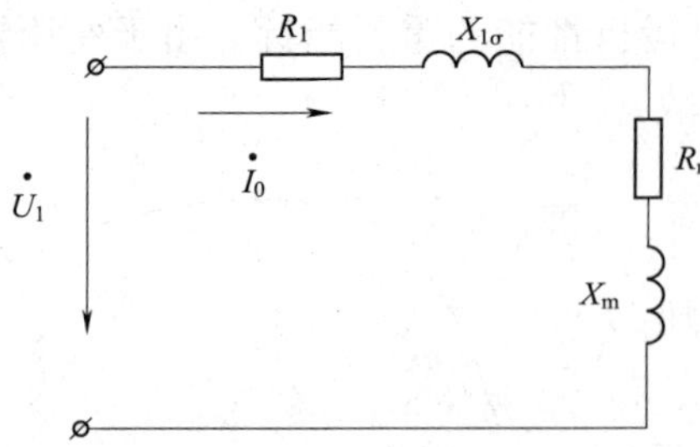

图 5-12　变压器空载试验的等值电路

$$X_0 = X_{1\sigma} + X_m \approx X_m = \sqrt{Z_m^2 - R_m^2} \tag{5-18}$$

通过空载实验，除了可以求出励磁参数外，还可求出变压器的变压比 K，即

$$K = \frac{U_{20}}{U_1} \tag{5-19}$$

由于空载试验是在低压侧施加电源电压，所以测得的励磁参数是折算到低压侧的数值，如果需要得到高压侧的数值，还必须乘以 K^2。这里的 K 是高压侧对低压侧的变比。

2. 短路试验

通过短路试验可测定变压器短路阻抗 Z_K 及短路损耗 p_K。图 5-13(a)所示为变压器短路试验线路图，图 5-13(b)所示为变压器短路试验等值电路图。

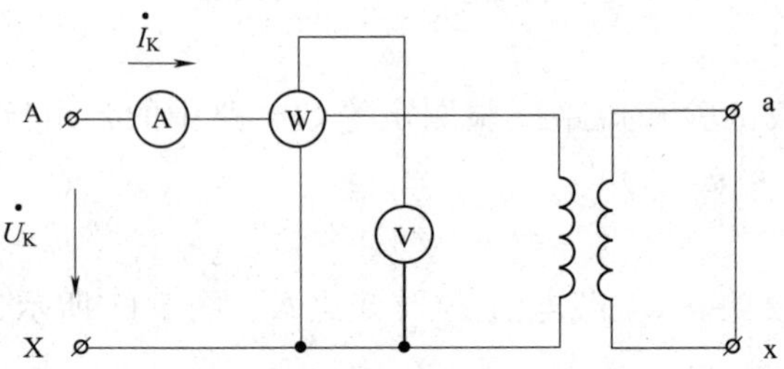

(a) 变压器短路试验接线图

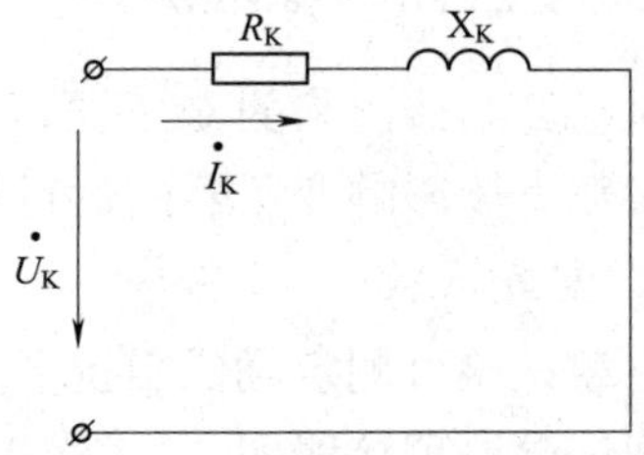

(b) 变压器短路试验等值电路图

图 5-13　变压器短路试验接线图

为了便于测量，短路试验一般将变压器高压侧经调压装置接入试验电源，而低压侧短路。高压侧绝对不允许加额定电压，否则，一、二次绕组电流过大将被烧毁。所以，作短路试验时，通常取短路绕组的电流达额定值为计算依据。此时高压侧所加电压约为额定电压的 5%～10%，称为短路电压，用字母 U_K 表示。

仪表中的读数分别为 U_K、I_K、和 p_K，结合副边短路时的等值电路(其中 $Z'_L=0$)，可计算出

$$Z_K = Z_{1\sigma} + Z'_{2\sigma} = \frac{U_K}{I_K} \tag{5-20}$$

$$R_K = R_1 + R'_2 = \frac{p_K}{I_K^2} \tag{5-21}$$

$$X_K = X_{1\sigma} + X'_{2\sigma} = \sqrt{Z_K^2 - R_K^2} \tag{5-22}$$

由于 Z_K、R_K、X_K 是在变压器短路情况下所测量到的参数，因此分别称 Z_K 为短路阻抗 R_K 为短路电阻，X_K 为短路电抗。

绕组的电阻随温度而改变，而短路实验一般在室温下进行，故必要时应将所测得的室温电阻值换算到基准工作温度时的数值。按国家标准规定，油浸式电力变压器的短路电阻应换算到 75 ℃时的数值。

$$R_K(75\ ℃) = R_K \frac{234.5 + 75}{234.5 + t} \tag{5-23}$$

式中　$R_K(75\ ℃)$——换算到75 ℃时的短路电阻；

t——实验时的室温。

施加额定电流作短路实验时的短路电压 U_K 又称为变压器的阻抗电压，它表示变压器在额定负载下运行时，漏阻抗压降的大小。从正常运行的角度来看，要求变压器的阻抗电压小一些。因为阻抗电压越小，则短路阻抗越小，负载变化时的漏阻抗压降变化就越小，输出电压就越稳定。阻抗电压是变压器的一个重要参数，标识在变压器的铭牌上。

六、变压器投入运行前的检查

1. 保护装置的检查

检查与变压器配用的高低压熔断器及开关触点的接触情况、机构动作情况是否良好。采用跌落式熔断保护的变压器还应检查熔丝是否完整和熔丝规格是否适当。

2. 监视装置的检查

监视装置包括电压表、电流表及温度测量仪表。变压器投入运行前，应检查这些仪表是否齐全，仪表的测量范围是否适当。通常在额定数值处画上红线，以便监视。

3. 消防设施的检查

检查每台变压器是否配有必要的消防设施，消防设施是否完好。配电变压器的消防设施包括四氯化碳灭火器、二氧化碳灭火器、干粉灭火器及沙箱。

4. 外观的检查

(1)检查接头状况是否良好

检查引出线接头及各处铜铝线接头，若有接触不良或接点腐蚀现象，则应进行修理或予以更换。同时，还应检查绝缘套管的导电杆螺钉有无松动及过热现象。

(2)绝缘套管的清扫及检查

清扫高低压绝缘套管表面的积污，检查绝缘套管有无裂痕、破损和放电痕迹。检查后，要针对故障及时进行处理。

(3)检查变压器的油色是否正常、有无漏油现象

清扫油箱和散热管表面的积污，检查箱体结合处、油箱和散热管焊接处及其他部位有无漏油及锈蚀现象。若焊缝处有渗漏，应进行补焊或用胶黏剂补漏。老化、硬化、断裂的密封和填料应予以更换。在装配时，注意压紧螺栓要均匀压紧，垫圈要放正。油箱及散热管的锈蚀处应除锈涂漆。发现变压器油的油色异常时，应及时更换。

(4)检查安全气道

有安全气道的变压器，应检查防爆膜是否完好。同时，检查防爆膜的密封性能。

(5)查看气体继电器

检查气体继电器是否漏油，阀门的开闭是否灵活，动作是否正确可靠，控制电缆及继电器接线的绝缘电阻是否良好。

(6)储油柜的检查

检查储油柜上油表指示的油位是否正常，并观察储油柜内实际油面，对照油表指示进行校验。若变压器缺油要及时予以补充。同时，应检查并及时清除储油柜内的油泥和

水分。

(7)检查吸湿器

吸湿器内的硅胶每年要更换一次。若更换时间未到一年，但硅胶也已吸潮失效，颜色变红(吸湿器内吸湿剂 2/3 变色认为吸湿饱和)。这时应将其取出放在烘箱内，在 110～140 ℃的温度下烘干脱水后再用。

(8)接地检查

检查变压器外壳接地、中性线接地、防雷接地，确保这些接地线应连在一起，全部完好、可靠接地。另外还要检查接地线有无腐蚀现象。

第三节　变压器的连接组别

一、变压器绕组的同名端

1. 同名端

变压器绕组的极性是指变压器一次、二次绕组在同一磁通作用下所产生的感应电动势之间的相位关系，通常用同名端来标记。

在任何瞬间，变压器的一次、二次绕组电动势极性相同的两个对应的端点，称为同名端或同极性端，通常用标记“·”或“*”表示；不是相同极性的两端就称为异名端。同极性端与绕组的绕向有关，如图 5-14 所示。

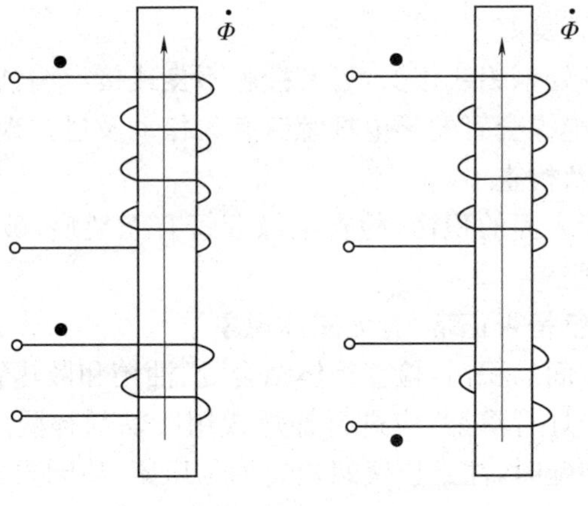

(a) 绕组绕向相同　　(b) 绕组绕向相反

图 5-14　同极性端与绕组绕向的关系

在使用变压器或其他磁耦合线圈时，经常会遇到两个绕组或线圈同名端的正确连接问题。例如，假设某变压器的一次、二次绕组由两个匝数相等绕向一致的绕组组成，如图 5-15(a)中绕组 1－2 和 3－4 所示。如每个绕组额定电压为 110 V，则当电源电压为 220 V时，应把两个绕组串联起来使用，如图 5-15(b)所示的接法。如电源电压为 110 V 时，则应将它们并联起来使用，如图 5-15(c)所示的接法。

绕组之间进行连接时，极性至关重要。一旦极性接反，轻者不能正常工作，重者导致绕组和设备严重损坏。

当接法正确时，两个绕组所产生的磁通方向相同，磁通在铁芯中互相叠加。如接法错误，则两个绕组所产生的磁通方向相反，它们在铁芯中互相抵消，使铁芯中的合成磁通为零，在每个绕组中也就没有感应电势产生，相当于短路状态，会把变压器烧毁。因此，同名端的判定是相当重要的。

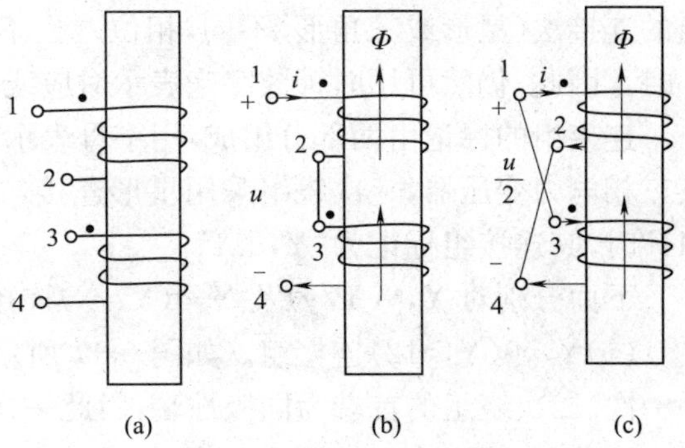

图 5-15　变压器绕组的正确连接

2. 变压器同名端的判别

对于一台已经制成的变压器，由于经过浸漆或其他工艺处理，无法从外部观察其绕组的绕向，因此无法辨认其同名端，此时可用实验的方法进行测定。测定的方法有交流法和直流法两种，以下介绍用交流法来测定变压器绕组的同名端。

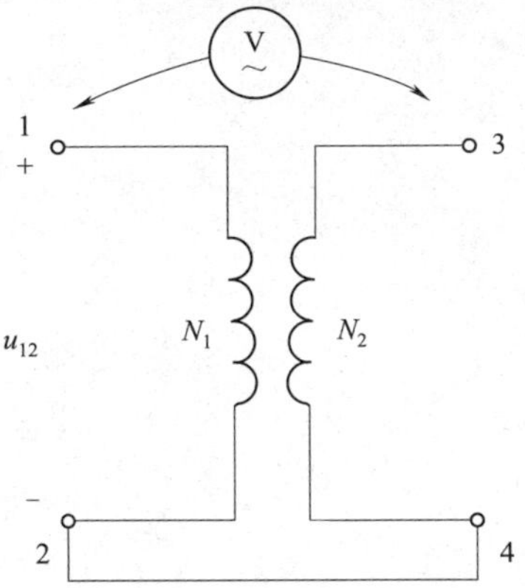

图 5-16　同名端的测定

将一次、二次绕组各取一个接线端连接在一起，如图 5-16中的 2 和 4，并在一个绕组上（N_1绕组）加一个较低的交流电压 U_{12}，再用交流电压表分别测量 U_{12}、U_{13}、U_{34} 的值，如果测量结果为：$U_{13}=U_{12}-U_{34}$，则说明 N_1、N_2 绕组为反极性串联，故 1 和 3 为同名端；如果 $U_{13}=U_{12}+U_{34}$，则说明 N_1、N_2 绕组为同极性串联，故 2 和 4 为同名端。

二、变压器的连接组别

1. 连接组别的概念

连接组别表示变压器一次、二次绕组的连接方式，以及在正相序电源时，一次、二次绕组对应线电动势的相位关系。

三相变压器绕组根据不同需要可以采用星形和三角形两种连接方法。使得三相变压器一次、二次绕组的线电动势之间出现不同的相位差，因此按照一次、二次线电动势的相位关系把变压器绕组的连接分为各种不同的连接组别，也反映出不同的一次、二次的线电压之间的相位关系。

规定用首端指向末端的电势$\dot{E}_{AX}$和$\dot{E}_{ax}$来比较两个绕组感应电势的相位关系，为了简单用$\dot{E}_A$ 表示$\dot{E}_{AX}$，用$\dot{E}_a$ 表示$\dot{E}_{ax}$。一次绕组和二次绕组的感应电势$\dot{E}_A$ 和$\dot{E}_a$ 可以同相也可以反相，这取决于它们的绕向及如何标志首末端。如果把一次绕组和二次绕组的同名端标为首端，则$\dot{E}_A$ 和$\dot{E}_a$ 同相；如果把一次绕组和二次绕组的非同名端标为首端，则$\dot{E}_A$ 和$\dot{E}_a$ 反相。

2. 时钟表示法

变压器的连接组别用时钟表示法来确定，即规定一次侧线电动势$\dot{E}_{AX}$为长针，指向钟面上的 12 点位置。二次侧线电动势$\dot{E}_{ax}$为短针，它指向钟面上的哪个数字，该数字就作为该变压器连接组的标号。一次、二次绕组对应线电动势的相位关系可用相位差表示，一、二次绕组的连接法(星形或三角形)不同,相位差也不一样,但总是30°的倍数,相量每差30°就差1小时。因此,仍然可用时钟数字来表示对应线电动势之间的相位差。

连接组的标记由两部分组成:用字母表示连接组别,用数字表示连接组别的标号。例如某三相电力变压器,一次绕组采用星形连接,二次绕组采用三角形连接,连接组别的标号为"11"时,其连接组标记为"Y,d11"。

下面分别对Y,y(Y/y)及Y,d(Y/△)连接的三相变压器的连接组进行分析。

(1)Y,y0(Y,y12)连接组。如图5-17所示为Y,y0连接组接线图及电动势相量图。图中一次、二次绕组的首端为同极性端,因此一次、二次绕组相电动势同相位。取A,a点重合的相量图,可见$\dot{E}_{AB}$指向"12",$\dot{E}_{ab}$也指向"12",其连接组记为Y,y0。

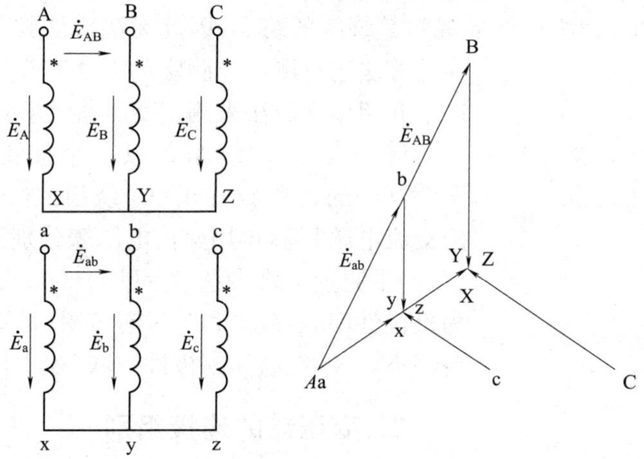

图5-17 Y,y0连接组

(2)Y,y6连接组。如图5-18所示为Y,y6连接组接线图及电动势相量图。图中一次、二次绕组的首端为异极性端,因此一次、二次绕组相电动势反相位。取A,a点重合的相量图,可见,$\dot{E}_{AB}$指向"12",$\dot{E}_{ab}$也指向"6",其连接组记为Y,y6。

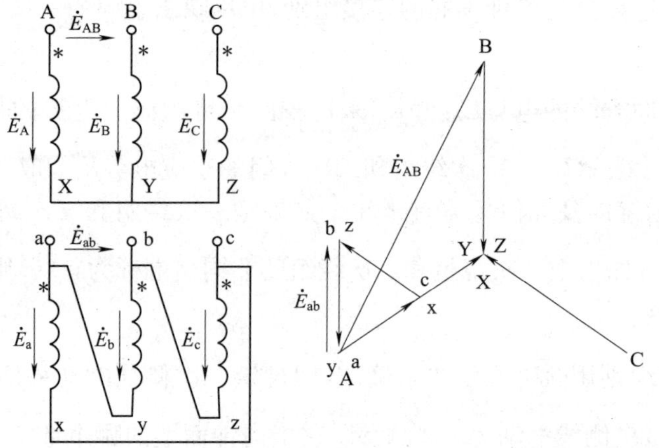

图5-18 Y,y6连接组

(3)Y,d11 连接组。如图 5-19 所示二次绕组为三角形连接,一次、二次绕组首端同极性,相电动势同相位。取 A,a 点重合的相量图,可确定为 Y,d11 连接组。

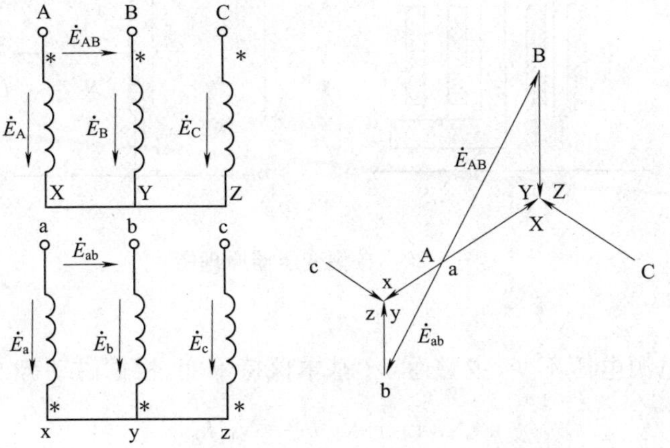

图 5-19 Y,d11 连接组

凡是一次、二次绕组连接方式相同时,其连接组标号为偶数;凡是一次、二次绕组连接方式不同时,其连接组标号为奇数。

虽然连接组别有很多,但是为了便于制造和使用,国家标准规定了五种常用的连接组:Y,yn0;YN,y0;Y,y0;Y,d11 和 YN,d11。

第四节 其他用途变压器

一、自耦变压器

自耦变压器的输出电压连续可调,结构特点是一次和二次绕组中有一部分是共用绕组,所以一次和二次绕组之间不仅有磁的耦合关系,而且还有电的联系,即它不仅通过电磁耦合和感应作用传递功率,而且还可以从一次侧直接把功率传导到二次侧。因此随着电力系统的发展、电压等级的提高和输送容量的增大,自耦变压器由于其容量大、损耗小、造价低而得到了广泛应用。

如图 5-20 所示,这是一台降压自耦变压器,高压绕组匝数 N_1 大于低压绕组匝数 N_2。图中 ax 为低压绕组,它又是高压绕组的一部分,又称公共绕组;Aa 是与公共绕组相串联的绕组,称为串联绕组;AX 为高压绕组。其相应的接线图如图 5-20(b)所示,图中按双绕组变压器习惯采用的参考正方向标出了各电磁量的正方向。

1. 电压和电流关系

自耦变压器也是利用电磁感应原理工作的。一次绕组和二组绕组各电量之间存在如下近似关系:

(1)电压关系

$$\frac{U_1}{U_2}=\frac{N_1}{N_2}=K_a>1 \tag{5-24}$$

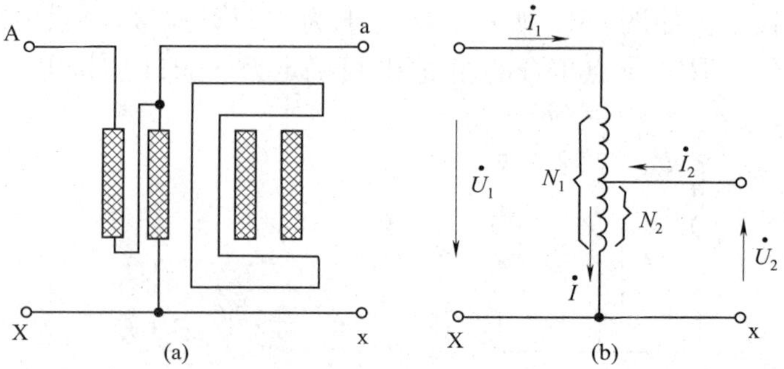

图 5-20　自耦变压器原理图

(2)电流关系

负载运行时,电源电压不变,主磁通 Φ_m 基本保持不变,根据磁动势方程式有

$$N_1\dot{I}_1+N_2\dot{I}_2=N_1\dot{I}_m \tag{5-25}$$

忽略激磁电流,则有

$$\dot{I}_1\approx-\frac{1}{K_a}\dot{I}_2 \tag{5-26}$$

公共绕组中的电流为

$$\dot{I}=\dot{I}_1+\dot{I}_2=-\frac{1}{K_a}\dot{I}_2+\dot{I}_2=\left(1-\frac{1}{K_a}\right)\dot{I}_2 \tag{5-27}$$

式中　U_1、I_1——一次绕组电压、电流;

N_1——一次绕组匝数;

N_2——二次绕组匝数;

K_a——变比。

式(5-23)和式(5-25)说明,自耦变压器一次和二次电压比与变比 K_a 成正比,一次和二次电流比与变比 K_a 成反比,与双绕组变压器相同。

2. 容量关系

所谓变压器容量也叫作通过容量,是指它的输入容量,也等于它的输出容量,在数值上为输入(或输出)的额定电压乘以额定电流,也就是前面所讲的额定容量。所谓绕组容量是指额定情况下该绕组的电压与电流的乘积。对于双绕组变压器,一次绕组的绕组容量就是变压器的输入容量,二次绕组的绕组容量就是变压器的输出容量,都等于变压器容量。但是,对于自耦变压器来说,变压器容量和绕组容量是不相等的。由图 5-20 可见:

自耦变压器的额定容量为

$$S_N=U_{1N}I_{1N}=U_{2N}I_{2N} \tag{5-28}$$

自耦变压器二次绕组输出的容量为

$$S_2=U_2I_2=U_{ax}(I_1+I)=U_{ax}I_1+U_{ax}I=S_{传导}+S_{ax} \tag{5-29}$$

由上式可见,自耦变压器输出容量可以分为两部分:一是一次绕组容量 $U_{ax}I=S_{ax}$,这是通过(N_1-N_2)段绕组和 N_2 段绕组的电磁感应作用传到二次绕组再送给负载的容量。二是 $U_{ax}I_1=S_{传导}$,叫做传导容量,传导容量是由一次输入电流 $\dot{I}_1$ 直接传到负载去的。双绕组变压器没有传导容量,全部输出容量都是经过一次、二次绕组的电磁感应作用传递的,因而双绕组变压器的绕组容量与额定容量是相等的。

3. 自耦变压器的优、缺点

自耦变压器与双绕组变压器相比,具有下列优点:

(1)自耦变压器的绕组容量小于额定容量,在额定容量相等的情况下,自耦变压器具有体积小、质量轻、节省材料、成本较低等优点。

(2)由于自耦变压器所用的有效材料(硅钢片和铜材)较少,因此,它的铜损耗、铁损耗相应较少,因而它的效率较高。

(3)自耦变压器具有体积小、运输方便和安装容易的特点。

自耦变压器也有它的缺点,主要表现在以下几方面:

(1)因为自耦变压器的一、二次侧绕组有直接的电连接,当一次侧发生过电压时,必然导致二次侧严重过电压,所以,一般情况下,在一、二次侧均须装设避雷器。也因此,使得自耦变压器的运行方式、继电保护及过电压保护装置等都比双绕组变压器复杂。

(2)自耦变压器的短路阻抗比同容量的双绕组变压器小,其短路电流较大,从而给选择高压电气设备增加了困难。为了提高自耦变压器承受突然短路电流的能力,需采用相应的限制和保护措施。

二、互 感 器

在交流电路中,直接测量大电流或高电压是比较困难的,操作起来也是十分危险的。因此,常利用特殊的变压器把高电压转换成低电压、大电流转换成小电流后再测量。这种特殊的变压器就是互感器。使用互感器可以使测量仪表与高电压、大电流隔离,从而保证人身和仪表安全,又可大大减少测量中能量的损耗,扩大仪表量程,便于仪表的标准化。

1. 电压互感器

电压互感器是用来测量高电压的仪用互感器,它将高电压转换成低电压以供测量,也可作为控制信号使用。

电压互感器接线图如图 5-21 所示。一次绕组匝数很多,并联接入被测线路,被测电压为 U_1。二次绕组匝数较少,与阻抗值很大的仪表(电压表或功率表的电压线圈)连接组成闭合回路,因此二次电流很小,副边绕组近似为开路,电压互感器是一个近似空载运行的单相降压变压器。为了安全,铁芯及二次绕组一端必须接地。

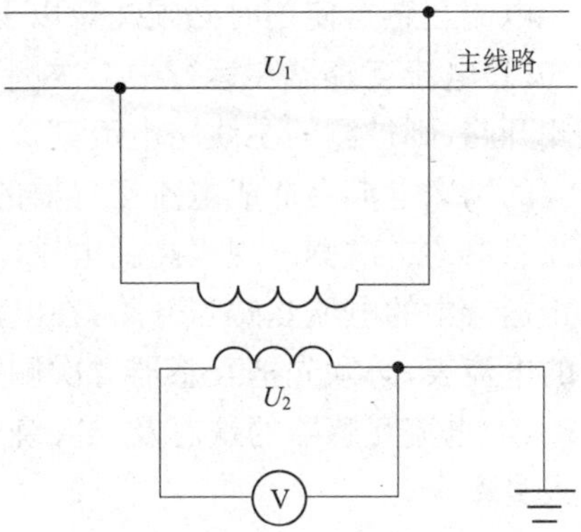

图 5-21 电压互感器原理接线图

因为 $U_1/U_2=N_1/N_2$,电压互感器利用一次和二次绕组匝数不同,可将线路的高电压转换成二次侧的低电压来测量。通常将电压互感器二次绕组的额定电压设计为 100 V。电压互感器精度分为 0.1、0.2、0.5、1.0 和 3.0 五个等级。

电压互感器使用时必须注意以下问题:

(1)电压互感器在运行时,二次绕组绝对不允许短路。电压互感器正常运行时接近空载,如二次绕组短路,则短路电流变得很大,使绕组过热而烧毁。为此,二次侧电路中应串接熔断器作短路保护。

(2)电压互感器的铁芯及二次绕组的一端必须可靠接地。以防止一次绕组绝缘被破坏时,铁芯和二次绕组带上高压而造成事故。

(3)二次侧接的阻抗值不能太小。否则一次、二次侧电流都将增大,使一次、二次侧漏阻抗压降增加,误差加大,降低电压互感器的精度等级。

(4)电压互感器的二次绕组接功率表或电能表的电压线圈时,极性不能接错。三相电压互感器和三相变压器一样,要注意接法,接错或造成严重后果。

2. 电流互感器

电流互感器实质上是一台升压变压器,用来测量大电流的仪用互感器。它将大电流转换成小电流,送到电流表或功率表的电流线圈以供测量,也可作为控制信号使用。

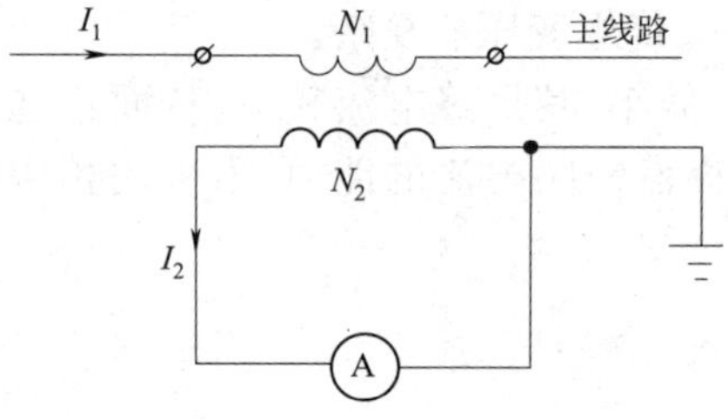

图 5-22　电流互感器原理接线图

电流互感器接线图如图 5-22 所示。一次绕组由一匝或几匝粗导线组成,串联在被测回路中,被测电流为 I_1。二次绕组由匝数较多的细导线组成,与阻抗很小的仪表(电流表、功率表的电流线圈或继电器的线圈)串联组成闭合回路,电流为 I_2,实际二次绕组近似为短路。因此,电流互感器是一个近似短路运行的单相升压变压器。为了安全,铁芯及二次绕组一端必须接地。

电流互感器一次绕组被测电流 I_1 与二次绕组实际测量得到的电流 I_2 之间的关系为

$$I_1=\frac{1}{K}I_2 \tag{5-30}$$

通常电流互感器二次绕组的额定电流为 5 A 或 1 A。精度可分为 0.2、0.5、1.0、3.0、和 10.0 五个等级。

电流互感器使用时必须注意以下几个问题:

(1)电流互感器在运行中二次侧不允许开路。电流互感器正常运行时接近短路,如果二次侧开路,则被测的主线路电流就成为励磁电流,它比正常工作时的励磁电流大几百倍,这样大的励磁电流会造成电流互感器的铁磁损耗急剧上升,使它过热甚至烧毁绝缘,会造成电流互感器的二次侧出现很高的电压,不但击穿绝缘,而且危及操作人员和其他设备安全。为防止运行中的电流互感器开路,在电流互感器二次侧绝对不允许装设熔断器,若要拆下运行中的电流表,必须先把互感器二次侧短接。

(2)电流互感器的铁芯及二次绕组一端必须可靠接地,以免在高压绝缘击穿时危及仪表和人身安全。

(3)二次回路串入的阻抗值不能超过有关技术标准的规定。这是因为,如果二次回路串入的阻抗值过大,则二次电流变小,而一次电流(主线路电流)不变,造成励磁电流增大,使误差加大,降低电流互感器的精度等级。

(4)电流互感器的一次、二次绕组有“+”、“-”或“ * ”标记,表示同名端,当二次侧接功率表或电能表的电流线圈时，一定要注意极性。

第五节　城市轨道交通牵引供电系统及牵引逆变器

一、城市轨道交通牵引供电系统

城市轨道交通采用电力牵引，牵引动力是电动车组，由于电动车组本身无原动力装置，因此在城市轨道交通沿线必须设置一套完善的、不间断地向电动车组供电的设备，即必须设置牵引供电系统。

1. 牵引供电系统的组成

牵引供电系统主要由牵引变电所和牵引网两大部分组成。牵引变电所的主要设备是变压器和整流器，牵引网主要由接触网、馈电线、轨道和回流线组成。

区域变电所或主变电所将供电部门送来的三相高压交流电降压为所需电压等级（如 35 kV），通过三相线路送到牵引变电所，再降压并整流为适应于电动车组工作的 1 500 V 或 750 V 直流电通过电动车组受流装置与接触网或接触轨滑动接触，将直流电引入电动车组，工作后的电流经车体、轮对、轨道经由回流线流回到牵引变电所。

供电电压 DC 750 V，一般采用三轨受流器，其优点是对市容景观影响较小；供电电压 DC 1 500 V，一般采用接触器受电，其优点是线路电压降低，能量损失少，同时需要的牵引变压站数量少。

2. 牵引变电所

(1)牵引变电所的任务

对供电部门而言，城市轨道交通的牵引负荷是一级负荷，要求有最大的供电可靠性。供电部门一般采用 110 kV 或以上的双回路三相高压交流电能输送到区域变电所，并保证每路输电线所需的全部负荷供电。牵引变电所通常也设置两台变压器及两条回路输电线向牵引网供电，以保证当一路输电线故障或检修时，另一回路输电线担当输电任务，不会引起牵引变电所中断供电。

牵引变电所的任务是将由区域变电所或主变电所获取中压电压等级电能，经降压与整流变换为可供列车牵引用直流电（1 500 V 或 750 V），并以直流电的形式把电能经馈电线送至接触网。

牵引变电所的容量与设置距离根据牵引供电计算结果，并作经济技术分析比较后确定。

牵引变电所沿线路布置，每一个牵引变电所有一定供电范围。供电距离过长，会使末端电压过低及电能损耗过大；供电距离过短，又使变电所数目太多而不经济。因此，牵引变电所一般设置在车站和车辆段附近，相邻变电所之间距离在 2～4 km。

(2)牵引变电所的工作原理

每座牵引变电所按其所需容量设置两组整流器并列运行，任一牵引变电所发生故障时，由两侧相邻牵引变电所共同承担其间的全部牵引用电负荷。

牵引变电所的关键设备是整流器，其中的整流元件由于较长时间流过超出允许值的电流而导致元件温度过高时，容易引起元件损坏和整流器停止工作，为此须采取有效的过电流保护和降温冷却保护。过电流保护采用高速空气开关，是一种断开速度极快的直流开关，其跳闸信号采用电流变化率，即在最大电流值出现前，根据电流量增加的速率提前给出跳闸信号。

3. 牵引网

牵引网包括接触网、钢轨回路（包括大地）、馈电线和回流线，它是城市轨道交通供电系统中向电动车组供电的直接环节。

馈电线是连接牵引变电所和接触网的导线，它把经牵引变电所变换成合乎牵引制式用的电能馈送给接触网。

在电力牵引时，轨道除仍具有导轨功能外，还需要完成导通回流的任务，因此，电力牵引的轨道，还需要具有畅通导电的性能。

回流线是连接轨道和牵引变电所的导线，通过回流线把轨道中的回路电流导入牵引变电所。

接触网是一种悬挂在轨道上方或沿着轨道一侧设置的，和铁路轨道保持一定距离的输电网。通过电动车组的受电弓（或受电靴）和接触网的滑动接触，牵引电能就由接触网进入电动车组，驱动牵引电动机使列车运行。

（1）架空式接触网

架空式接触网由接触悬挂、支持装置、支柱与基础等部分组成。

接触悬挂是将电能传导给电动车组的供电设备。支持装置用来支持悬挂，并将悬挂的负荷传递给支柱或固定装置的。支柱与基础用以承受接触悬挂和支持装置所传递负荷，并将接触线悬挂固定在一定的高度。

（2）接触轨式接触网

接触轨是沿电牵引线路敷设的与走行轨道平行的附加轨，故又称第三轨。其功能与架空式接触网一样，通过它将电能输送给电动车组。不同点在于，接触轨是敷设在铁路旁的具有高电导率的特殊软钢制成的。电动车组伸出的受流器与其接触而取得电能。接触轨式接触网用电电压一般在 600～825 V，提高电压可相应减少电能损耗，继而减少变电所数量，降低电力设备费用。

图 5-23　接触轨与受电器连接的三种方式

对于城市轨道交通，主要采用设于轨道一侧的接触轨的方法。第三轨受电比较经济，因为不需要像架空线那样增大隧道尺寸。接触轨可以有三种布置方式，即上磨式、下磨式和侧面接触式，如图 5-23 所示。

①上磨式

接触轨装在专用绝缘子上，底朝下。取流时，接触靴自上压向接触轨。上磨式的接触力不由受流器（集电靴）的重量和磨耗情况决定，而只受弹簧支座特性的控制，受流平稳，并能减少在间隙和道岔等处的电流冲击。上磨式接触轨固定方便，但不易加防护罩。

②下磨式

下磨式的接触轨底朝上，紧固在绝缘子上，并且由固定在枕木上的弓形肩架予以支持。下磨式的优点是可以加防护罩，对工作人员较为安全。但这种方式安装结构较为复杂，费用较高，在经常冰冻和下雪而造成集电困难的地区使用较为普遍。

③侧面接触式

侧面接触式在工作上与上磨式相似。接触轨为高电导率钢制成的特殊断面的钢轨。接触轨通过的地方要设置工作人员使用的人行道，在其余地点，必须考虑设置保护木板或其他合适材料的保护板，以防触电。在所有车站，接触轨总是设在远离站台轨道的一边，以减少乘客可能摔落在轨道上触电。在线路露天地段，要沿线用木板保护起来，以减少散落物引起短路。

二、牵引逆变器

城市轨道交通车辆牵引系统是将高压系统取得的直流 1 500 V(或 750 V)电网电压转变为频率、电压可调的三相电源供给牵引电机，通过牵引电机产生的转矩实现列车的牵引功能。该系统包括受电弓、高速断路器、牵引逆变器、制动电阻、联轴节和齿轮传动装置、牵引电机等装置。

正是由于城市轨道交通接触网采用直流供电方式，所以车辆交流传动时必须采用牵引逆变器，通过它的电源回路，逆变器可驱动四个并联的三相交流牵引电机，它还能执行电阻制动或再生制动。

在运行工况：VVVF 将接触网得到的直流电源转换为三相变频变压电源，驱动牵引电机。

在制动工况：VVVF 将此时由电机产生的三相电源转换为直流电源，产生的电源反馈回到接触网供给其他负载或供给其他车上耗电设备。

1. 牵引逆变器概述

以南京地铁 10 号线为例，其车辆采用两电平逆变器。每辆动车配备一台牵引逆变器，一台牵引逆变器控制四台并联的交流异步牵引电机。逆变器具有高开关频率，使得逆变器输出的三相电流接近于一个正弦电流，从而使牵引电机中的能量损失和转矩波动减到最小。

牵引逆变器主要由输入滤波器、制动斩波器和三相逆变器组成，其电路图如图 5-24 所示。

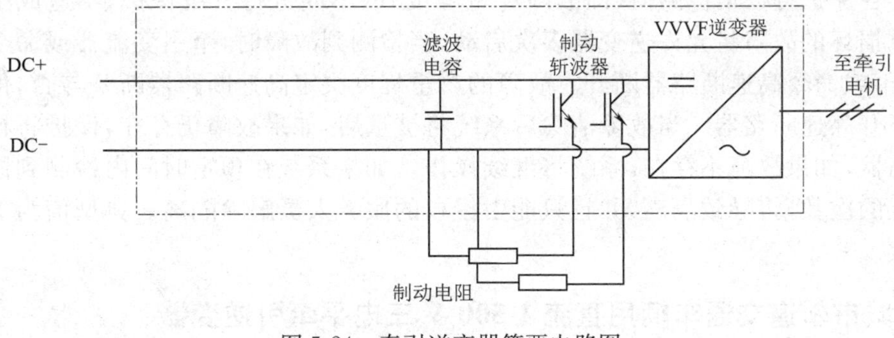

图 5-24　牵引逆变器简要电路图

逆变器采用 PWM 控制技术。通过 PWM 调制牵引逆变器中 IGBT 的开关，将直流线路电压逆变成三相交流电压。PWM 方式可实现有效的电机控制，提高开关频率，减少电机的脉动损失。IGBT 的开关频率决定了 PWM 可以产生近似理想的电机电流的能力。频率越高，电机电流脉动越小，电机的损耗也就越小。

为保证设备正常运行，牵引逆变器的设计温度将适用于列车在高架、地面和隧道上运行的条件。牵引逆变器能正常工作（输出额定功率）的温度范围：设计温度为列车的外部空气温度 43 ℃和封闭变流器隔箱内空气温度 70 ℃。如果冷却空气的温度超过 43 ℃，系统内部的温度监控将自动进行逐步功率减小以保护自身不受损坏。

牵引逆变器模块（牵引变流模块）主要技术参数如下：

（1）变流器型号	Mitrac CMI2
（2）最大直流网压	关断 2 000 V
（3）持续输出功率	900～1 500 kVA
（4）最大短时输出功率	1 800 kVA
（5）IGBT 定额	3.3 kV/1 500 A

2. 牵引逆变器保护

牵引逆变器是由电磁操作的主电路高速断路器（HSCB）来保护的。当出现短路或过流故障时，将切断牵引系统供电电源。HSCB 将在非常短的时间内检测出电流的绝对值。

所有电气设备都连接在高速断路器和线路接触器的后面。若出现过流时，高速断路器能完全独立于任何其他系统而断开。在故障时，高速断路器和线路接触器还可由控制系统打开。这样就至少具有两套完全独立的保护系统，能至少提供下列逆变器参数的监测和保护功能：

（1）输入电流过流。

（2）制动斩波器过流。

（3）输入电压过压和欠压。

（4）主电路差动电流。

（5）输出相电流过流。

（6）缺相或三相电压、电流不平衡。

（7）功率元件过热、冷却系统风量和风温。

以上各保护将根据检测值（即故障严重程度）的不同进行分级保护，不造成主电路及设备严重损坏的故障将允许逆变器多次启动，当检测到故障时，牵引变流器或命令线路接触器断开，或命令高速断路器断开。故障的严重程度决定高速断路器断开与否，但大多数故障将断开高速断路器。当故障清除后系统将被重启，如果故障仍存在，保护将再次断开高速断路器，如果故障不存在，系统将继续操作。如果系统在预定时间内检测到同样故障发生预定的次数，将导致隔离，并且只能由授权的服务人员解除隔离。典型值为 30min 内发生 3 次。

三、城市轨道交通车辆用直流 1 500 V 三电平牵引逆变器

与两电平逆变器相比，三电平逆变器的主要优点是：逆变电路的输出相电压有三种电平，通过适当控制，输出电压谐波可大大少于两电平逆变电路的谐波。另外，每个主开关器

件关断时所承受的电压仅为直流侧电压的一半。三电平逆变器在日本和德国的城市轨道交通车辆中均已有应用。我国永济电机公司对城市轨道交通车辆三电平牵引逆变器经技术引进，目前已完成了国产化样机的研制及试验。

1. 牵引逆变器的主要技术参数

输入电压	DC 1 500 V(900 V～1 500 V)
输出电压	三相 AC 0～1 100 V
输出频率	0～100 Hz
额定输出容量	105 kW×2
控制方式	矢量控制
最大牵引电流	AC 322 A
最大制动电流	AC 170 A
开关频率	675 Hz
冷却方式	热管散热＋走行风冷
功率开关器件	IGBT(600 A/2 000 V)
安装方式	车底安装

2. 牵引逆变器的主电路

城市轨道交通车辆牵引逆变器的主电路采用三电平电压型直交逆变电路。每辆动车装有一台 VVVF(变压变频)牵引逆变器柜，柜内装有一个功率模块，每个功率模块分别驱动一个转向架上的两台并联的异步牵引电机，原理如图 5-25 所示。DC 1500 V 电压经受电弓 PAN、高速断路器 HB、接触器 L1 等接入到逆变器内，经接触器 L1、预充电电阻 CHGRe、电抗器 FL11 给支撑电容器 FC1、FC2 充电。充电完成后，接触器 L2 闭合，将预充电电阻短路，逆变器开始工作。过电压抑制环节及逆变器的功率器件均为 IGBT(绝缘栅双极型晶体管)，IGBT 的驱动信号采用光纤传输。DCPTU、DCPTD、DCPTO 是电压变换器，用于检测逆变器内部中间直流环节的电压，CTU、CTV、CTW、CTS 是电流传感器，CTS 检测直流电路电流。

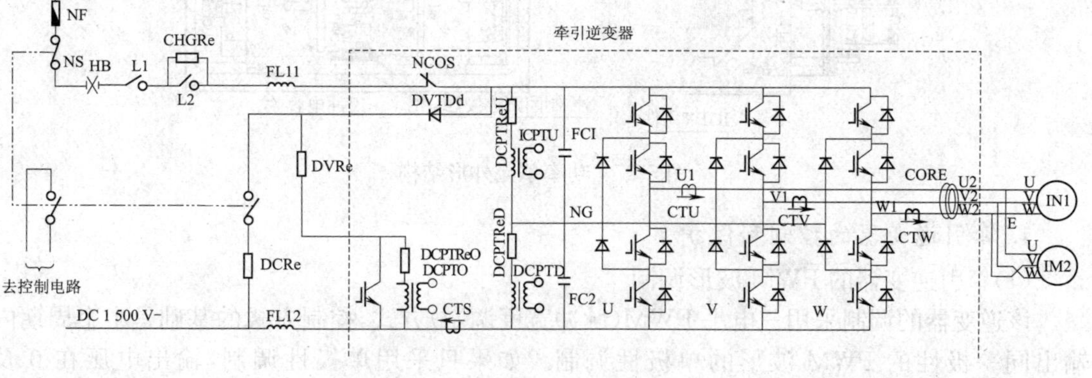

图 5-25　牵引逆变器主电路原理

3. 牵引逆变器的总体结构

逆变器为长方体结构，外形尺寸是 1 500 mm×920 mm×670 mm。为便于安装、检修及维护，采用模块化结构设计，结构形式如图 5-26 所示。逆变器主要由两个相同的功率模块构成，其余还包含控制单元、支撑电容器、传感器、接触器、接线端子等。功率模块是一个独立的单元，位于逆变器柜体的一侧，其余部件位于另一侧。逆变器分为密封部和通气部，把需要散热的功率器件进行绝缘密封后放入通气部，把必须绝缘且又要防止污损的部件放入密闭部。

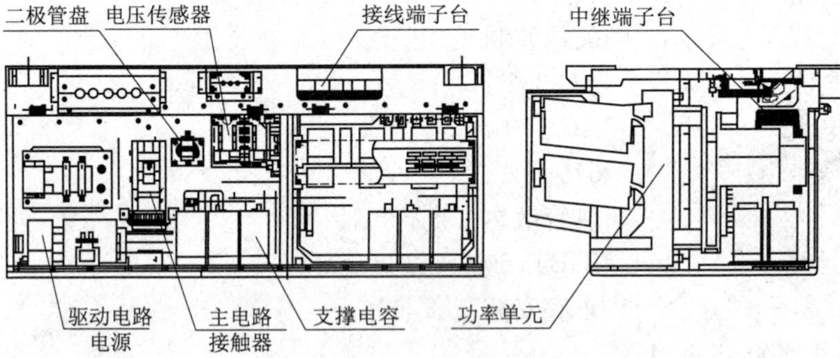

图 5-26　牵引逆变器结构

逆变器的功率单元包含散热器、IGBT 元件、温度传感器、门极驱动单元、缓冲电路元件和高压低感铜排等，结构紧凑，功能相对独立，其外形结构如图 5-27 所示。功率单元采用热管走行风冷，散热器结构简单、维护方便、散热效率高。IGBT 直接装在散热器基板上，缓冲电容器和电阻器装在 IGBT 对面的第二层绝缘板上，第三层配置了电动机电流检测用传感器及门极驱动，整体分层式安装结构，使功率单元体积大大减小。

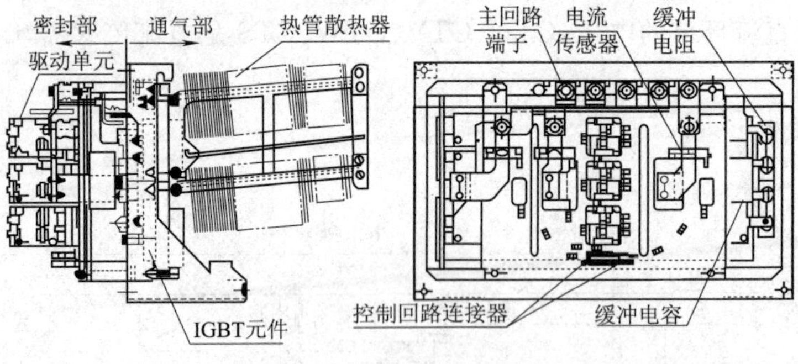

图 5-27　功率单元外形结构

4. 牵引逆变器的控制和保护

(1)牵引逆变器的 PWM 波形调制

该逆变器的调制采用三电平 PWM(脉冲宽度调制)方式，控制方式的基础是半个周期内输出同一极性的 PWM 波形的单极性调制。如果只采用单极性调制，输出电压在 0 及 1 100 V附近必将形成宽度极窄的脉冲，依靠 IGBT 的最小开关时间要精确地输出全电压是非常困难的。在本牵引逆变器装置中，随着逆变器频率的上升，采用的调制模式有：双极性调制、部分双极性调制、单极性调制、过调制、单脉冲调制。为了降低牵引电机在运行中产生的噪声，在 0～44 Hz 区域内均采用异步 PWM 波调制方式，即调制频率 f_1 变化时载波频率 f_c(即开关频率 f_s)固定不变。

(2)牵引逆变器的控制

作为城市轨道交通车辆用牵引逆变器，为了最大限度地利用电源电压进行逆变器的控制，需重点考虑以下三点要求：用单一控制系统覆盖全动作范围，在基频以上采用弱磁控制，在电动机常数变化时有较强的转矩控制。为实现上述要求，该逆变器采用转差频率矢量控制模式进行控制，原理如图 5-28 所示。励磁电流 I_d 置于开环控制，转矩电流 I_q 处于反馈控制，这是其最大的优点。由转矩电流指令值 I_{ql} 和励磁电流指令值 I_{dp} 计算出转差频率 F_s，F_s 与检测到的电机转速 F_r 相加得到逆变器频率指令 F_{inv}，通过电压矢量运算器计算出电压空间矢量的幅值 V 和相 δ。将 F_{inv}、V、δ、U_{dc} 提供给 PWM 发生器，通过它给牵引逆变器提供开关控制信号，最终逆变器将直流电压逆变成三相交流电压，供给牵引电动机 1M。

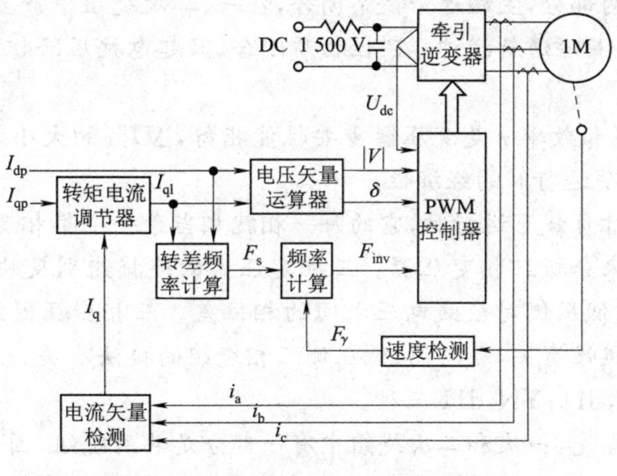

图 5-28 牵引逆变器矢量控制框图

在实际应用中，励磁电流按照逆变器的输出电压设定，转差频率通过转矩电流调节器修正。因此，可在全运行区域内对控制系统不进行转换运行，并且实现了无转矩冲击的控制。同时，以转矩电流反馈信息为基础，通过调节转差频率，可以自动修正随着电机常数变化而变化的转矩，具有较强的转矩控制。在国产化样机中采用 32 位高性能微处理器，通过软件实现了大运算量的矢量控制。

(3)牵引逆变器的保护

在设计牵引逆变器时，为保证其可靠性，保护设置非常重要。逆变器的保护分为三级，即逆变器控制级保护、触发脉冲级保护和元件级保护。第一级保护的种类比较多，主要包括逆变器的输入、输出电流过流，电压的过压、欠压，逆变器的温度、电机过电流及相电流不平衡等保护；第二级保护主要为 IGBT 元件提供稳定而可靠的触发脉冲；第三级保护是为 IGBT 元件的本身特性设定的，也称驱动级保护，用于防止 IGBT 元件的损坏。本牵引逆变器设有各级保护功能，其中轻微故障引起的保护动作在系统恢复正常后或主控制器操作回零后自动复位。

本章小结

变压器是利用电磁感应原理变压的，通过一次和二次绕组的电磁感应作用和磁动势平衡关系将一次侧的电功率传递到二次侧，把一种电压等级的交流电能变换为另一种电压等级的交流电能，以满足电能的传输、分配和使用。

变压器由铁芯、绕组、油箱和变压器油以及其他部件组成，其中铁芯和绕组是它的主要部件。

变压器的工作原理是基于电磁感应定律，交变磁场是工作的媒介。为了减少铁耗和提高磁路的磁导率，采用高导磁的硅钢片叠成闭合铁芯；为了增加一、二次侧电磁耦合，将一、二次绕组套在同一铁芯上。

从变压器空载运行可知，根据变压器内部磁通的实际分布情况和所起作用不同，把磁通分为主磁通和漏磁通两部分，主磁通沿铁芯闭合，在一、二次绕组中产生感应电动势，起传递电磁功率的媒介作用；漏磁通是经过非磁性物质闭合，只起电抗压降作用而不直接参与能量传递。

电压变化率 $\Delta U\%$和效率 η 是变压器重要性能指标，$\Delta U\%$的大小表明变压器运行时二次电压的稳定性，η 表明运行时的经济性。

三相变压器在对称负载下运行时，它的每一相就相当于一个单相变压器，因此可以用分析单相变压器的方法来分析三相变压器。三相变压器的连接组别反映了高、低压侧三相绕组的连接方法以及高、低压侧对应线电压之间的相位差。三相变压器绕组的连接组别不仅与绕组首尾端标记和极性有关，还与高、低压侧三相绕组的接法有关。我国电力变压器中最为常用的有 Y，yn0；Y，d11；YN，d11 三种。

自耦变压器的特点是：一次和二次绕组中有一部分是共用绕组，因此一次和二次绕组之间不仅有磁的联系，还直接有电的联系，因而一部分传导功率可以直接传给负载。这使得自耦变压器比与同容量的双绕组变压器更节省了材料、降低了损耗，提高了效率且缩小了尺寸。

城市轨道交通牵引供电系统主要由牵引变电所和牵引网两大部分组成。牵引变电所的主要设备是变压器和整流器，牵引网主要是由接触网、馈电线、轨道和回流线组成。

复习思考题

1. 为什么铁芯要用电工钢片叠装而成？电工钢片表面为什么要涂绝缘漆？
2. 变压器由哪几部分组成？各部分的作用是什么？
3. 什么是变压器的空载运行？什么是变压器的负载运行？
4. 变压器油的作用是什么？
5. 变压器投入运行前外观检查包括哪些内容？
6. 简述自耦变压器的优缺点。
7. 简述电流互感器使用中应注意哪些事项？

8. 简述电压互感器使用中应注意哪些事项?

9. 干式变压器相对于油浸式变压器有哪些特点?

10. 干式变压器应符合哪些基本要求?

11. 一台三相变压器,$S_N=500$ kV·A,$U_{1N}/U_{2N}=10$ kV/0.23 kV,试求原、副边额定电流各为多少?

12. 一台变压器从电网输入的功率为150 kW,变压器本身的损耗为20 kW。试求变压器的效率?

13. 简述城市轨道交通牵引供电系统的组成。

14. 城市轨道交通车辆牵引系统包括哪些装置?

第六章　电器基本理论

本章主要介绍电器的发热和散热，载流导体的电动力及电动稳定性，电弧基本理论及灭弧方法，触头的接触形式、参数，触头的工作情况及触头参数，最后介绍电磁传动装置和电空传动机构。

第一节　电器的发热和电动力

一、电器的发热与散热

1. 概述

有触点电器是由导电材料、导磁材料和绝缘材料等组成。

电器在工作时由于有电流通过导体和线圈而产生电阻损耗，称为铜耗。如果电器磁性材料工作于交流电路，在交变电磁场的作用下，会产生涡流和磁滞损耗，称为铁耗。绝缘材料在交变电场的作用下，产生介质损耗。所有这些损耗几乎全部都转变为热能，其中一部分散失到周围介质中，另一部分加热电器本身，使其温度升高。

电器温度升高后，其本身温度与周围环境温度之差，称为温升。

电器的温度超过某一极限值后，其中金属材料的机械强度会明显下降，绝缘材料的绝缘温度会受到破坏。若电器温度过高，会使其使用寿命降低甚至遭到破坏。反之，电器工作时的温度也不宜过低，因为电器工作时温度太低，说明材料没有得到充分利用，经济性差，而且相对体积大、质量重。

由此可见，电器的发热问题，对保证电器可靠的正常运行、节约资源、降低成本、缩小电器体积、延长电器使用寿命等方面都有十分重要的意义。

为了确保电器的工作性能和使用寿命，各国电器技术标准都规定了电器各部件的发热温度极限及允许温升。

所谓发热温度极限就是保证电器的机械强度、导电、导磁性以及介质的绝缘性不受危害的极限温度。

因为电器工作环境直接影响电器的散热过程。我国国家标准规定最高环境温度为+40 ℃（一般为 35 ℃），而发热极限温度减去最高环境温度即为允许温升值，即

$$允许温升=发热极限温度-40\ ℃$$

当海拔 1 000 m 时各种不同材料和部件的发热温度极限见表 6-1。

表 6-1 电器部件及材料发热温度极限

项目	零部件名称	材料和形式	发热温度极限(℃)
1	发热温度不影响接触压力的触头	紫铜或铜合金触头 银或银合金触头	115 以不损害相邻部件为限
2	发热温度影响接触压力的触头	磷青铜 弹簧负片构成的簧片 夹形触头刀形开关铜质触头	75 75 90
3	用螺钉、铆钉紧固的导电连接	紫铜或黄铜 紫铜或黄铜接触处镀锡 紫铜或黄铜接触处镀银 铝质	95 100 105 80
4	单层电流线圈	铜质	145
5	软连接线	铜质镀(或搪)锡	130
6	电阻	康铜或类似的电阻带、丝	390
		铁路铝电阻带、丝	640
		镍络电阻带、丝	690
7	绝缘线圈及与绝缘材料接触的金属零件	A 级绝缘 E 级绝缘 B 级绝缘 F 级绝缘 H 级绝缘	120 135 145 170 195

注:(1)额定电压为 3 000 V 及以上的交流电器的发热极限按 GB763 规定;

(2)单层电流线圈及电阻的发热极限同时以不损害相邻部件正常工作为限。

短时发热温度极限,目前尚未制定国家标准,表 6-2 所列数据可供参考。

表 6-2 电器部件及材料短时发热极限温度

部件名称及材料	短时最高允许温度(℃)	部件名称及材料	短时最高极限温度(℃)
油中未绝缘的载流导体	250	任何情况下的铝导体	200
不和有机绝缘材料及油接触的铜和黄铜部件	300	闭合情况下的主触头	200

当环境温度为 40 ℃时,绝缘线圈及包有绝缘材料的金属导体允许温升见表 6-3。

表 6-3 绝缘线圈的允许温升

绝缘材料耐热等级	线圈在空气中允许温升(℃)		线圈在空气中允许温升(℃)
	长期工作制	反复短时、间断长期及短时工作制	
A	65	80	60
E	80	95	60
B	90	105	60
F	115	130	—
H	140	155	—

注:间断长期工作制是指长期通电工作但不大于 8 h,在此时间内,所有零件的温度均已达到稳定值。

绝缘材料品种繁多，耐热性能各不相同，为此，国家标准规定按耐热性能将绝缘材料分为七个等级，见表 6-4。

表 6-4　绝缘材料的最高允许温度

绝缘等级	Y	A	E	B	F	H	C
最高允许温度(℃)	90	105	120	130	155	180	>180

2. 电器的发热

电器工作过程中，电流通过导体产生电阻损耗，铁磁体在交变磁场作用下产生磁滞和涡流损耗，上述损耗变换为热能使电器发热。

常见损耗是电阻损耗、磁滞和涡流损耗，对高压电器还应考虑介质损耗。

(1)载流导体的电阻损耗

$$P=I^2R \tag{6-1}$$

式中　P——电阻损耗功率，W；

I——通过导体的电流，A；

R——导体电阻，Ω。

电阻损耗将转变成热能。正常状态下，一部分散发到周围介质中去，另一部分使导体的温度升高，形成温升。如果发热时间极短，由于来不及散热，可认为损耗功率全部用于加热导体，提高导体的温升。

(2)磁滞、涡流损耗

对于铁磁体在交变磁通的作用下，则会在铁磁零件中产生相当大的涡流。这是因为铁的磁导率很高，而磁通变化速度又快，因而产生相应的电动势和涡流损耗。同时，磁通的方向和数值变化使铁磁材料反复磁化，产生磁滞损耗。磁滞与涡流损耗可以导致铁质零件发热。一般来说这个损耗不太，但如果制造不当，如材料较差、铁片较厚或片间绝缘不好，则涡流损耗就比较大。

(3)电介质损耗

在低压电器中，电压很低，电介质中的电场强度不大，电介质损耗很小，通常不考虑。在高压电器中，电压很高，电介质中的电场强度很大，必须考虑电介质损耗及其产生的热量，以免引起过热而使绝缘老化加速，甚至引起热击穿而损坏。

3. 电器的散热

电器工作时，只要电器温度高于周围介质及接触零件的温度，就会向周围介质散热。所以电器的发热和散热同时存在于电器的发热过程中。

当电器产生的热量与散失的热量相平衡时，电器的温升维持不变，称为热稳定状态，此时，电器的温升称为稳定温升。

电器的散热以传导、对流与辐射三种基本方式进行。

热传导现象的实质是通过具有一定内部能量的物质基本质点间的直接相互作用，使能量从一个质点传递到另一相邻质点。热传导的方向是由较热部分向较冷部分传播，或由发热体向与它接触的物体传播，它是固体传热的主要方式，在液体、气体中也存在。

对流是通过流体(液体与气体)的运动而传递热量。发热体置于气体或液体中，靠近发热体的流体质点因温度升高而向上方升起，该处就由较冷的质点来补充。这个过程是不断进行，则称为自然对流，如是靠外力强迫流体流动，称为强迫对流。城市轨道交通车辆的电机、电器因受安装空间的限制，较多采用强迫对流，以加强散热，缩小体积。

热辐射是发热体的热量以电磁波形式传播能量的过程。辐射传热不需直接接触。热辐射可穿越真空和气体而传播，但不能透过固体和液体物质。

热传导、对流、热辐射三种传热过程可通过一定的公式或经验公式来进行计算，但是，分别进行热计算是相当复杂的，而且结果很不准确。所以在实际计算发热体表面温升时，不分别单独考虑，而是在一定表面情况和周围介质条件下，把三种散热方式综合起来，用综合散热系数 μ 来考虑散热，这就是通常采用的牛顿公式

$$P=\mu S\tau \tag{6-2}$$

式中 P——散热功率，W；

μ——综合散热系数，W/(cm^2·℃)；

S——有效散热面积，cm^2；

τ——发热体的温升，℃。

上式表明，散热功率和温升成正比，温升越高，散热功率越大。严格讲，散热系数 μ 不是常数，它和发热体的结构、工作制、布置方式及周围介质等许多因素有关。为简化起见，在工程计算中通常把它当作一个常数。μ 值一般由实验方法确定，表 6-5 为 μ 的一些实验数据，供参考。

表 6-5　综合散热系数 μ 的实验值

序号	散热表面及其特征	μ[W/(cm^2·℃)]	附注
1	窄边直立的扁平铜母线	$(6\sim9)\times10^{-4}$	
2	涂绝缘漆的钢或生铁表面	$(10\sim14)\times10^{-4}$	
3	具有绝缘纸的线圈	$(10\sim12.5)\times10^{-4}$	
4	螺旋状生铁电阻	$(10\sim13)\times10^{-4}$	μ 值对应于全部螺旋表面
5	由康铜或镍铬丝或带绕制的电阻组件	$(10\sim14)\times10^{-4}$	μ 值对应于全部导体表面

二、载流导体的电动力及电动稳定性

1. 载流导体的电动力

载流导体处在磁场中会受到力的作用，载流导体间相互也会受到力的作用，这种力称为电动力。对于这种现象，有可利用的一面，如电动机就是利用它将电能转换为机械能。也有危害的一面，如对大容量输配电设备来说，在短路情况下电动力可达很大数值，对配电装置的性能和结构产生很大的影响。在电器中，导流导体间、线圈匝间、动静触头间、电弧与铁磁体间等都有电动力的作用。在正常电流下，电动力不至于损坏电器，但动、静触头间的电动斥力过大会使接触压力减小，接触电阻增大造成触头的熔化或熔焊，影响触头的正常工作。有时在强大短路电流形成的电动力下，使电器发生误动作或使导体机械变形，甚至损坏。利用电动力的作用改善和提高电器性能的例子也不少，如快速自动开关的速断机构、磁吹灭弧装置等。

电动力的方向判断可用左手定则或磁通管侧压力原理来进行。左手定则为:伸开左手掌,大拇指与四指垂直在一个平面,磁力线穿过掌心,四指为电流方向,大拇指所指即为电动力方向。磁通管侧压力原理(米特开维奇定则)是:把磁力线看成为磁通管,并认为它有一种趋势,即纵向力图缩短,横向力图扩张,从而具有纵向张力和横向侧压力。因此磁通管密度高的一侧具有推动导体向密度低的一侧运动的电动力。

电动力方向判断的两种方法其结果是一致的,可根据具体情况采用某一种。在结构及产生磁场因素复杂的情况下用磁通管侧压力原理来判定电动力方向较为方便。

图 6-1 中,如果把电弧看作为一根软导体,根据左手定则可以判断左右两个平行导体所受的电动力如图所示;图 6-2 为环形导体和 U 形导体所受的电动力;图 6-3 中,电弧处于磁吹线圈产生的磁场中,受力方向如图所示。

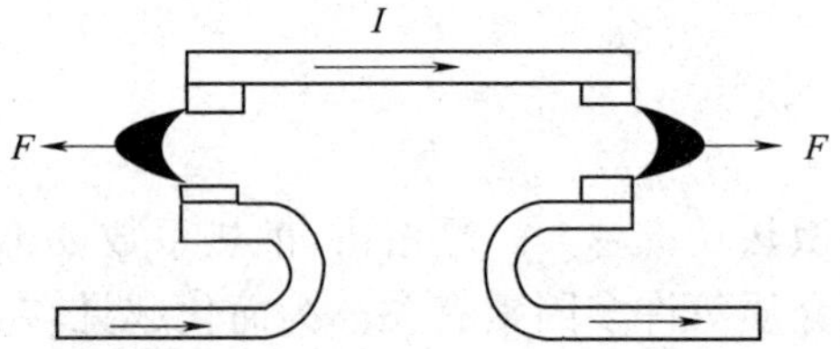

图 6-1 平行载流导体

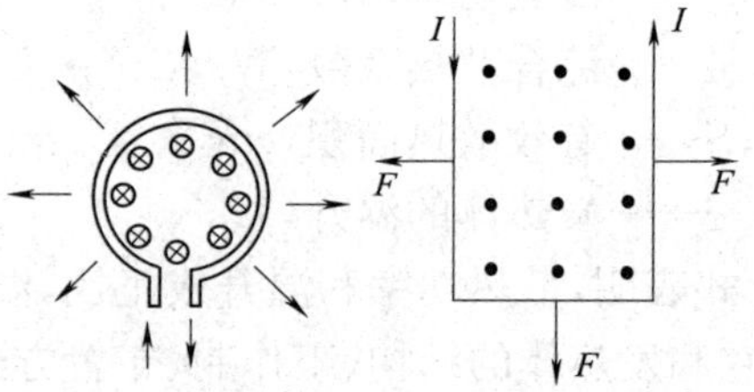

图 6-2 环形导体和 U 形导体所受电动力

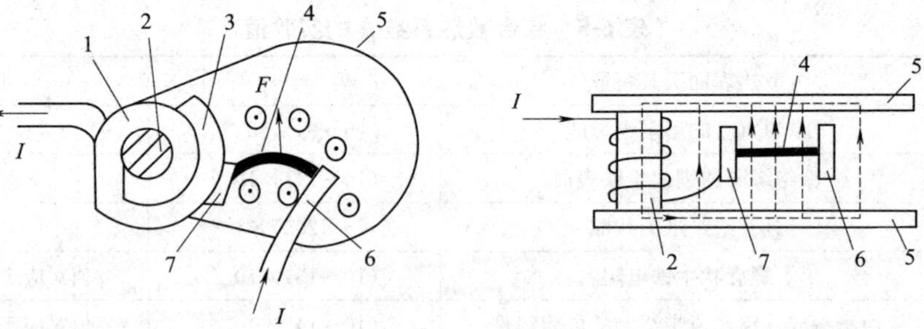

图 6-3 利用电动力的磁吹原理

1—磁吹线圈;2—磁吹铁芯;3—导弧角;4—电弧;5—铁甲板;6—动触头;7—静触头

2. 载流导体电动力计算基础和电动稳定性

当长为 L 并通有电流的导体垂直于磁感应强度为 B 的均匀磁场中时,作用在该导体上的电动力 F 为

$$F=BIL \tag{6-3}$$

若该导体与磁感应强度 B 呈 α 夹角时,则作用在导体上的电动力为

$$F=BIL\sin\alpha \tag{6-4}$$

若任意形状的载流导体置于不均匀磁场中,这时导体所受的电动力是由作用在导体上各个长度元 $\mathrm{d}L$ 的许多力元 $\mathrm{d}F$ 的几何和来决定。因为可将无限短的导线视为直线,它所处的磁场可认为是均匀的,因此,它受到的力 $\mathrm{d}F$ 可用下式表达

$$\mathrm{d}F=I\cdot\mathrm{d}L\cdot B\cdot\sin\alpha \tag{6-5}$$

长为 l 的全导线受到的力则为

$$F=\int_0^l \mathrm{d}F \tag{6-6}$$

电器的电动稳定性就是指当大电流通过电器时，在其产生的电动力作用下，电器有关部件不产生损坏或永久变形的性能。也可以说电器有关部分在电动力作用下不产生损坏或永久变形所能通过的最大电流的能力。它以可能的最大冲击电流的峰值表示，也有的以它与额定电流的比值表示。

3. 触头电动力

触头闭合通过电流时，在触头间有电动力存在。这是因为触头表面不管加工的怎样平整，从微观上看仍然是凹凸不平的，如图 6-4 所示。由于接触面积远小于触头表面积，电流线在接触点处产生收缩，由此而引起触头间的电动斥力。当电流很大时此电动力可将触头拉开或使触头间接触压力减小。

如图 6-5 所示，闭合的隔离开关动静触头之间存在电动斥力，当电流很大时此电动斥力可将触头间接触压力减小，甚至引起触头的机械形变或使触头拉开造成误动作。

触头处在闭合位置能承受短路电流所产生的电动力而不致损坏的能力，称为触头的电动稳定性。

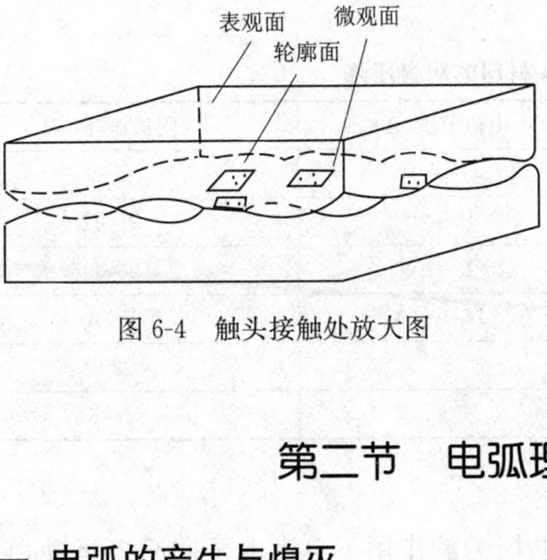

图 6-4　触头接触处放大图

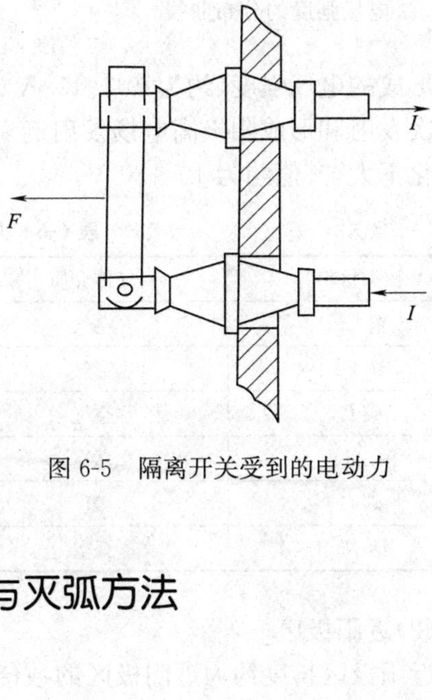

图 6-5　隔离开关受到的电动力

第二节　电弧理论与灭弧方法

一、电弧的产生与熄灭

1. 概述

在大气中开断电路时，通过相应的试验得出：如果电源电压超过 10 V，开断电流达到 0.25～1 A，在触头两端就会产生一团温度极高、亮度极强并能导电的圆柱形气体，称为电弧。

电弧的实质是一种自持气体放电现象。

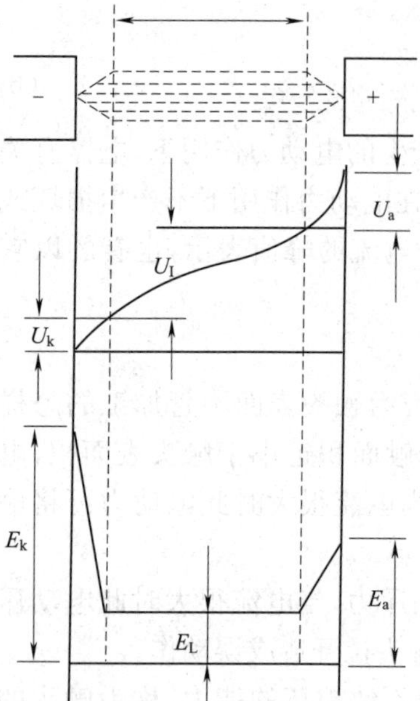

图 6-6 电弧三个区及电弧电位 U、电场强度的分布曲线

电弧的温度很高，弧中心温度高达数千度甚至一万度以上，利用电弧高温和强光的特性，可以使其广泛应用在焊接、熔炼和作为强光源、甚至火箭技术等科技领域，但是它对开关电器的危害极大。当在开断电路时触头间产生电弧，触头开断后，电路仍不能断流，电弧将烧损触头并危及绝缘，甚至引起相间短路，或使开关电器爆炸引起火灾，危害整个电力系统的运行安全。因而从有利于电器的角度来研究电弧，目的在于了解电弧的各种规律，以便采取适当措施迅速熄灭电弧。

通过仪器观察测量电弧可发现，电弧电位在整个电弧长度上的分布是不均匀的，它分为近阴极区、弧柱区、近阳极区，如图 6-6 所示。

(1)近阴极区

近阴极区长度10^{-4} cm，大致与电子的平均自由行程相等。在电场力作用下电子经过该段后使气体产生游离，气体游离后产生电子和正离子。电子运动速度比正离子大很多，迅速向阳极移动，正离子运动速度相对缓慢，它们聚集在阴极附近而形成正的空间电荷层，使阴极附近形成的电场强度(约为10^6～10^7 V/m)，它对加速正离子向阴极运动、撞击阴极表面以产生二次发射和形成阴极高电场发射起着重要的作用。由表 6-6 可见，各种金属形成阴极压降变化不大，其值约为 10～20 V。

表 6-6 几种触头材料的阴极压降

触头材料	气体介质	电流范围(A)	阴极压降(V)
铜 Cu	空气	1～20	8～9
铁 Fe	空气	10～30	8～12
碳 C	空气	2～20	9～11
汞 Hg	真空	1～1 000	7～10
碳 C	氦	—	20
钠 Na	真空	5	4～5

(2)近阳极区

近阳极区长度约为近阴极区的数倍。在电场力的作用下自由电子向阳极运动，它们聚集在阳极附近且不断被阳极吸收而形成电流。同时在阳极附近的自由电子形成负的空间电荷层，产生阳极压降，其值稍小于阴极压降。由于阳极压降数制与阴极压降数制接近，但阳极区较长，故其电场强度比阴极区小。

(3)弧柱区

弧柱区在阴极区和阳极区之间(几乎等于电弧的全长)光度强、温度高的部分称为弧柱，其压降用 U_L 表示。弧柱区正负带电粒子数是相等的，整个弧柱类似于一个金属导体，单位长度上电压降基本相等，近似于一个常数，它的大小与电流的大小、介质种类，冷却情况有关。

弧柱温度在燃烧时可达 6 000～20 000 K，趋于熄灭时为 3 000～4 000 K，在开关电器中，应重点研究弧柱的特性。

2. 电弧的分类

(1)按其外形可分为长弧与短弧，其区别主要取决于弧长与弧径之比。

一般把弧长小于弧径的电弧称为短弧，它的两极距离极短。短弧的特点是其物理过程主要决定于阴极，电弧压降主要反映的是极前压降，所以电弧压降几乎不随电流变化。

把弧长大大地超过弧径的电弧称为长弧。长弧的特点是电弧的过程主要决定于弧柱，电弧压降的大小也主要由弧柱压降所决定。

(2)按其电流的性质分为交流电弧和直流电弧。

3. 开断电路时电弧产生与熄灭的物理过程

当触头开断，触头间隙的气体由绝缘状态变为导电状态，使电流得以通过，即触头间隙中有电弧燃烧，电路仍然处于导通。气体呈导电状态的原因是由于原来的中性气体分解为电子和离子，即气体被游离，此过程称为气体的游离过程。气体游离出来的电子和离子在电场作用下各朝对应的极向运动，便形成电流，从而造成触头虽然已开断，但电路却并未切断。但当电弧熄灭之后电路就不再导通了。这说明此时触头间隙的气体恢复了介质强度，又呈现绝缘状态，即气体已经消除游离而恢复为中性。那么，气体又是怎么会游离和消游离的呢？以下讨论电弧产生和熄灭的物理过程。

(1)电弧产生的物理过程

①阴极热发射

触头开断过程中，接触面积越来越小，接触处的电阻越来越大，电流密度也越来越大，触头表面的温度升高，金属内由于热运动急剧活跃的自由电子克服金属内正离子的吸力而从阴极表面发射出来，这种主要是由于热作用所引起的发射称为热发射。

温度越低和逸出的功越大时，热发射的电流密度越小。

②阴极冷发射

在触头刚刚分开发生热发射的同时，由于触头之间的距离很小，线路电压在这很小的间隙内形成很高的电场，由此电场作用可是自由电子在常温下逸出金属，形成高电场发射。在高电场发射中，并不需要热功的参与，所以高电场发射也称为冷发射。

当金属的温度越低和阴极表面电场越小时，电子发射的数量就越少。

通常阴极电子的发射，同时包含了热发射和冷发射的过程，只是不同的材料热发射和冷发射的程度各不相同。

③撞击游离

受强电场发射的自由电子，受电场力影响而加速，在向阳极移动过程中，碰撞其他中性质点，打出一个或几个电子，使其变成正离子。被打出的电子又可能和别的中性质点碰撞，这样的连锁反应使大量的中性质点被游离，称其为撞击游离。如果电子所获的能量较小，撞击后不足以使中性气体分子立即游离，但撞击后可使电子从内层轨道跳到较远的外层轨道而不脱离其原子核的束缚，这种状态称激发状态。处于激发状态的气体分子经过多次撞击，便可发生游离，这种过程称为累积游离。

通常撞击游离的过程主要是累积游离的过程。

④热游离

当电弧燃烧时，电弧间隙中气体温度很高，自由电子的运动速度加大动能增加，它们挣脱原子核的吸引和束缚，分解为带负电的自由电子和带正电的正离子，这种现象称为热游离。热游离实质上也是撞击游离，只不过发生撞击的原因是高温引起而不是电场引起的。

所以温度越低，热游离愈弱；相反温度愈高，热游离愈强。应该指出，在高温情况下，往往有金属蒸汽充塞于触头间隙，由于金属蒸汽的游离比气体要快得多，因此游离程度更加迅速。

由上可见，电弧的产生，第一是由于热的作用，发生热发射和热游离；第二是由于电场的作用，发生冷发射和撞击游离，在气隙间出现大量电子流，使气体由绝缘体变成导体。电弧燃烧期间，起主要作用的是热游离。因而，使电弧迅速冷却是熄灭电弧的主要方法。

(2)电弧熄灭的物理过程

电弧稳定燃烧时是处在热动态平衡状态中的，此时不可能有电子和离子的累积。这说明电弧内部除游离外，还存在着消游离的过程。消游离是指正、负带电粒子中和而变成中性粒子的过程。当电弧熄灭时，气体恢复为中性，这反映了消游离的结果。消游离的过程通过复合与扩散两种方式完成的。

①复合

带异性电荷的粒子相遇后因相互作用而中和变成中性粒子称为复合。复合方式有表面复合和空间复合两种。

带正、负电荷的粒子附在金属或绝缘材料表面上相互吸引变成中性粒子称为表面负荷。正、负粒子在放电间隙相互吸引发生中和现象的称为空间复合。空间复合又有直接复合和间接复合之分。自由电子与正离子相遇，相互吸引而中和电荷变成中性粒子，称为直接复合。由于自由电子的运动速度比正离子大得多，所以直接复合的概率很小，往往是自由电子黏合在中性粒子上，再与正离子相遇而复合，中和电荷形成两个中性粒子，这种过程称为间接复合。间接复合的概率大于直接复合近 1 000 倍。

显见，带电粒子的运动速度是直接影响复合作用大小的重要因素。温度降低，减小电场强度可使粒子运动速度减小，易于复合；带电粒子的浓度也直接影响复合的机会，浓度增加复合增强，在电弧电流不变的条件下，减小电弧直径，粒子浓度增加复合作用增强；此外，加入大量的新鲜气体分子，也可增强复合作用。

②扩散

弧柱中的带电粒子，由于热运动从弧柱中浓度高的区域移动到弧柱周围浓度低的区域的现象称为扩散。扩散能使弧柱带电粒子较少，消游离作用增强。电弧是一个电子和离子高度密集的空间，同时其中温度很高。它和气体分子一样，有均匀地分布在容积中的倾向，这样电子便从弧隙中向四周扩散，扩散出来的电子(或离子)因冷却互相结合而成为中性分子，这种过程的进行不在电弧的内部，而在电弧的表面空间进行。

扩散是由高温、高浓度区指向低温、低浓度区域的，扩散出的带电粒子因冷却作用极易相互结合。因此当弧柱表面温度降低时，即电弧内部与电弧表面之间的温差增大时，扩散就会增大。所以加速电弧的冷却是提高扩散作用的有效方式。

综上所述，电弧中同时存在着游离和消游离作用。这是矛盾着的两个方面，电弧的燃烧情况就取决于同时存在着的游离作用和消游离作用的这对矛盾的斗争及其转化。当游离过程占优势时电弧便会发生和扩大；当消游离过程占优势时，电弧就趋于熄灭；当游离作用和消游离作用处于均衡状态时，则弧隙中保持一定数量的电子流而处于稳定燃烧状态。

二、交流电弧及其熄灭

1. 交流电弧的特性

在交流电路中，电流的大小随时间按正弦规律变化。电弧的温度、直径及弧压降也随时间变化，交流电弧的这种特性称为动特性。如图 6-7 所示，电流按正弦规律变化时，电弧温度和直径的波形呈脉动形状。若为理想情况，当交流电过零时，电源提供的能量为零，触头间电场为零、电弧温度最低，带电质点停止运动，消游离过程最强烈，交流电弧自然熄灭。

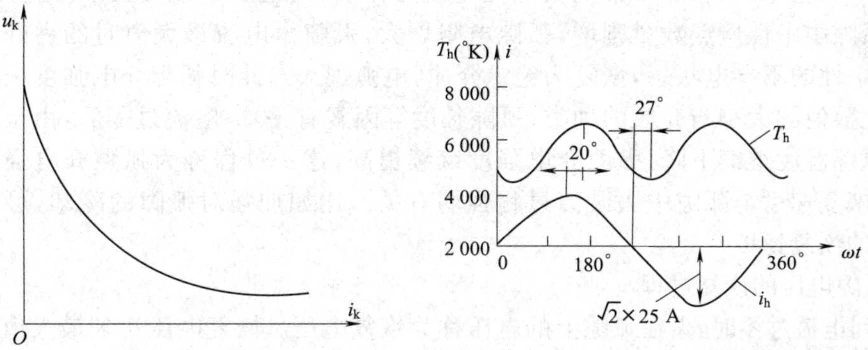

图 6-7 交流电弧温度变化曲线

实际中，电弧温度的变化总是滞后于电流的变化，其原因是弧柱的受热升温和散热降温都要有一个过程，跟不上快速变化的电流，这种现象称为电弧的热惯性。由于电弧具有热惯性，使电流过零时，电弧的温度不是最低，弧隙间仍有一定数量的带电质点，弧隙绝缘仍保持较低的数值，当反向电压加到弧隙上尚未达到最大时，弧隙将立即击穿，电弧重燃。

综上所述，对于交流电弧而言，实际上就是一连串点燃和熄灭的过程，交流电弧研究的不是电弧能否熄灭的过程，而是电流过零后如何有效地阻止电弧重燃的问题。交流电弧电流通过零点时，热游离迅速下降，为电弧的最终熄灭创造了最有利的条件，此时只要采取一定的消游离措施，使少量的剩余离子复合，就能防止电弧在下半周重燃，使电弧最终熄灭。因此，交流电弧比直流电弧容易熄灭。我们通常把利用电弧电流自然过零的特点进行的熄弧称为零点熄弧原理。

2. 与交流电弧能否重燃相关的两个物理过程

为了使电弧在弧电流通过零点自行熄灭后不再重燃，必须研究在电流通过零点时弧隙中的物理过程。首先必须了解什么是使电弧重新点燃的因素和什么是不利于电弧重新点燃的因素，从这一观点出发，凡是抑制电弧重新点燃的因素，或是加强不利于电弧重新点燃的因素，都可以促使交流电弧熄灭。

交流电弧电流过零期间，同时存在两个对立的基本过程，一是弧隙介质强度的恢复过程，这是促使电弧熄灭的因素。另一过程是弧隙电压恢复过程，因为此过程有可能把弧隙击穿而重新引起电弧的点燃，这是使电弧重燃的因素。

在交流电弧电流通过零点以后，电弧能否熄灭取决于上述弧隙介质强度的增长速率是否大于弧隙外加电压的增长速率，若前者大于后者，则弧隙游离必然下降，最后变为完全介质状态，电弧就不再重燃；反之，则弧隙游离必然加强，当离子浓度达到相当程度以后，电弧便重新点燃。由此可见，这两个过程是决定电流过零以后电弧是否重燃的根本条件，也就是游离与消游离仍是决定交流电弧熄灭或重燃的基本矛盾。

为此，在下面我们要对介质恢复过程和电压恢复过程作一分析。

(1)弧隙介质绝缘强度的恢复过程

电流最大时，电弧温度最高，电弧中热游离最强，带电质点最多，弧隙导电性能最好，弧隙介电强度几乎为零。电流过零时，电源停止提供能量，弧隙温度剧降，热游离减弱，电源电压若同时为零，则弧隙中带电质点无电场力作用，其运动速度慢，此时的去游离过程最强烈，弧隙中中性质点数量剧增，弧隙电阻增大，弧隙由电流最大值时的良好导电状态逐渐变为中性的不导电状态，恢复为绝缘介质，电弧熄灭。此时弧隙介电强度恢复到某一初始值(此数值的大小与介质的种类、弧隙长度等因素有关)。电流过零后，由于电弧热惯性存在，弧隙温度继续下降，弧隙介电强度继续提高，这一过程称为弧隙介电强度的恢复过程。其恢复速度与弧隙中去游离过程强弱有关。比如加强对弧隙的冷却，可提高弧隙介电强度的恢复速度。

(2)弧隙电压的恢复过程

触头间电流过零时，夹在弧隙上的电压称为恢复电压。恢复电压达到最大值的变化过程称为弧隙电压的恢复过程。恢复电压初始值的大小和弧隙电压的恢复速度与电路参数、恢复电压的频率等因素有关。

所以，比较电流过零后弧隙介电强度值和恢复电压值的大小，就可以判断交流电弧在电流过零后能否熄灭。只要电流过零后，弧隙介电强度值始终大于弧隙恢复电压值，弧隙不被击穿，交流电弧熄灭，否则电弧重燃。

三、熄灭电弧的基本方法及其装置

由于电弧的物理过程比较复杂，且影响其特性的因素很多，因此还不能全用理论的方法来计算电弧特性，在设计灭弧装置时，通常用经验的方法并通过实验来解决。如：拉长电弧、降低温度、将长弧变为短弧、将电弧放置于特殊的介质中、增大电弧周围气体介质的压力等。灭弧装置就是根据这样的原理而设计的，一个灭弧装置可以采用某一种方法进行熄弧，也可综合几种方法，以增强灭弧效果。

1. 拉长电弧

电弧拉长以后，电弧电压增大，改变了电弧的伏安特性。在直流电弧中，其静伏安特性上移，电弧可以熄灭。在交流电弧中，由于燃弧电压的提高，电弧重燃困难。

电弧的拉长可以沿电弧的轴向(纵向)拉长,也可以沿垂直于电弧轴向(横向)拉长,如图 6-8 所示。

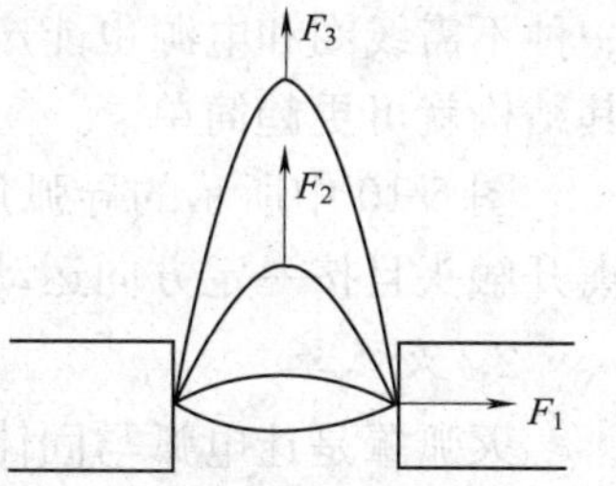

图 6-8　拉长电弧

(1)机械力拉长

电弧沿轴向拉长的情况是很多的,电器触头分断过程实际上就是将电弧不断地拉长,刀开关中闸刀的拉开也是拉长电弧,电焊过程中将焊钳提高可使电弧拉长并熄灭。

(2)回路电动力拉长

载流导体之间会产生电动力,如果把电弧看作为一根软导体,那么受到电动力它就会发生变形,即拉长,如图 6-9 所示。

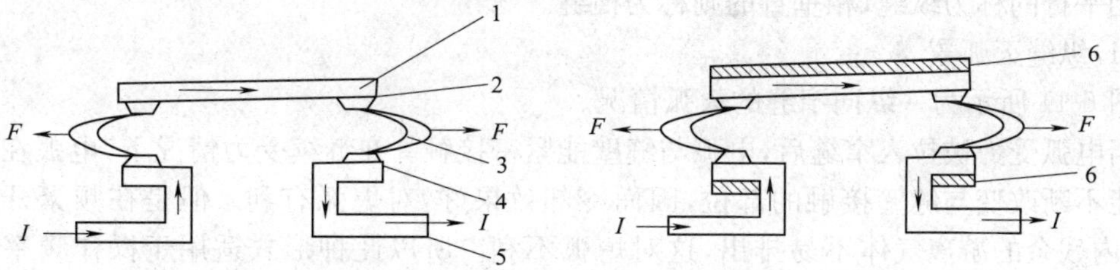

(a) 常用触头回路电动力吹弧　(b) 增磁型触头回路电动力吹弧

图 6-9　触头回路电动力吹弧

1—触头桥;2—动触头;3—电弧;4—静触头;5—静触头座;6—磁性片

在一对桥式双断点结构型式的触头断开时,电弧受回路电动力 F 的作用被横向拉长,也就是图 6-8 中受 F_2 作用力的情况。横向拉长时电弧与周围介质发生相对运动,其冷却效果比纵向拉长的好。

在利用电路本身通过电流而产生的回路电动力拉长电弧时,要注意当回路电流较小时,其效果较差。

(3)磁吹灭弧

当需要较大的电动力来拉长电弧时,可以让电弧在一个专门设置的磁场中受力的作用。这个产生专门用于熄弧的磁场的装置,一般称之为吹弧线圈,如图 6-10 所示。由于这个磁场力比较大,其拉长电弧的效果也较好,如图 6-8中 F_3 作用力的情况。

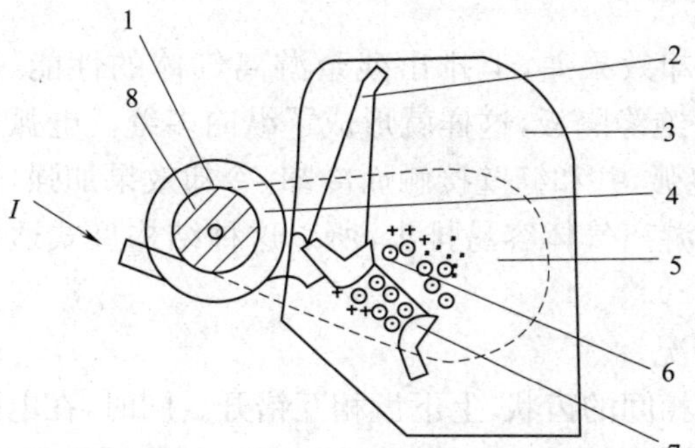

图 6-10　磁吹灭弧装置示意图

1—磁吹铁芯;2—导弧角;3—灭弧罩;4—磁吹线圈;5—铁夹板;6—静触头;7—动触头;8—绝缘套

由于磁吹线圈与电路的连接方式不同而形成串励线圈和并励线圈。当磁吹线圈与触头相串联而构成串励线圈时,若电流方向改变但磁场力方向不变,即磁吹方向不随电流的极性变化而改变。另一方面,吹弧力的大小与弧电流有关,弧电流越大,吹弧力越大,灭弧效果越好。当磁吹线圈与电路并联构成并励线圈时,它的特点与串励线圈上述两方面正好相反,即吹弧力的方向与弧电流方向有关,产生吹弧力磁场的大小与弧电流大小无关。还有一种不需线圈和电源也能产生和并励线圈同样效果的磁吹装置，那就是用永久磁铁。这样，其结构就可更趋简单。

图 6-10 中所示的导弧角 2 是根据回路电动力的原理而设置的。其作用是使电弧很快离开触头且按一定方向运动，以减小触头表面电弧的烧伤。

2. 灭弧罩

灭弧罩是让电弧与固体介质相接触，降低电弧温度，从而加速电弧熄灭的比较常用的装置。其结构型式是多种多样的，但其基本构成单元为"缝"。灭弧罩壁与壁之间构成的间隙称作"缝"。根据缝的数量可分为单缝和多缝。缝的宽度小于电弧直径的称窄缝，反之，大于电弧直径的称宽缝。根据缝的轴线间的相对位置关系可分为纵缝与横缝。缝的轴线和电弧轴线相平行的称为纵缝，相垂直的则称为横缝。

(1)纵缝灭弧罩

图 6-11 所示为一纵向窄缝的灭弧情况。

当电弧受力被拉入窄缝后，电弧与缝壁能紧密接触。在继续受力情况下，电弧在移动过程中能不断改变与缝壁接触的部位，因而冷却效果好，对熄弧有利。但是在频繁开断电流时，缝内残余的游离气体不易排出，这对熄弧不利。所以此种形式适用于操作频率不高的场合。

图 6-12 所示为一纵向宽缝的灭弧情况。

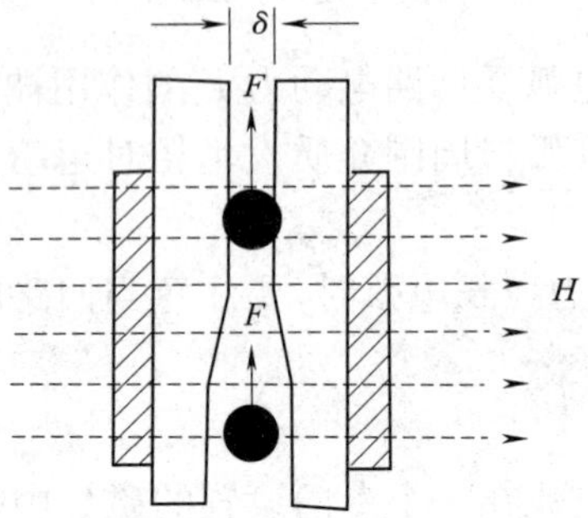

图 6-11　纵向窄缝灭弧罩

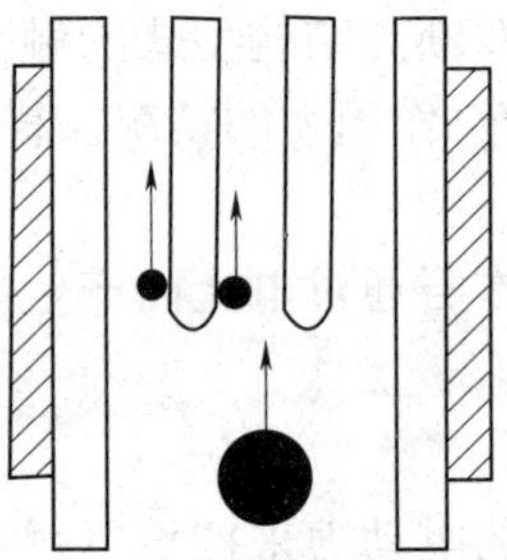

图 6-12　纵向宽缝式灭弧罩

宽缝灭弧罩的特点与窄缝的正好相反，冷却效果差，但排出残余游离气体的性能好。图 6-12 中所示情况是将一宽缝中又设置了若干绝缘隔板，这样就形成了纵向多缝。电弧进入灭弧罩后，被隔板分成两个直径较原来小的电弧，并和缝壁接触而冷却，冷却效果加强，熄弧性能提高。此外，由于缝较宽，熄弧后残存的游离气体容易排出，所以这种结构型式适用于较频繁开断的场合。

图 6-13 所示为纵向曲缝式灭弧罩的灭弧情况。

纵向曲缝式又称迷宫式，它的缝壁制成凹凸相间的齿状，上下齿相互错开。同时，在电弧进入处齿长较短，越往深处，齿长越长。当电弧受外力作用从下向上进入灭弧罩的过程中，它不仅与缝壁接触面积越来越大，而且长度也越来越长。这就加强了冷却作用，具有很强的灭弧能力。但是，也正因缝隙越往深处越小，电弧在缝内运动时受到的阻力越来越大。所以，这种结构的灭弧罩，一定要配合以较大的让电弧运动的力。否则，其灭弧效果反而不好。

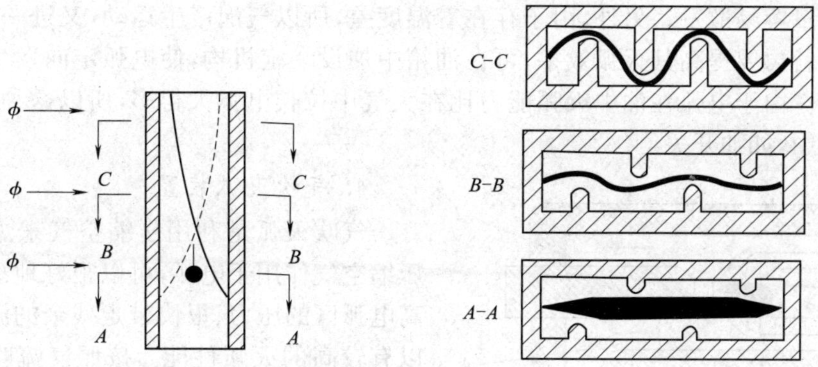

图 6-13　纵向曲缝式灭弧罩

(2)横缝灭弧罩

为了加强冷却效果,横缝灭弧罩往往以多缝的结构型式使用,也就是称为横向绝缘栅片,如图 6-14 所示。

当电弧进入灭弧罩后,受到绝缘栅片的阻挡,电弧在外力作用下发生弯曲,从而拉长了电弧,并加强了冷却。为了分析电弧与绝缘栅片接触时的情况,以图 6-15 来放大说明。

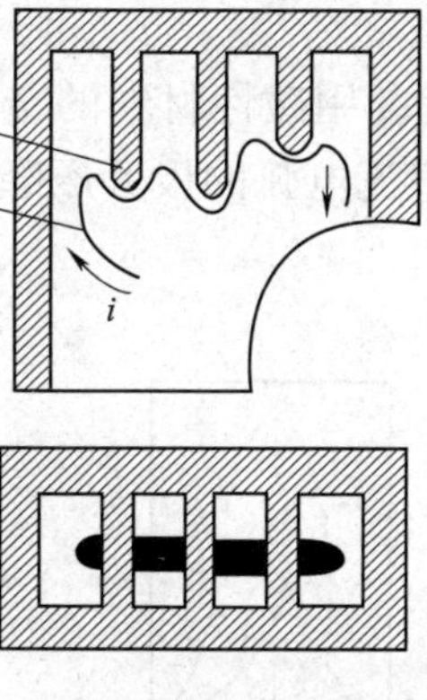

图 6-14　横向绝缘栅片式灭弧罩
1—灭弧罩;2—电弧

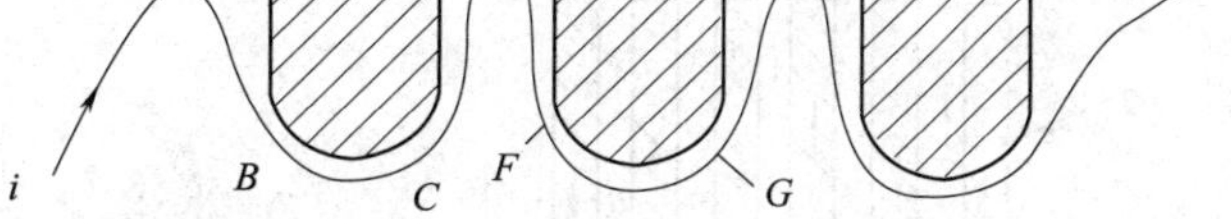

图 6-15　电弧在横向绝缘栅片式灭弧罩中的放大图

设磁通方向为垂直向里,电弧 AB、BC 和 CD 段所受的电动力都使电弧压向绝缘栅片顶部,而 DE 段所受的电动力使电弧拉长,CD 段和 EF 段相互作用产生斥力。这样一些力的作用,使电弧拉长并与缝壁接触面增大而且紧密,所以能收到比较好的灭弧效果。

由于灭弧罩要受电弧高温的作用,所以对灭弧罩的材料也有一定的要求,如:受电弧高温作用不会因热变形,绝缘性能不能下降,机械强度好且易加工制造等。灭弧罩材料过去广泛采用石棉水泥和陶土材料。现在逐渐改为采用耐弧陶瓷和耐弧塑料,它们在耐弧性能与机械强度方面都有所提高。

3. 油冷灭弧装置

油冷灭弧是将电弧置于液体介质(一般为变压器油)中,电弧将油汽化、分解而形成油气。油气中主要成分是氢,在油中以气泡的形式包围电弧。氢气具有很高的导热系数,这就使电弧的热量容易散发。另外,由于存在着温度差,所以气泡产生运动,又进一步加强了电弧的冷却。若再要提高其灭弧效果,可在油箱中加设一定机构,使电弧定向发生运动,这就是油吹灭弧。由于电弧在油中灭弧能力比在大气中拉长电弧大得多,所以这种方法一般用于高压电器中,如油开关。

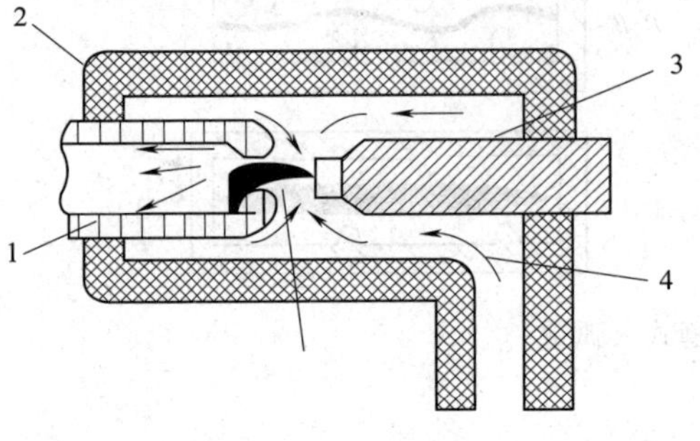

图 6-16　气吹灭弧装置
1—动触头;2—灭弧室瓷罩;3—静触头;4—压缩空气;5—电弧

4. 气吹灭弧装置

气吹灭弧是利用压缩空气来熄灭电弧的。压缩空气作用于电弧,可以很好地冷却电弧、提高电弧区的压力、很快带走残余的游离气体,所以有较高的灭弧性能。按照气流吹弧的方向,它可以分为横吹和纵吹两类。图 6-16 表示了纵吹(径向吹)的一种形式。

压缩空气沿电弧径向吹入,然后通过动触头的喷口、内孔向大气排出,电弧的弧根能很快被吹离触头表面,因而触头接触表面不易烧损。因为压缩空气的压力与电弧本身无关,所以使用气吹灭弧时要注意熄灭小电流电弧时容易引起过电压。由于气吹灭弧的灭弧能力较强,故一般运用在高压电器中。

5. 横向金属栅片灭弧

横向金属栅片又称为离子栅,它利用的是短弧灭弧原理。用磁性材料的金属片置于电弧中,将电弧分成若干短弧,利用交流电弧的近阴极效应和直流电弧的极旁压降来达到熄灭电弧的目的。

横向金属栅片灭弧情况如图 6-17 所示。

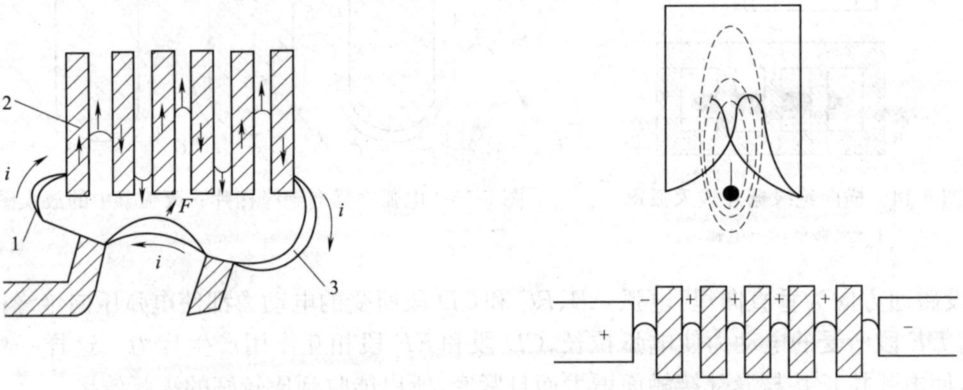

图 6-17　横向金属栅片灭弧罩结构、原理图
1—入栅片前的电弧;2—金属栅;3—入栅片后的电弧

栅片的材料一般采用铁。当电弧靠近铁栅片时,由于铁片为磁性材料,所以栅片本身就具有一个把电弧拉入栅片的磁场力。当电弧被这个磁场力或外力拉入铁片栅中时,空气阻力较大。为了减少电弧刚进入铁栅片时的空气阻力,铁栅片做成楔口并交叉装置,如图 6-17(b)所示,即只让电弧先进入一半铁片栅中。随着电弧继续进入铁片栅中,磁阻减小,

铁片对电弧的拉力增大，使电弧进入所有的铁片栅中。电弧进入栅片后分成许多串联短弧，电流回路产生作用于各短弧上的电动力使短弧继续发生运动。此时应注意短弧被拉回向触头方向运动的力，它会使电弧重燃并烧损触头。为了消除这种现象，可以采用凹形栅片和O形栅片。铁栅片在使用时一般外表面要镀上一层铜，以增大传热能力和防止铁片生锈。

横向金属栅片灭弧装置主要用于交流电器，因为它可将起始介质强度成倍的增长。对于直流电弧而言，因无近阴极效应，只能靠成倍提高极旁压降来进行灭弧。由于极旁压降值较小，要想达到较好的灭弧效果，金属栅片的数量太大，会造成灭弧装置体积庞大。

6. 真空灭弧

真空灭弧是使触头电弧的产生和熄灭在真空中进行，它是依据零点熄弧原理，以真空为熄弧介质工作的。真空灭弧室中的电弧是由于触头所蒸发出来的金属蒸气被游离后而形成的，由于弧柱周围是真空，在电弧电流过零时，弧柱中的电子和离子得以高速扩散，在几个微秒内，电弧就被熄灭。所以“真空”的特点是耐压强度高，介质强度恢复快，且开断不受气候条件等外界因素的限制。

第三节 电接触与触头系统

电路的通断和转换是通过电器来实现的，触头是有触点电器极为重要的组成部分，是其执行部件。触头工作的优劣直接影响到电器的性能，但由于其经常受到机械撞击、发热及电弧等作用极易损伤，故而它是电器中最薄弱的环节。

在实际工作中，为了保证电器工作的可靠性和使用寿命，对触头有如下的要求：

工作可靠，接触电阻小；有足够的机械强度；长期通过额定电流时，温升不超过允许值；有足够的电动稳定性能和热稳定性能；有足够的抗腐蚀性。除此，还应有足够的使用寿命和经济价值，便于制造和日常维护。

一、触头的接触形式

载流导体及电器的导电回路中，两个或几个导体通过机械方式连接，从而可以使电流通过的状态称为电接触连接。

按其工作方式，电接触连接可分为：固定电接触、滑动及滚动电接触、可分合电接触三种。

1. 固定电接触

两个导体，其连接处用铆钉、螺栓等紧固件连接起来，工作过程中接触面不发生相互分离和相对移动的连接方式，称为固定电接触。其特点是：接触面之间无相对运动，如各类电器的出线端与母线的连接，母线与母线的连接等。

2. 滑动与滚动电接触

在工作过程中，接触面间可以相互滑动或滚动，但不能分断电路的接触，称作滑动或滚动电接触。如直流电机的电刷与换向器之间的连接。

3. 可分合接触

在工作过程中，可以分开或闭合的电接触称为可分合接触，又称触头。触头总是成对出现的，一个为动触头，一个为静触头。动、静触头分开，电路分断；动、静触头闭合，电路接通。此类电接触广泛用于各类断路器、接触器和继电器中。

按在电路中的作用，触头可分为主触头和辅助触头。主触头用于主电路；辅助触头用于辅助电路或控制电路。由于辅助触头常常起到电气联锁作用，所以又称为联锁触头。联锁触头又分为正联锁触头（常开触头）和反联锁触头（常闭触头）。在无电情况下，触头是断开的为常开触头；触头是闭合的为常闭触头。

触头的接触形式分为点接触、线接触和面接触三种，如图 6-18 所示。触头对电路电流的接通，是通过其接触面来实现的，所以接触形式对触头的工作性能起着重要的作用。

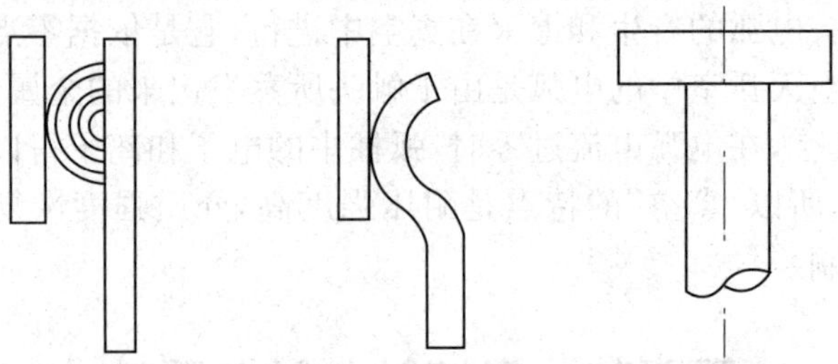

(a) 点接触　　(b) 线接触　　(c) 面接触

图 6-18　触头的接触形式

(1)点接触

点接触是指一个很小的面积内的若干个点接触的触头（如球面对球面、球面对平面），如图 6-18(a)所示。点接触用于 20 A 以下的小电流电器，如继电器的触头，接触器和自动开关的联锁触头等，一般控制电路的触头都采用点接触形式。由于接触面积小，保证其可靠工作所需的接触压力也较小。

(2)线接触

线接触是指两个导体沿着线或较窄面积接触的触头（如圆柱对圆柱、圆柱对平面），如图 6-18(b)所示。线接触的接触面积和接触压力适中，常用于几十安至几百安电流的中等容量电器，如接触器、自动开关及高压开关电器的触头。

(3)面接触

面接触是指两个导体沿着较广的表面接触的触头（如平面对平面），如图 6-18(c)所示。其接触面积和触头压力较大，多用于固定母线接触及大电流的电器，如大容量的接触器和断路器的主触头。

二、触头的主要参数

触头的主要参数有开距 s、超程 r、初压力 F_0 和终压力 F_Z 等。

1. 触头的开距 s

触头处于断开位置时，动、静触头之间的最小距离称为触头的开距 s（或行程），如图 6-19(a)所示。

开距是触头的一个主要参数，不仅用于保证触头分断电路时可靠地灭弧，而且还能使触头间具有足够的绝缘能力。它影响触头与灭弧系统的尺寸和电磁传动机构的尺寸。

为减小电器尺寸和减小触头闭合时的振动，在保证可靠开断电路的原则下，触头开距越小越好。

2. 触头的超程 r

触头的超程是指电器触头完全闭合后，如果将静(或动)触头移开，动(或静)触头在触头弹簧的作用下继续前移的距离 r，如图 6-19(b)所示。

超程是用以保证在触头允许磨损的范围内仍能可靠地接触。应指出，超程不易取值过大，因为当超程过大时，在一定的吸力情况下，触头的初压力相应要小一些，这对减小触头振动是不利的。

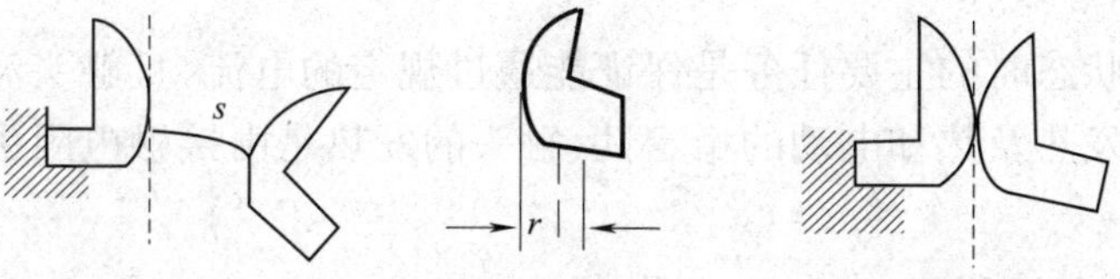

(a) 完全断开状态　(b) 闭合状态　(c) 刚接触时

图 6-19　触头的参数

3. 触头的初压力 F_0

当动触头与静触头刚好接触，每个触头的压力称为触头的初压力 F_0，如图 6-19(c)所示。触头的初压力是由调节触头预压缩弹簧来保证的。增大初压力可以降低触头闭合过程的弹跳。

4. 触头的终压力 F_Z

当动、静触头闭合终了时，每个触头上的压力称为终压力 F_Z，如图 6-19(b)所示。它由触头弹簧最终压缩量决定，此压力应使触头闭合状态时的实际接触面积增加，接触电阻低而稳定。

5. 触头的研距

动触头和静触头接触过程中，触头表面既有滚动又有滑动，这种滚动和滑动称为触头的研磨过程。由研磨所产生的距离称为研距。

如图 6-20 所示，一般线接触触头的动、静触头开始接触时，其接触线在 a 点处，在触头闭合过程中，接触线逐渐移动，最后停在 b 点处接触，以导通工作电流。动触头上的 ab 和静触头上的 $a'b'$ 称为触头研距。研距是触头开闭过程中动静触头滚动距离和滑动距离之和。动、静触头两者在接触过程中，相对滚动和滑动并存，整个接触过程称为触头的研磨过程。

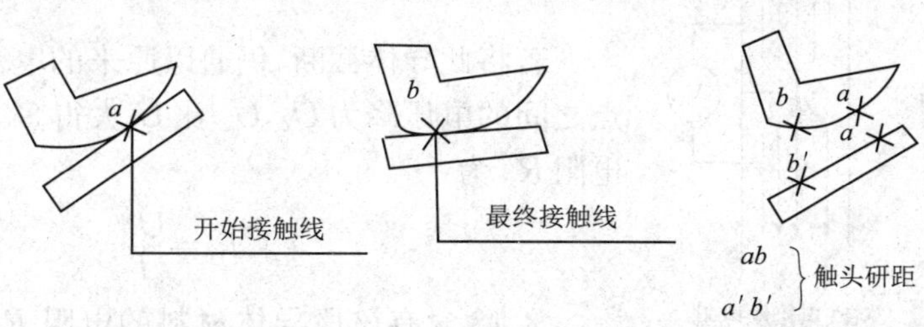

图 6-20　触头的研磨过程及研距

接触线的移动，使触头在闭合时的撞击处与最后闭合位置的工作点之间，以及开断电路时产生电弧处与闭合位置的工作点分开，保证工作点不受机械撞击与电弧的破坏作用，同时擦除触头表面所形成的氧化膜，使触头有良好的电接触。

触头的开距、超程、初压力和终压力都是必须进行检测的重要参数。在电器的使用和维修中常用这些参数来反映触头的工作情况及检验电器的工作状态。

三、触头的工作情况

触头的工作情况有以下四种：

1. 触头处于闭合状态

触头处于闭合状态时的主要任务是保证能通过规定的电流，且触头温升不超过允许值。主要问题是触头的发热及热和电动的稳定性，触头的发热是由接触电阻引起的，因此应设法减小接触电阻。

2. 触头处于闭合过程

触头在闭合过程中会因碰撞而产生机械振动，动、静触头不是一次接触就能闭合，而是一个过程，称其为闭合过程。这个过程的主要问题是设法减小机械振动，减小触头的磨损，避免触头熔焊。

3. 触头处于断开状态

触头处于断开状态时，必须有足够的开距，以保证可靠地熄灭电弧和必要的安全绝缘间隔，可靠开断电路。

4. 触头的开断过程

触头开断过程是触头最繁重的工作过程。可分为以下三个过程：触头完全闭合时起到触头即将开始分开为止；触头开始分开的一段时间；电路完全切断。当触头开断电路时，一般会在触头间产生电弧，这个过程的主要问题是设法熄灭电弧，减小由电弧而产生的触头电磨损。

四、触头的接触电阻

1. 接触电阻的产生

图 6-21 所示为一段完整的导体，通以电流 I，用电压表测得其 AB 长度上的电压降为 U，则 AB 段导体的电阻 R 为

$$R=\frac{U}{I} \tag{6-7}$$

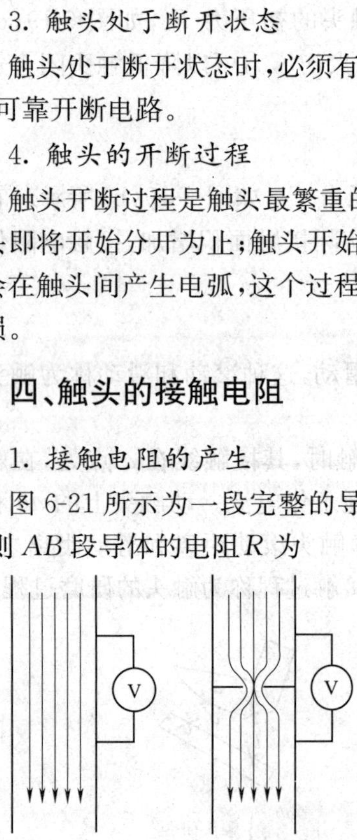

(a) 导体的电阻　　(b) 电接触电阻

图 6-21　导体及电接触连接的电阻

若将此导体截断，仍通以原来的电流 I，测得 AB 两点之间的电压降为 U_c，U_c 比 U 大得多，AB 两点之间的电阻 R_c 为

$$R_c=\frac{U_c}{I} \tag{6-8}$$

R_c 除含有该段导体材料的电阻 R 外，还有附加电阻 R_j，即

$$R_c = R + R_j \tag{6-9}$$

附加电阻是由接触层之间直接产生的电阻，故称附加电阻 R_j 为接触电阻。动、静触头接触时同样也存在接触电阻。

接触电阻 R_j 由收缩电阻 R_s 和表面膜电阻 R_b 组成，即

$$R_j = R_s + R_b \tag{6-10}$$

(1)收缩电阻 R_s

接触处的表面尽管经过精加工，但从微观角度分析，其接触面总是凹凸不平的，实际上只有若干小的突起部分相接触，如图 6-22 所示，实际接触面积比视在接触面积小得多。当电流通过实际接触面积时，电流只从接触点上通过，在这些接触点附近，迫使电流线发生收缩。由于有效接触面积(实际接触面积)小于视在接触面积，由此产生的附加电阻称为收缩电阻 R_s[图 6-21(b)]。

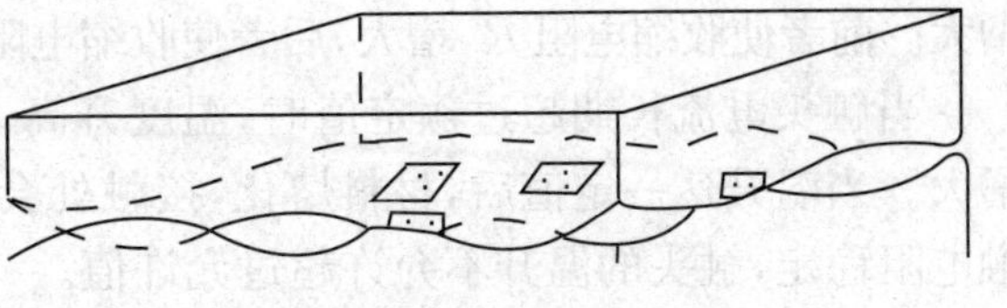

图 6-22　触头的接触状态

(2)表面膜电阻 R_b

电接触表面，由于氧化、触头表面存有污物等原因，覆盖着一层导电性很差的薄膜。例如金属的氧化物、硫化物等，其电阻系数远大于原金属，也可能是落在接触表面上的灰尘、污物等，由此而形成的附加电阻，称为表面膜电阻 R_b。

表面膜电阻的大小除与膜的种类有关外，还与膜的厚度有关，膜越厚电阻越大。

2. 接触电阻 R_j 的计算公式

接触电阻与触头材料、触头压力、接触面形式、表面状况等因素有关。由于膜电阻难于计算，故接触电阻 R_j 可用经验公式计算，即

$$R_j = \frac{K_j}{F^m} \tag{6-11}$$

式中　R_j——触头接触电阻，Ω；

F——触头压力，N；

m——与触头接触形式有关的常数，其值在 0.5～1.0 之间，对于点接触 $m=0.5$；线接触 $m=0.5 \sim 0.8$；面接触 $m=1$。

K_j——与接触材料、接触表面加工方法、接触面状况有关的常数，其值可查阅相关资料。

3. 影响接触电阻的各种因素

一般希望得到低值而稳定的接触电阻，以保证电接触的可靠工作。影响接触电阻的因素有接触压力、温度、化学腐蚀、触头表面情况、触头材料等。

(1)接触压力

由式(6-11)可见，加大压力 F 可使接触电阻 R_j 减小，当压力很小时，接触压力微小的变化都会使接触电阻值产生很大的波动。但当压力达到一定值后，接触电阻受压力变化的影响甚微。这是因为在压力作用下，两表面接触处产生弹性变形，压力增大，变形增加，有效接触面积增加，收缩电阻减小。而当压力达到一定值后，收缩电阻几乎不变，这是因为材料的弹性变形是有一定限度的。因而接触面积的增加也是有限的，故接触电阻不可能完全消除。

为保证触头在一定的电流下能正常工作，触头的接触电阻应不大于某一数值，因此触头间的压力不能小于某一数值，但也不必多大。因为压力达一定值后，接触电阻的减小并不明显，相反还会带来一些不利的影响。

(2)温度

接触点温度升高后，金属的电阻率有所增加，但材料的硬度有所降低，使得有效接触面积增大。前者使收缩电阻 R_s 增大，后者使收缩电阻 R_s 减小，两相补偿，所以接触电阻变化甚微。

当触头电流长期超过额定值时，温度升高，在温度达到软化点以前，接触电阻随温升而增大。当温升达一定值后，材料熔化，接触处会熔焊在一起，触头难以分离。因此为保证接触电阻稳定，触头的温升不允许超过允许值。

(3)化学腐蚀

触头在长期工作过程中，其接触电阻有所变化，主要原因是由于化学腐蚀及电化学腐蚀。

单纯由化学作用引起的腐蚀称为化学腐蚀。

①在空气中，触头材料与干燥气体接触时，在金属表面生成相应的化合物，如氧化物、硫化物、氯化物等；变压器油中的有机酸与触头起化学作用，在表面生成不导电的化学膜，这些原因都会使接触电阻值增加。

②暴露在空气中的接触面(除铂和金外)都将产生氧化作用，形成金属氧化物。这样会使实际接触面减小，接触电阻增加。接触面温度越高氧化作用越强烈。因此应保持接触点在长期工作下温度不宜过高。

为减小化学腐蚀的影响，常在设计触头时，使其具有自动净化功能或采用触头密封装置。除此还在接触面上加覆盖层，如搪锡或镀银，以获得较稳定的接触电阻。

(4)电化学腐蚀

采用不同的金属作触头对时，由于两金属接触处有电位差，当湿度大时，在触头对的接触处会发生电解作用，引起触头的电化学腐蚀，使接触电阻增加。

常用金属材料的电化顺序是金(Au)、铂(Pt)、银(Ag)、铜(Cu)、氢(H)、锡(Sn)、镍(Ni)、镉(Cd)、铁(Fe)、铬(Cr)、锌(Zn)、铝(A1)，规定氢的电化电位为0，在它后面的金属具有不同的负电位(如Al的电化电位为−1.34 V)，在它前面的金属具有不同的正电位(如Ag的电化电位为+0.8 V)。选取触头对时，应取电化顺序中位置靠近的金属，以减小电化电势。例如不宜采用铝—铜做触头对。

(5)接触表面加工情况

表面粗糙程度影响接触点数目，因而影响接触电阻。接触表面可以粗加工，也可以精加工，至于采用哪种方式加工更好，要根据负荷大小、接触形式和用途而定。

对于大、中电流电器的触头表面，不要求精加工，最好用锉刀加工，重要的是平整。两个平整而较粗糙的平面接触在一起。接触点数目较多且稳定，并能有效地清除氧化膜。相反，精加工的表面，当装配稍有歪斜时，接触点的数目显著减小。

对于某些小功率电器，触头电流小到毫安以下，为了保证接触电阻小而稳定，则要求触头表面粗糙度越低越好。粗糙度低的触头不易受污染，也不易生成膜电阻。为达到这样低的粗糙度，往往采用机械、电或化学抛光等工艺。

(6)触头材料

触头材料的电阻系数大的，接触电阻大。硬度大的材料不易变形，在一定压力下接触面较小，其接触电阻值就小。因此常在接触连接处，用较软的金属覆盖在硬金属上，以获得较好的工作性能。如铜触头搪锡、铜镀银等。

银的电阻率小于铜，但银比铜贵，所以采用铜表面镀银的工艺。

铝在常温下几秒钟内就氧化，氧化膜电阻较大。铝一般只用作固定连接，并常在其表面覆盖银、铜、锡等以减小接触电阻。金、铂、铱等化学性能稳定，但价格昂贵，一般只用于小型电器的弱电流触头。

同时，还要注意材料的化学性质和抗电化学腐蚀性，综合考虑减小接触电阻的措施。

4. 减小接触电阻的方法

接触电阻过大，会产生较大的附加损耗，加速绝缘材料老化，减少触头的使用寿命。

根据接触电阻的形成原因，减小接触电阻一般可采用下列方法：

(1)增加接触点数目。为此，应选择适当的接触形式，用适当的方法加工接触表面，并在接触处加一定的压力。

(2)采用本身电阻系数小，且不易氧化或氧化膜电阻较小的材料作为接触导体，或作为接触面的覆盖层。

(3)触头在开闭过程中应具有研磨过程，以擦去氧化膜。

(4)经常清扫擦拭触头表面的油污、尘埃，保持触头干燥。

五、触头的振动与熔焊

1. 产生振动的原因

触头在闭合过程中，触头间的碰撞、触头间的电动斥力和衔铁与铁芯的碰撞都可能引起触头的机械振动。

动触头以速度 v_0 碰撞静触头，静触头受撞击后获得速度 v_1。若 $v_1 > v_0$，则动、静触头又分离。以后，动触头继续移向静触头，静触头则在触头弹簧压力的作用下，使速度 v_1 逐渐降低，于是动、静触头又重新接触，发生第二次碰撞。所以，触头的闭合过程是经过一系列的碰撞后才完成的，这种现象称为触头在闭合过程中的机械振动。

设触头间距离为 l，则在闭合过程中触头距离对时间 t 的变化曲线 $l=f(t)$ 如图 6-23 所示。

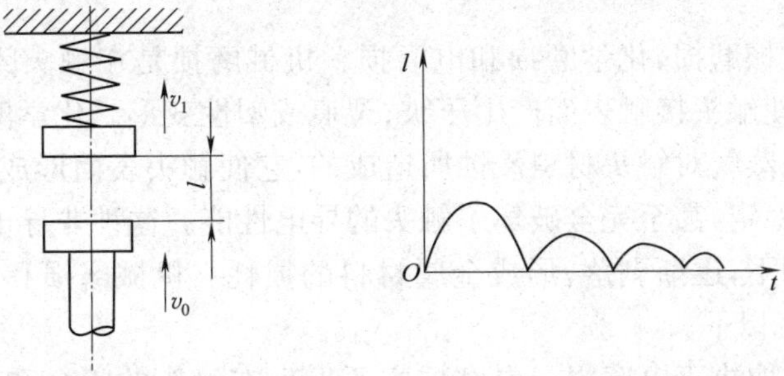

(a)碰撞过程　(b)触头距离对时间变化曲线

图 6-23　触头闭合过程中产生的振动

2. 减小振动的方法

为了提高触头的使用寿命，必须减小触头的振动。减小触头振动有如下几种方法：

(1)使触头具有一定的初压力。增大初压力可减小触头反跳时的振幅和振动时间。但初压力是有限的，如果初压力超过了传动机构的作用力(例如电磁机构的吸力)，则不仅触头反跳的距离增加，而且触头也不能可靠地闭合，反而造成触头磨损增加。

(2)降低动触头的闭合速度，以减小碰撞动能。由实验可知，减小触头闭合瞬间的速度可减小触头振动的振幅。这要求吸力特性和反力特性良好配合。需要指出的是，当触头回路电压高于 300 V 时，若闭合速度过小，则在动、静触头靠近时，触头间隙会击穿形成电弧，反而会引起电磨损的增加。

(3)减小动触头的质量，以减小碰撞动能，从而减小触头的振幅。但是，在减小触头质量时必须考虑触头机械强度，散热面积等问题。

(4)对于电磁式电器，减小衔铁和静铁芯碰撞时引起的磁系统的振动，以减小触头的二次振动。其方法是吸力特性与反力特性有良好的配合及铁芯具有缓冲装置。

3. 触头的熔焊

触头在闭合过程中，撞击和摩擦的结果，使接触面产生压皱、裂痕或塑性变形及磨损，统称为机械磨损。对于接通较大电流的触头，闭合过程中的振动会在触头之间产生电弧，造成电磨损，严重时甚至会造成触头的熔焊。

触头的机械振动，不仅由于闭合过程中触头相互碰撞引起，触头间收缩电动力也引起触头间振动，特别是在通过大的过载电流或短路电流时，电动力可能将触头斥开，使触头间产生断续电弧，在电弧高温下，触头表面金属熔化，当触头最终闭合时，动、静触头焊接在一起不能分开。这种由于热效应引起触头的焊接，称为触头的“熔焊”。应指出，触头的“熔焊”可能发生于严重过载和短路电流的情况下，在额定电流下不可能发生的。

为减小接通电路是触头的磨损和防止触头熔焊，可采取增大触头初压力；提高触头弹簧强度；减小运动部分最后速度及适当减少触头系统的质量等措施。

六、触头的磨损

触头在多次接通和断开有载电路后，它的接触表面将逐渐产生磨耗和损坏，这种现象称为触头的磨损。磨损直接影响电器的寿命。

1. 磨损的原因

触头磨损包括机械磨损、化学磨损和电磨损。机械磨损是在触头闭合和打开时研磨和机械碰撞造成的，它使触头接触表面产生压皱、裂痕或塑性变形。化学磨损是由于周围介质中的腐蚀性气体或水蒸气对触头材料浸蚀所造成的，它使触头表面形成非导电性薄膜，致使接触电阻变大，且不稳定，甚至完全破坏了触头的导电性能。这种非导电性薄膜在触头相互碰撞及触头压力作用下，逐渐剥落，形成金属材料的损耗。机械磨损和化学磨损一般很小，约占全部磨损的 10%以下。

触头的磨损主要取决于电磨损。电磨损主要发生在触头的闭合和开断过程中，在触头闭合电流时产生的电磨损，主要是由于触头碰撞引起振动所产生的，在触头开断电流时所产生的电磨损，是由高温电弧所造成的。

2. 电磨损的形式

触头分断与闭合电路过程中，会产生金属液桥、电弧和火花放电等各种现象，引起金属转移、喷溅和汽化，使触头材料损耗和变形，这种现象称为触头的电磨损。

电磨损主要有液桥的金属转移和电弧的烧损两种形式。

(1)液桥的形成和金属转移

触头在断开过程中，动、静触头间形成熔化的液态金属桥，称为液桥。在动触头开始运动但尚未分开之前，接触压力和接触点数目逐渐减小，接触电阻增大，这样就使接触点的电流密度急剧增加，表面温度上升，促使接触处的金属熔化，形成金属液体滴。触头继续断开时，将金属液体滴拉长，形成液桥。

实践证明，由于液桥的金属转移作用，经过很多次操作后，触头的阳极因金属损耗而形成凹坑，阴极金属增多形成针刺，凸出于接触表面，经多次拉断后，阳极材料耗损严重。所以常选用导热性较好的材料作为阳极材料。

在弱电流电器(如继电器)中，液桥对触头的电磨损起着重要影响。

(2)电弧对触头的腐蚀

电弧对触头的腐蚀十分严重，电弧磨损要比液桥引起的金属转移高出5～10倍。当电弧的温度极高，触头间距离又较大时，一般都采用电动力吹弧的方法来熄灭电弧，加上强烈的金属蒸气浪冲击，往往会把液态金属从触头表面吹出，向四周飞溅。这种磨损与小功率电弧的磨损是不同的，金属蒸气再度沉积于触头接触表面上的概率已大大减小，使触头的阴、阳极都遭到严重磨损，由于阳极温度高于阴极，所以阳极磨损更为严重。

为减小电弧磨损，应正确选用触头材料。一般断路器主触头上的引弧部分或弧触头大多采用铜—钨或银—钨陶冶材料。

3. 减小触头电磨损的方法

减小触头电磨损，可从减小触头在开断过程中的磨损和减小触头闭合过程中的磨损两方面着手。

(1)减小触头开断过程中的磨损(即减小触头开断时的电弧)

①选择灭弧系统的参数，例如磁吹的磁感应强度 B。B 值过小，吹弧电动力太小，电弧在触头上停留时间较长，触头电磨损增加；B 值过大，吹弧电动力过大，会把触头间熔化的金属液桥吹走，电磨损也增加，因此，应选择恰当的 B 值。

②对于交流电器(如交流接触器)宜采用去离子栅灭弧系统，利用交流电流通过自然零点而熄弧，减小触头的电磨损。

③采用熄灭火花电路，以减小触头的电磨损。该方法是在弱电流触头电路中，在触头上并联电阻、电容，以熄灭触头上的火花。这种火花熄灭电路对开断小功率直流电路很有效。

④正确选用触头材料。例如，钨、钼的熔点和气化点高，因此，钨、钼及其合金有良好的抗磨损性能，银、铜的熔点和气化点低，抗磨损性能较差。

(2)减小触头闭合过程中的磨损

触头闭合过程中的磨损主要由触头在闭合过程中的振动引起，所以，减小触头闭合过程中电磨损，必须减小触头的机械振动。

七、触头材料

触头采用的材料性质直接关系电接触工作的可靠性，尤其对触头磨损影响甚大。根据电器的任务和使用条件的差异，对触头材料的性能要求也有所不同。

(1)尽可能高的导电和导热性能。

电阻率要低，导热系数要大。电阻率小，触头处于闭合状态时的接触电阻小，相应的热损耗小。导热系数大，可以加强触头和导体的散热。要求形成电弧的最小电流和最小电压高，使电弧难于形成，易于熄灭。

(2)良好的机械性能

材料应有适当的强度和硬度，摩擦系数要小，好的机械强度可使电接触坚固耐用，在机械力和电动力的作用下不至于引起变形，这对牵引电器尤为重要。材料的弹性和塑性也应适中，弹性大的触头容易在闭合过程中产生较严重振动，同时弹性大的材料加工困难。塑性大的材料易引起严重变形和机械磨损。摩擦系数小，可减小机械磨损。

(3)良好的化学性能

电接触材料要具有很好的化学稳定性，在常温下不易氧化，或者氧化物的电阻尽量小，耐腐蚀。

触头材料分三类：纯金属、金属合金和金属陶冶材料。

1. 纯金属材料

(1)银：银是高质量的触头材料，具有高的导电和导热性能。银在常温下不易氧化，其氧化膜能导电，在高温下易分解还原成金属银。如 Ag_2O 在 200 ℃时分解，AgO 在 100 ℃时分解。银的缺点是熔点低，硬度小，不耐磨。由于银的价格高，因此仅用于继电器和小功率接触器的触头或用于接触零件的电镀覆盖层。

(2)铜：铜是广泛使用的触头材料，导电和导热性能仅次于银。铜的硬度较大，熔点较高，加工容易，价格低廉。铜的缺点是易氧化，其氧化膜的导电性很差，当长时间处于较高的环境温度下，氧化膜不断加厚，使接触电阻成倍增长，甚至会使电流通路中断。因此，铜不适用于作非频繁操作电器的触头材料，对于频繁操作的接触器，电流大于 150 A 时，氧化膜在电弧高温作用下分解，可采用铜触头，并制成单断点指式触头，在触头分、合过程中有研磨过程，以清除氧化铜薄膜。

(3)铂：铂是贵金属，化学性能稳定，接触电阻也非常稳定。铂的导电和导热性能差，在触头开始分断时容易产生金属桥，使触头上形成毛刺。铂价格昂贵，资源缺乏，因此不采用纯铂作继电器的触头材料，一般用铂的合金作小功率继电器的触头。

(4)钨：钨的熔点高，硬度大，耐电弧，钨触头在工作过程中几乎不会产生熔焊。但是，钨的导电性能较差，接触电阻大，易氧化，特别是与塑料等有机化合物蒸气作用(例如在封闭塑料外壳内的钨触头)，生成透明的绝缘表面膜，而且此膜不易清除。因此，除少数特殊场合(如火花放电间隙的电极)外，一般不采用纯钨作触头材料。

由于纯金属本身性能的差异，将它们以不同的成分相配合构成合金或金属陶冶材料，使触头的性能得以改进。

2. 合金材料

由于纯金属本身性能的差异，将它们以不同的成分相配合，构成金属合金或金属陶冶材料，使触头的工作性能得以改进。

(1)银铜合金：适当提高银铜合金的含铜量，可提高其硬度和耐磨性能。但是，含铜量不宜过高，否则，会和铜一样易于氧化，接触电阻不稳定。银铜合金熔点低，一般不用作触头材料，主要用作焊接触头的银焊料。

(2)银钨和钯铜：银钨和钯铜都有较高的硬度，比较耐磨，抗熔焊。有时用于小功率电器及精密仪器仪表中。

(3)钯铱合金：钯铱合金使用较广泛，铱有效地提高了合金的硬度、强度及抗腐蚀能力。

3. 金属陶冶材料

金属陶冶材料是由两种或两种以上的彼此不相熔合的金属组成的机械混合物，其中一种金属有很高的导电性(如银、铜等)，作为材料中的填料，称为导电相，另一种金属有很高的熔点和硬度(如钨、镍、钼、氧化镉等)，在电弧的高温作用下不易变形和熔化，称为耐熔相，这类金属在触头材料中起着骨架的作用。这样，就保持了两种材料的优点，克服了各自的缺点，是比较理想的触头材料。

常用的金属陶冶材料有以下几种：

(1)银—氧化镉：氧化镉在银中不仅起到增加强度和硬度的作用，还能大大提高抗弧能力。它可塑性好，易加工。因此，它是一种较为理想的触头材料。

(2)银—氧化铜：银—氧化铜与银—氧化镉相比，耐磨损，抗熔焊性能好，无毒，使用寿命长，价格便宜。

(3)银—钨：银—钨具有银的良好的导电性，同时，又具有钨的高熔点、高硬度、耐电弧腐蚀、抗熔焊等特性，常用作电器的弧触头材料。银—钨的缺点是接触电阻不稳定，随着开闭次数的增加，接触电阻增大，其原因在于分断过程中，触头表面产生三氧化钨、钨酸银等电阻率高的薄膜。

(4)银—石墨：银—石墨材料的导电性能好，接触电阻低，抗熔焊，在短路电流下也不会熔焊，其缺点是电磨损大。

第四节　电器的传动装置

电器的传动装置是有触点电器用来驱使电器运动部分按照一定要求进行动作的机构。它属于电器的感测部分，可接收外界的信号，并通过转换、放大、判断，作出有规律的反应，使电器的执行部分(触头)动作，输出相应的指令，实现控制的目的。

一、电磁传动装置

1. 电磁传动装置的基本组成和工作原理

电磁传动装置是一种通过电磁铁把电磁能转换成机械能，驱使电器触头动作的机构。

电磁传动装置实际上就是一个电磁铁，主要由吸引线圈和磁系统两部分组成。磁系统通常由铁芯、磁轭和衔铁三部分组成。其中衔铁又称为动铁芯，铁芯和磁轭又称为静铁芯。

图 6-24 所示的直流拍合式电磁铁，是直流接触器和继电器常用的电磁铁类型。其工作原理和各组成部分的用途如下：

线圈套在铁芯上，极靴与衔铁之间的空气间隙称为工作气隙。极靴用来增大气隙磁导，并可压制住线圈。非磁性垫片用来减少剩磁通，以防止线圈断电后衔铁被剩磁吸力吸住而不能释放。

在线圈 3 未通电时，衔铁 1 在反力弹簧 7 的作用下，处于打开位置，衔铁 1 与极靴 2 之

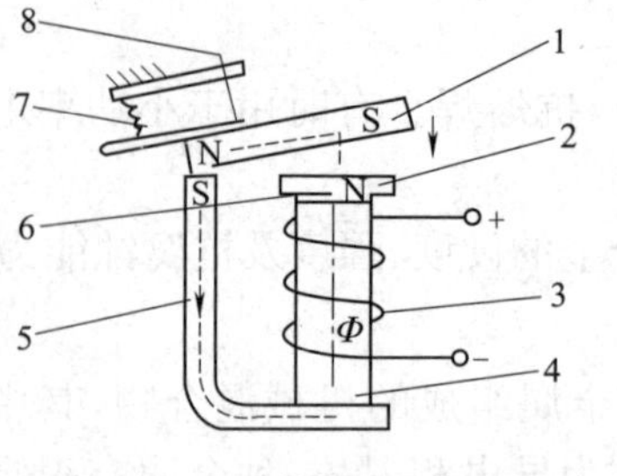

图 6-24　电磁铁的工作原理

1—衔铁；2—极靴；3—线圈；4—铁芯；5—磁轭；6—非磁性垫片；7—反力弹簧；8—调节螺钉

间保持一个较大的气隙。当线圈通电后，在导磁体中产生磁通 Φ，根据磁力线流入端为 S 极，流出端为 N 极的规定，在衔铁与极靴相对的端面具有异极性。由于异性磁极相吸，于是在铁芯和衔铁间产生电磁吸力。当电磁吸力大于反力弹簧的反作用力时，衔铁被吸向铁芯，直到与极靴接触为止。这个过程称为衔铁的吸合过程。当线圈中的电流减小或中断时，铁芯中的磁通就变小，吸力也随之减小，当电磁吸力小于反力弹簧的反作用力时，衔铁就在反力弹簧作用下返回至打开位置，这个过程称为衔铁的释放过程。

由此可见，只要控制电磁铁吸引线圈电流就能通过触头来控制其他电器的工作情况。规定：当线圈失电时，若触头是处于打开状态，称为常开触头（也作动合触头）；若触头处于闭合状态，则称为常闭触头（也作动断触头）。

电磁铁在实际中用途非常广泛，如接触器，利用电磁铁带动触头，实现自动控制及远距离操纵的目的。在很多继电器中，也利用电磁铁作感受元件，对电路及电器设备进行保护和控制。

2. 电磁传动装置的分类

电磁铁的结构形式多种多样，常见的几种结构如图 6-25 所示。电磁铁可根据线圈电流种类、磁路的形式、衔铁运动的方式、线圈接入电路的方式不同，分为多种形式和类型。

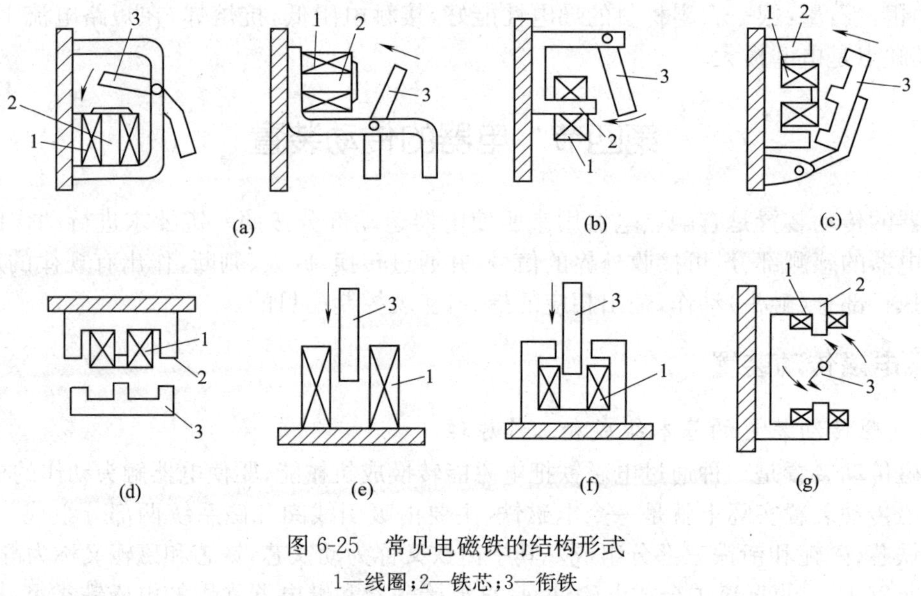

图 6-25　常见电磁铁的结构形式

1—线圈；2—铁芯；3—衔铁

(1)按线圈通电电流的性质分类

①直流电磁铁

直流电磁铁的线圈中通过直流电流，当电流达到稳定以后，磁通是恒定的，不随时间而变化，在铁芯中没有涡流和磁滞损耗，故其铁芯和衔铁可以采用整块工程软铁或整块钢制成。

②交流电磁铁

交流电磁铁的线圈中通过交流电流，导磁体中的磁通是交变的，有涡流和磁滞损耗存在。故铁芯一般用硅钢片叠制而成，线圈与铁芯的间隙也较大，以利于线圈散热。

(2)按磁路形式和衔铁运动方式不同分类

①U形拍合式

铁芯制成U字形，而衔铁的一端绕棱角或转轴做拍合运动。图6-25(a)所示的电磁铁为衔铁绕棱角运动的U形拍合式，这种形式的电磁铁广泛用于直流电磁式电器(如直流接触器和直流继电器)中。图6-25(b)所示的电磁铁为衔铁绕转轴转动的U形拍合式，这种形式的电磁铁广泛用于交流电磁式电器中。

②E形拍合式和E形直动式

铁芯和衔铁都制成E字形，并且都用电工钢片叠成，线圈套装在中间铁芯柱上。E形拍合式如图6-25(c)所示，E形直动式如图6-25(d)所示，这两种形式的电磁铁都用于交流电磁式电器中。E形拍合式广泛用于60 A及其以上的交流接触器中。E形直动式广泛用于40 A以下的交流接触器和交流电压继电器、中间继电器及时间继电器中。

③空心螺管式

空心螺管式电磁铁只有空心线圈和圆柱衔铁，没有铁芯，衔铁在空心线圈中做直线运动，如图6-25(e)所示。这种电磁铁主要用于交流电流继电器和供电系统用的时间继电器中。

④装甲螺管式

在空心线圈的外面罩上用导磁材料制成的外壳，圆柱形衔铁在空心线圈中做直线运动，如图6-25(f)所示。这种电磁铁常用于交流电流继电器中。

⑤回转式

铁芯制成C字形，用电工钢片叠成，两个可串接或并接的线圈分别绕在铁芯开口侧的铁芯柱上，而衔铁是Z形转子，如图6-25(g)所示。这种电磁铁应用于供电系统的电流继电器中。

(3)按线圈与电路的连接方式分类

①串联电磁铁

如图6-26(a)所示，串联电磁铁的线圈与负载串联，反应的是电流量，其线圈称为串联线圈或电流线圈。具有这种电磁铁的电器都属于电流型电器。为了不影响电路中负载的端电压和电流，要求线圈阻抗小，所以串联线圈匝数少且导线粗。

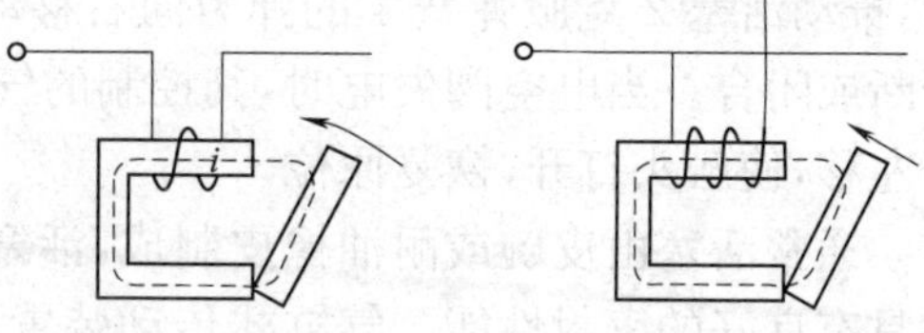

(a) 串联电磁铁　　(b) 并联电磁铁

图6-26　电磁铁接入电路的方式

②并联电磁铁

如图6-26(b)所示，电磁铁的线圈与电源并联，并联电磁铁的衔铁动作与否取决于线圈两端电压的大小，并联电磁铁的线圈又称为电压线圈。具有这种电磁铁的电器都属于电压型电器。要求线圈匝数多且线径细，这种电磁铁的应用较为广泛。

此外，电磁铁还可按照动作速度分为快速电磁铁、一般速度和延时动作电磁铁。

二、电空传动机构

电磁传动装置的电磁吸力随气隙的增加而下降，因此不适宜于使用在长行程、大传动力的场合，而电空传动装置却能将较大的力传递较远的距离。因此，采用电空传动装置，不仅传动功率大，而且比电磁传动装置更经济，使有色金属的消耗及动作时的控制电源功率都可以大为减少。

电空传动装置是一种以电空阀控制的压缩空气作为动力，驱使触头按照规定动作的执行机构。主要由压缩空气驱动装置和电空阀组成。

1. 压缩空气传动装置

压缩空气传动装置按其结构形式分为气缸式传动装置和薄膜式传动装置。

(1)气缸式传动装置

气缸式传动装置主要由气缸、活塞和电空阀等组成。它又可分为单活塞和双活塞两种，如图 6-27 所示。

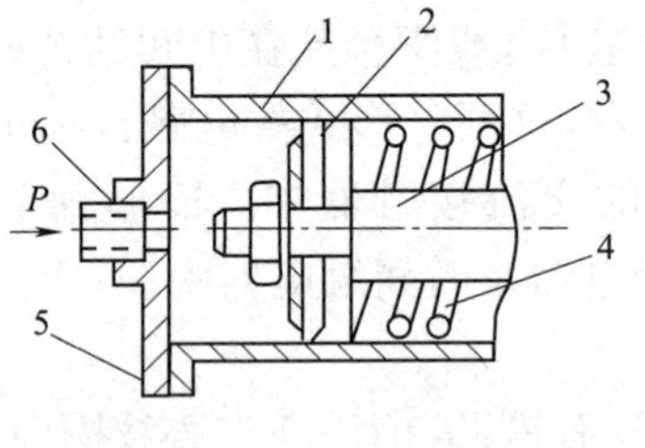

(a) 单活塞气缸式传动装置

1—气缸；2—活塞；3—活塞杆；4—弹簧；5—汽缸盖；6—进气孔

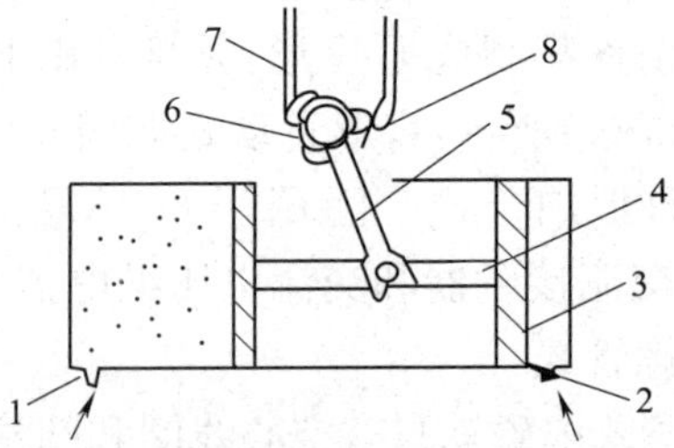

(b) 双活塞气缸式传动装置示意图

1、2—气口；3—活塞；4—活塞杆；5—曲柄；6—转鼓；7—静触头；8—动触头

图 6-27　气缸式传动装置

①单活塞压缩空气驱动装置

图 6-27(a)所示为单活塞压缩空气驱动装置，气缸内压缩空气的进入和排出是由电空阀控制的。当电空阀有电时，打开了风源与传动气缸的通路，压缩空气由进气孔 6 进入气缸 1 内，推动活塞 2 克服弹簧 4 的弹力向右移动，活塞 2 带动活塞杆 3 移动，以操纵电器触头的开断或闭合。当电空阀失电时，其控制的气源被关闭，在弹簧的作用下，推动活塞，带动活塞杆左移，使触头打开，恢复原位。

通常活塞由皮碗或耐油橡皮制成，活塞上涂上有机油，以减小活塞运动时的摩擦阻力，并具有良好的密封性能。气缸式传动装置可按要求选择行程，以满足触头开距和超程的要求，但其缺点是摩擦力较大，动作较慢，活塞磨损较多。因此，活塞使用寿命较短。在北方冬季运行时，由于润滑油冻结，使气缸传动装置动作不灵活。

②双活塞压缩空气驱动装置

图 6-27(b)所示为双活塞压缩空气驱动装置示意图。与活塞杆 4 相连的两个活塞均由压缩空气驱动，压缩空气由电空阀控制，它有两个工作位置。当气口 1 开通与气源的通路时，气口 2 则开通与大气的通路，压缩空气从气口 1 进入气缸，活塞被推向右侧，活塞杆 4 带动曲柄 5 使转鼓 6 反方向转过一个角度，带动触头开闭转换，传动装置处在第一个工作位置。反之，若气口 2 开通与气源的通路，则气口 1 开通大气的通路，动作过程相反，传动装置处在第二个工作位置。该装置的活塞是通过涨圈与气缸内侧进行配合的。

由于双活塞压缩空气驱动装置所能控制的行程受一定的限制，且对被控制的触头不具有压力的传递等原因,较少采用一般应用较少。

(2)薄膜式传动装置

薄膜式传动装置结构如图6-28所示。

当电空阀有电时,压缩空气进入气缸内,作用在弹性薄膜2上的压力增大到大于右侧弹簧4的反作用力时,鼓动弹性薄膜2,推动活塞杆3右移,驱动电器触头闭合或断开。当电空阀失电时,气缸内的压缩空气排出,在弹簧4的反力作用下,使活塞杆3复原,驱动电器触头动作。

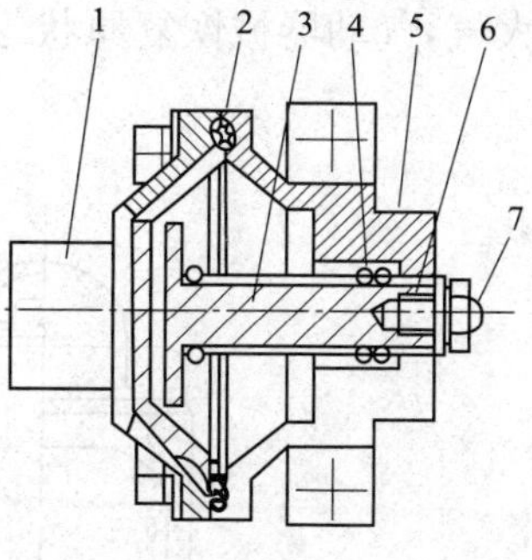

图6-28 薄膜式传动装置

1—气缸盖;2—弹性薄膜;3—活塞杆;4—复原弹簧;5—气缸座;6—衬套;7—杆头

这种形式的传动装置动作灵活,摩擦和磨损较小,加工制造方便,消耗金属材料较少,重量轻,在运行中不必润滑,维修较方便,因此使用寿命较长。此外,它是靠薄膜突然变形驱动电器触头动作的,有利于触头断开时熄灭电弧。但其行程由薄膜变形量决定,故其活塞杆行程较小,在低温下薄膜材料丧失弹性,使变形处容易开裂,需经常更换。

2. 电空阀

电空阀是借电磁吸力来控制压缩空气管路的导通或关断,从而达到远距离控制气动器械的目的。电空阀相当于一个气路开关,控制电磁阀即可控制气缸工作。

电空阀目前已成为比较重要的车辆电器,应用较为广泛,例如在城市轨道交通车辆的制动系统、车门系统、空调系统中大量采用了各种电空阀。在车门的控制中,电空阀通过电磁力来控制驱动气缸压缩空气的多少,从而达到调节开门速度、关门速度以及开关门缓冲的目的。

电空阀按电磁铁的形式可分为拍合式和螺管式,按工作原理可分为开式和闭式,但从结构来说都由电磁机构和气阀两部分组成,工作原理也类似。

电磁机构由铁芯座、磁轭、衔铁、线圈、接线座等组成。衔铁下压芯杆将吸力作用到气阀部分。气阀部分由阀座、上阀门、下阀门、弹簧、阀杆等组成。下阀门控制传动气缸与压缩空气气源间的通路,上阀门控制传动气缸与大气间的通路。

(1)螺管式电空阀

闭式电空阀是线圈无电时,压缩空气气源与传动气缸间被阻断的阀,结构为上下布置,原理如图6-29所示。

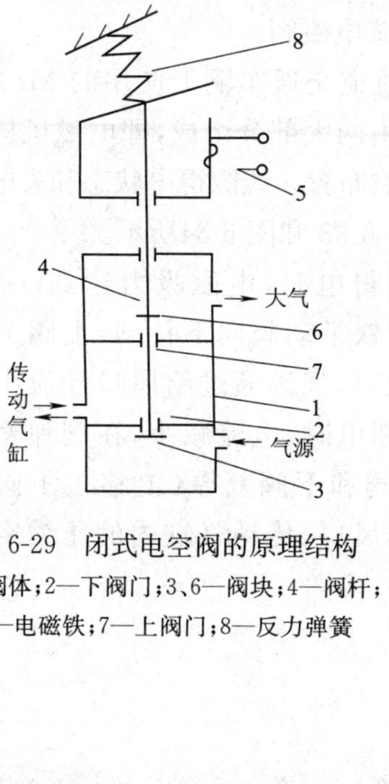

图6-29 闭式电空阀的原理结构

1—阀体;2—下阀门;3、6—阀块;4—阀杆;5—电磁铁;7—上阀门;8—反力弹簧

其工作原理为:当线圈有电时,衔铁吸合,阀杆动作,使上阀门关闭,下阀门打开,关断了传动气缸和大气的通路,打开了气源和传动气缸的通路,压缩空气从气源经电空阀进入传动气缸,推动气动器械动作。当线圈失电时,衔铁在反力弹簧作用下打开,带动阀杆上移,使下阀门关闭,上阀门打开,关断了气源和传动气缸的通路,打开了传动气缸与大气的通路,传动气缸的压缩空气经电空阀

排向大气，气动器械恢复原状。其实际结构如图 6-30 所示。

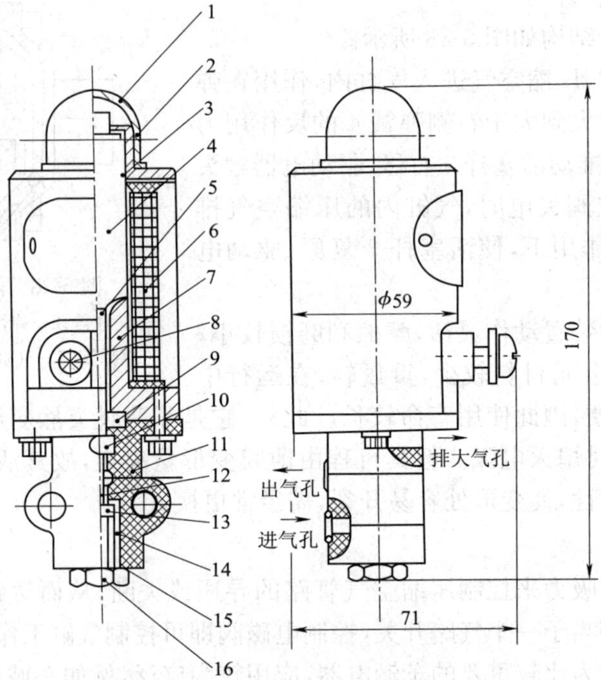

图 6-30　TFK1B 型电空阀结构简图(单位:mm)

1—防尘罩;2—磁轭;3—铜套;4—动铁芯;5—心杆;6—线圈;7—铁芯座;8—接线座;9—滑道;10—上阀门;11—阀座;12—阀杆;13—下阀门;14—弹簧;15—密封垫;16—螺母

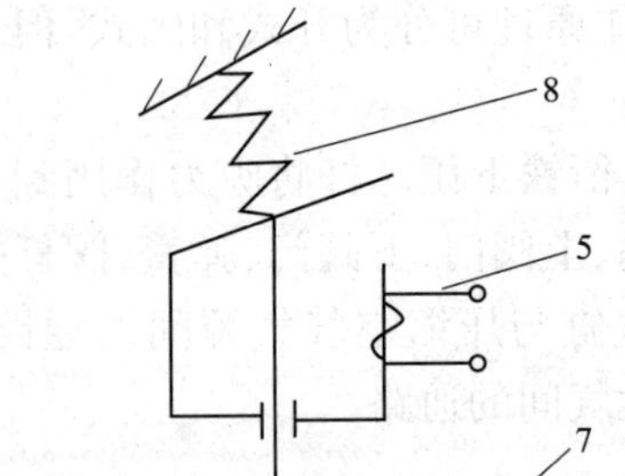

图 6-31　开式电空阀原理结构

1—阀体;2—下阀门;3、6—阀块;4—阀杆;5—电磁铁;7—上阀门;8—反力弹簧

开式阀是在线圈失电时，使压缩空气气源和传动气缸间相通，大气和传动气缸间的通路被阻断的阀。其原理结构如图 6-31 所示。

(2)M23 型拍合式电磁阀

图 6-32 为城市轨道交通车辆上使用的 M23 型电磁阀的结构，该阀也由两大部分组成，即电磁机构和气阀部分，其结构为左右布置。线圈得电状态和失电状态的动作原理分别如图 6-33 和图 6-34所示。

动作原理：线圈得电时，电磁吸力达到一定值，衔铁与铁芯吸合，衔铁带动阀向下移动，上阀关闭排风口，下阀打开给风口，气源通过给风口经流出口进入传动气缸。线圈断电时，电流减小，在阀弹簧的作用下，衔铁释放，上阀和下阀复原(上移)，下阀关闭给风口，上阀打开排风口，传动气缸内的压缩空气经流出口排向大气。

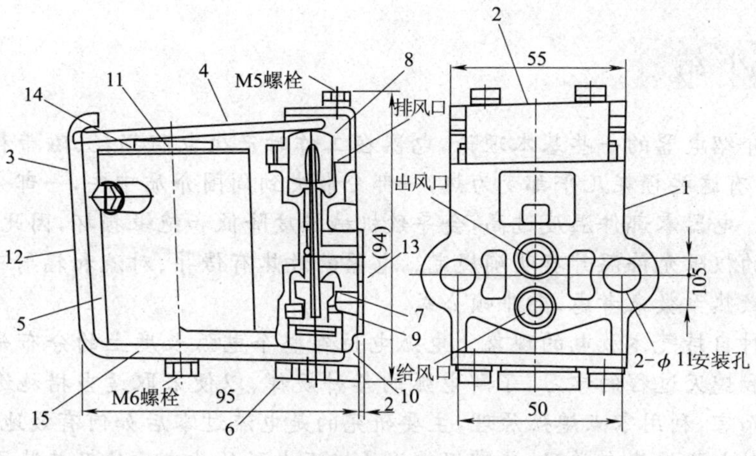

图 6-32　M23 型电磁阀(单位:mm)

1—阀体;2—盖;3—框架;4—衔铁;5—电磁线圈;6—盖螺母;7—下阀;8—上阀;9—阀弹簧;10—垫圈;11—铁芯;12—铭牌;13—密封垫;14—调整垫;15—衬垫

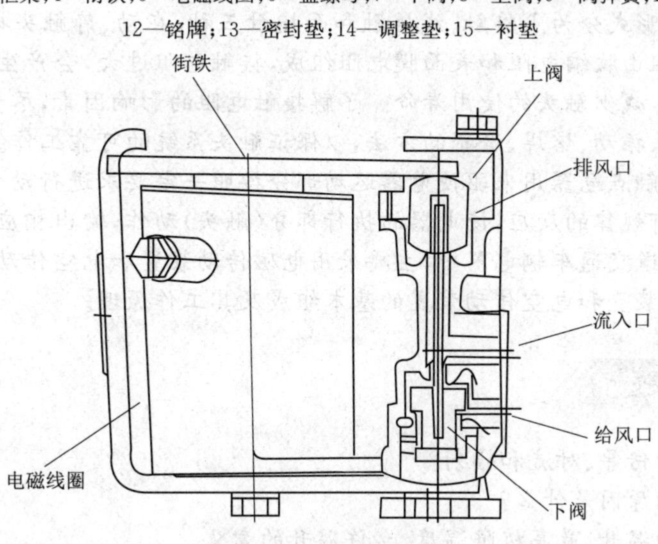

图 6-33　线圈得电状态

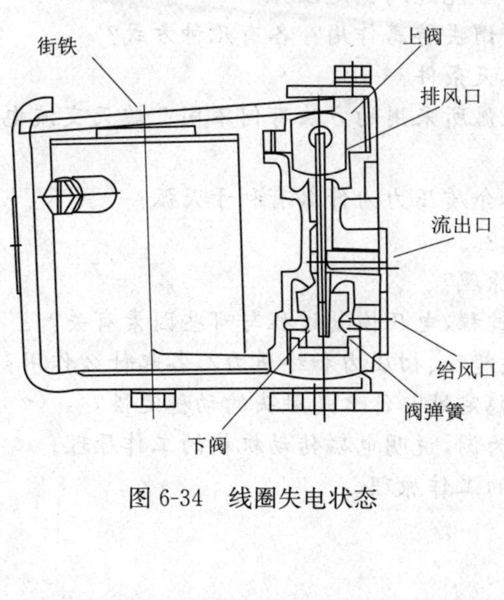

图 6-34　线圈失电状态

本章小结

本章主要介绍电器的一些基本理论，电器在工作时产生电阻损耗、磁滞和涡流损耗、电介质损耗等，所有这些损耗几乎都变为热，一部分散失到周围介质中去，一部分加热电器，使它的温度升高。电器零部件温度过高，会导致机械强度降低和绝缘损坏，因此不同工作制下电器各零部件的极限允许温升有明确规定。电器的散热有传导、对流和辐射三种方式，可以用一个综合的散热系数来考虑，即牛顿公式。

电弧是一种自持气体放电的现象。电弧电位在整个电弧长度上的分布是不均匀的，通过对电弧产生和熄灭过程的学习，了解电弧的各种规律，以便采取适当措施迅速熄灭电弧。对于交流电弧而言，利用零点熄弧原理，主要研究的是电流过零后如何有效地阻止电弧重燃的问题。通过对电弧的基本学习，应掌握常用的熄灭电弧的基本方法及其装置。

触头是触点电器的执行部件，也是电器中最薄弱的环节，其性能优劣直接影响到电器的性能。触头的接触形式分为点接触、线接触和面接触三种，在动、静触头接触时同样也存在接触电阻，接触电阻由收缩电阻和表面膜电阻组成，接触电阻过大，会产生较大的附加损耗，加速绝缘材料老化，减少触头的使用寿命。了解接触电阻的影响因素，尽量降低接触电阻阻值，并掌握减小触头振动、熔焊、磨损的方法，以保证触头系统的可靠工作。

传动装置是有触点电器用来驱使电器运动部分按照一定要求进行动作的机构。可接收外界的信号，作出有规律的反应，使电器的执行部分(触头)动作，输出相应的指令，实现控制的目的。在城市轨道交通车辆电器中，主要采用电磁传动装置和电空传动装置。通过学习，应能掌握电磁传动装置和电空传动装置的基本组成及其工作原理。

复习思考题

1. 什么是热的传导、对流和辐射？

2. 电器发热的原因是什么？

3. 说明电器的温升、最高极限温度、允许温升的意义。

4. 电器在什么条件下方能达到稳定温升？

5. 何谓游离作用？何谓去游离作用？各有几种方式？

6. 试述交流电弧的熄灭条件？

7. 熄灭长弧与熄灭短弧所采用的方法有何不同？熄灭交流电弧时，栅片灭弧室中的金属栅片具体起什么作用？

8. 提高电弧周围气体介质压力为什么有利于灭弧？

9. 什么是动伏安特性？

10. 什么是零点熄弧原理？

11. 什么是电压恢复过程，电压恢复过程与哪些因素有关？

12. 何谓触头的开距、超程、初压力和终压力？各起什么作用？

13. 什么是触头的热稳定性？什么是触头的动稳定性？

14. 以拍合式电磁铁为例，说明电磁传动机构的工作原理。

15. 简述闭式电空阀的工作原理。

第七章　接触器和继电器

本章在讲述接触器和继电器基本知识的基础上，对城市轨道交通车辆常用的接触器和继电器的种类、作用、型号、结构、工作原理、特点和主要技术参数进行介绍，并简单地介绍接触器和继电器的选用和维护方法。

第一节　接触器基本知识

一、接触器的作用和基本特点

接触器在工业控制中应用非常广泛，是一种用于频繁地、远距离地接通或分断带有负载的较大容量电路的自动切换电器。其主要控制对象是电动机，也可用于控制其他电力负载，如电热器、照明灯、电焊机、电容器组等，在城市轨道交通车辆中可用于频繁地接通或切断正常工作情况的主电路和辅助电路。图 7-1 为日常生活中常见的一些接触器。

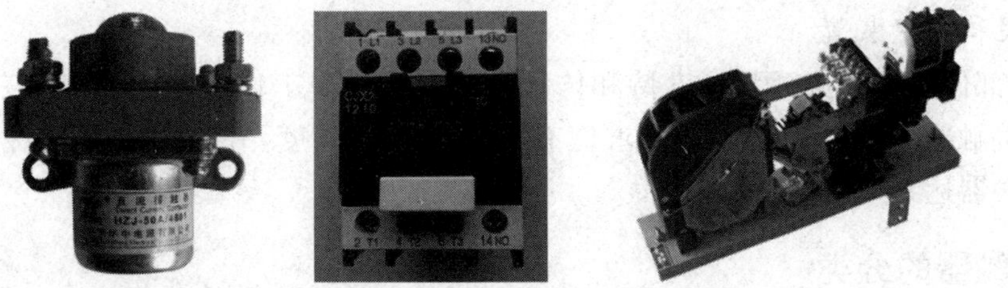

(a) 直流接触器　　(b) 交流接触器　　(c) 电空接触器

图 7-1　常见的接触器实物图

与其他开关电器相比较，接触器具有以下特点：

(1)动作次数频繁，每小时开闭次数可达 150～1 500 次。

(2)能通、断较大电流，即有一定过载能力，但一般情况下只能开断正常额定电流，而不能开断短路或故障电流。

(3)具有失压保护功能，即电压降低很多时，能自动关断。

(4)可以实现一定距离的远程控制。

二、接触器的组成

接触器的结构种类很多，但对于任意一种接触器，一般由以下几部分组成：

1. 触头装置

一般由主触头和辅助触头(又称联锁触头)两部分组成。

主触头一般由动、静主触头和触头弹簧支持件等组成。它是接触器的执行部分,用于直接实现电路的通断。主触头接通和分断的是主电路,额定电流比较大,一般为数安到数百安,甚至可能高达数千安。

辅助触头通常由两对以上常开联锁触头和两对以上常闭联锁触头组成,用于控制其他电器、信号或电气联锁等。它接通和分断的是控制电路,额定电流只有 5~10 A。

常开联锁触头指的是接触器的吸引线圈失电时处于断开状态的触头。与此相反,常闭联锁触头指的是接触器吸引线圈失电时处于闭合状态的触头。

辅助触头与主触头是联动的,在接触顺序上要求:主触头闭合前常开联锁触头应提前闭合,常闭联锁触头应滞后分断;主触头分断时常开联锁触头应同时或提前分断,常闭联锁触头应同时或稍滞后闭合。

2. 传动装置

包括驱使触头闭合的装置、开断触头的弹簧机构以及缓冲装置,用于可靠地驱使触头按规定要求动作,完成接触器通断功能。

3. 灭弧装置

一般与主触头配合使用,主要用于熄灭触头开断电路时产生的电弧,减少电弧对触头的破坏作用,保证触头的可靠工作。而辅助触头与灭弧装置通常在产品上要分开安装,以防电弧弧焰的危害。根据电流的性质、灭弧方法和原理,可以制成各种灭弧装置。

4. 支架和固定装置

包括各部件间的连接、固定、支持和传动部分。属于非工作部分,用于安装和布置电器各部件,使接触器构成一个整体。要求应有足够的机械强度,并能对内部部件起到保护作用,保证接触器达到一定的寿命。

三、接触器的分类

接触器用途广泛,种类繁多,一般有以下几种分类方式:

1. 按通断电流的种类分

分为直流接触器和交流接触器,对于某些在触头系统中控制的是交流电路,而线圈接入的是直流电路的接触器,又称交直流接触器。

2. 按传动方式分

分为电磁式接触器和电空式接触器。电磁式接触器采用电磁机构传动,在电磁式接触器中,按所采用的电磁铁线圈接入电路的方式不同,又可分为串联接触器和并联接触器。电空式接触器是以电空阀控制的压缩空气传动的接触器。电磁接触器一般应用于辅助电路中,而电空接触器适用于主电路中。

3. 按主触头所处的介质分

分为空气式接触器、真空式接触器和油浸式接触器。空气式接触器的主触头敞在大气中,采用的是一般的、常用的灭弧装置。而真空式接触器的主触头却密封在真空装置中,它利用的是真空灭弧原理，具有很高的切换能力。油浸式接触器是将接触器的主触头置于变压器油中来提高灭弧能力。

4. 按接触器同一传动机构所传动的主触头数目分

分为单极接触器和多极接触器。单极接触器只有一对主触头，多极接触器有两对以上的主触头，它们分别用于控制单相和多相电路。

四、接触器的主要技术参数

1. 额定电压

指主触头的额定工作电压。交流接触器的额定电压为 220～1 140 V，直流接触器的额定电压为 24～1 200 V。此外，还应规定辅助触头和线圈的额定电压。

2. 额定电流

指主触头的额定工作电流。它是在一定条件下规定的，保证电器正常工作的电流值，如果改变使用条件，额定电流值也随之改变。目前生产的接触器，额定电流范围为 6.3～4 000 A。

3. 额定发热电流

在规定条件下试验时，电器在 8 h 工作制下，各部件的温升不超过极限值时，所能承受的最大电流。

4. 动作值和释放值

对电磁接触器主要指电压和电流的动作值和释放值。对电空接触器主要指电空阀的动作电压和释放电压(或气缸相应的气压值)。

5. 切换能力

又称开闭能力、通断能力，指接触器的主触头在规定条件下能可靠地接通和分断的电流或电压值。在此电流(压)值下接通和分断负载时，不应发生熔焊、飞弧和过分磨损等现象，以保证接触器在较坏的条件下仍能可靠地工作。

机械工业部部颁标准规定了接触器主触头的使用类别，见表 7-1。

表 7-1 接触器主触头的使用类别

电流种类	使用类别代号	典型用途举例
AC	AC-1	无感或微感负载，电阻炉
	AC-2	线绕式电动机启动、分断
	AC-3	笼型异步电动机的启动、运转中分断
	AC-4	笼型异步电动机的启动、反接制动与反向、点动
DC	DC-1	无感或微感负载，电阻炉
	DC-3	并励电动机的启动、反接制动与反向、点动
	DC-5	串励电动机的启动、反接制动与反向、点动

6. 操作频率

指接触器在每小时内允许操作的次数。接触器的操作频率越高，每小时开闭的次数就越多，触头的工作任务也就越重，对交流接触器来说，其吸引线圈所受到的启动电流冲击次数和衔铁铁芯受到的冲击次数也越多。操作频率直接影响到接触器的电气寿命和灭弧室的工作条件,对于交流接触器还影响到线圈的温升。对常用的交、直流接触器来说,操作频率有每小时 150 次、300 次、600 次和 1 200 次等几种规格。

7. 机械寿命和电气寿命

机械寿命指的是接触器在无负载操作下无零件损坏的极限动作次数。电气寿命指的是接触器在规定的操作条件下无零件损坏的极限动作次数。目前,接触器的机械寿命一般可达数百万次到千万次以上,而电气寿命则按不同的使用类别和不同的机械寿命级别有一定的百分比,一般为机械寿命的 1/5 左右。

8. 动作时间和释放时间

动作时间(即闭合时间)是指从电磁铁吸引线圈通电瞬时起到衔铁完全吸合所需要的时间。释放时间(即开断时间)是指从电磁铁吸引线圈断电瞬时起至衔铁完全打开所需要的时间。为了准确而可靠地控制有关电路,对接触器的动作时间也有一定要求,如:直流接触器的闭合时间一般为 0.04～0.11 s,开断时间为 0.07～0.12 s。交流接触器的闭合时间一般为 0.05～0.1 s,而开断时间为 0.1～0.4 s。

9. 额定工作制

接触器的工作制有四种:长期工作制、8 h 工作制、短时工作制和反复短时工作制。同一台接触器在不同工作制时,可以有不同的额定工作电流。

接触器除应满足以上基本参数的要求外,还应满足在 85%额定电流时能吸合,而 105%额定电流不会烧坏吸引线圈的要求。

第二节　常见类型的接触器

一、电磁式接触器

图 7-2　地铁车辆中使用的小型接触器

电磁式接触器采用的是电磁传动装置,由主触头、辅助触头、电磁铁、灭弧室及支架和外壳等组成。其中,主触头用于接通和分断主电路,其额定电流比较大,通常为数安到数百安,甚至高达数千安。而辅助触头用于接通和分断控制电路,额定电流只有 5～10 A。灭弧室用来熄灭主触头的电弧。

根据所控制的电流种类可分直流接触器和交流接触器两大类。

地铁车辆设备柜中的小型接触器如图 7-2 所示。

1. 直流接触器

(1)作用及基本工作原理

直流接触器是用于控制直流供电负载和各种直流电动机的,其工作原理类同电磁铁的工作原理，如图 7-3 所示。

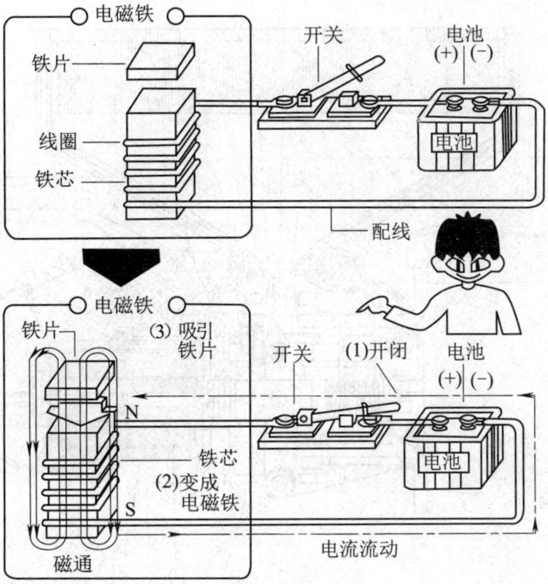

图 7-3　电磁铁结构及原理图

当吸引线圈得电时，铁芯与衔铁产生的电磁吸力将衔铁吸合，带动常开触头闭合，常闭触头断开；而当接触器的吸引线圈断电或线圈外加电压太低时，衔铁在反力弹簧作用下打开，使常开触头断开，常闭触头闭合。

(2)基本结构

城市轨道交通车辆中使用的 BMS 系列直流接触器有 BMS08.08 型和 BMS15.06 型。图 7-4 所示为 BMS15.06 型直流接触器的结构示意图。它安装在车辆牵引箱内。该直流接触器被设计为模块结构，外壳材料阻燃、无毒、无环境污染。

①构造

由玻璃纤维增强聚酯绝缘框架支撑主电路、控制装置、闭合装置、辅助触点和电弧隔板。

②运行原理

主电路的组成为：上部连接终端 1、固定触点 2、移动触点 3、移动触点支撑 4、柔性连接 5 和下部终端 6。闭合装置的组成为：铁芯 7、线圈 8、导套 9 和闭合棒 10。移动触点是通过绝缘臂由传动装置促动的。移动触点本身安装有弹簧，可以避免反弹，确保实现正确的滚动动作。当触点滚出并擦掉任何的脏物或氧化物层时，可能会形成较小的滑动。电弧隔板 11 包含了电磁鼓风装置。打开隔板时，必须始终使其朝上。将隔板按入接触器的接触部分，并用锁定杆 12 将其闩住。

为了实现可靠的灭弧，电弧隔板装配有一对线圈 13。当接触器开启时，通过鼓风热交换器产生的电磁效应，电弧被驱赶至灭弧角 14 中，并进入断路电路。电弧隔板中的分弧器具有消电离作用，同时，可以实现以下目的：降低电弧电压；有效地冷却电弧。

根据致动凸轮的安装情况，辅助触点 15 可以正常地开启或正常地闭合。

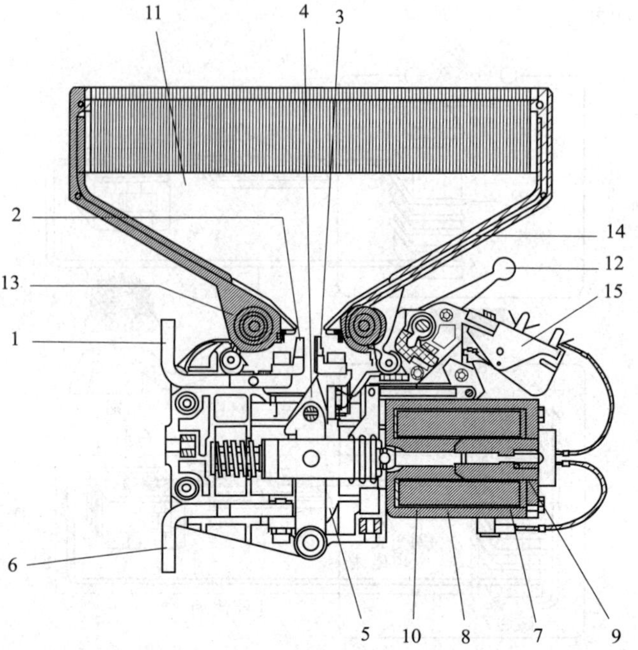

图 7-4　BMS15.06 型直流接触器结构

1—上部连接终端;2—固定触点;3—移动触点;4—移动触点支撑;5—柔性连接;6—下部终端;7—铁芯;8—线圈;9—导套;10—闭合棒;11—电弧隔板;12—锁定杆;13—线圈;14—灭弧角;15—辅助触点

BMS15.06 型直流接触器的技术参数见表 7-2。

表 7-2　BMS15.06 型直流接触器技术参数

项　目	参　数	项　目	参　数
额定电压(V)	DC 1 500	闭合时间(ms)	约 100
最大工作电压(V)	DC 1 800	开断时间(ms)	约 75
额定绝缘电压(V)	DC 1 500	机械寿命(次)	3×10^6
额定电流(A)	DC 600	电气寿命(次)	10^4
一小时电流(A)	630	触头压力(N)	54～72
短时电流(5 s)(A)	800	控制电源(V)	DC 110
最大整断电流(15 ms)(A)	2 400	控制功率(W)	30

2. 交流接触器

在城市轨道交通车辆的辅助供电系统中,各辅助机组(如压缩机、各种通风机、空调等)主电路均采用交流接触器进行控制。其中 6C 系列交流接触器具有操作频率高、主触头压力大、抗熔焊性好、耐电弧等优点,在城市轨道交通车辆上得到广泛应用。

本部分以 6C 系列三相交流接触器为例,介绍交流接触器的结构组成及工作原理等方面的内容。

(1)型号和定义

如 6C180 型、6C110 型,其含义如下:

6——序号;C——接触器;180、110——主触头额定电流,A。

(2)结构

6C 系列三相交流接触器结构基本相同,如图 7-5 所示。

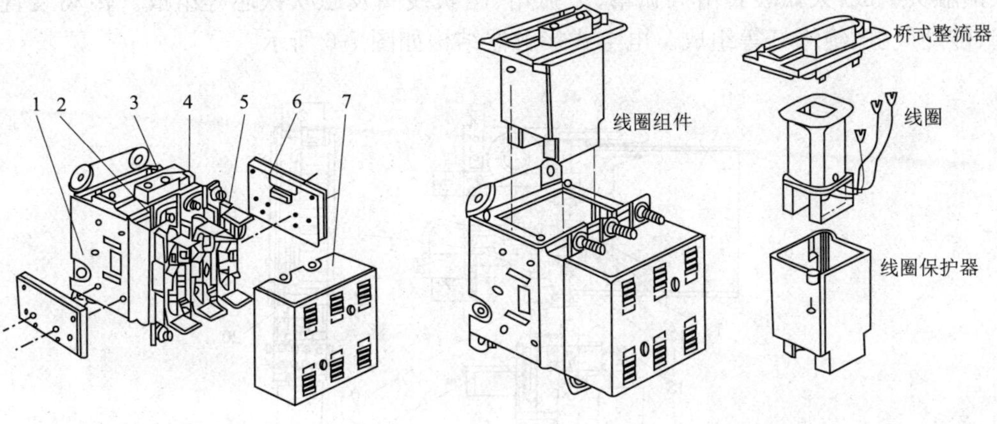

图 7-5 三相交流接触器结构

1—底座;2—静触头;3—桥式整流器;4—接线柱;5—动触头;6—辅助触头;7—灭弧罩

6C 系列三相交流接触器主要由触头装置、传动装置和灭弧装置等组成。

①触头装置:主触头采用常开直动式桥式双断点。

②传动装置:磁系统为单 E 型直动式,具有较陡的吸力特性,控制线圈由启动线圈和保持线圈并联组成,并串加一个桥式整流器,使控制电源为交、直流两用,整流器输入、输出端都加有压敏电阻进行过电压保护。控制线圈通电后,启动线圈和保持线圈同时工作,在接触器快吸合时,启动线圈断开,只有保持线圈工作。启动线圈的分断由接触器自身一常闭联锁触头完成。

③灭弧装置:灭弧罩采用高强度耐弧塑料制成,罩内设有割弧栅片。

6C 系列接触器的灭弧室与触头支持件之间设有机械联锁装置,当灭弧罩取下后,其联锁装置即将触头支持件销住,此时即使有人操作,触头系统也不会动作,能可靠保证维修人员的安全。在控制线圈引线边有一红色指示器,指示接触器的闭合或断开。

(3)工作原理

交流接触器的工作过程与电磁铁相似。通电和断电后的工作过程分别如下:

①线圈通交流电→线圈电流建立磁场→静铁芯产生电磁吸力→吸合磁铁→带动触头动作→常开触头闭合,常闭触头断开。

②线圈断电→电磁力消失→反作用弹簧使衔铁释放→各触头复位。

二、电空式接触器

在城市轨道交通车辆上,因为有现成的压缩空气源,同时,由于电空传动的电器具有体积小,重量轻,传动力大等优点,所以,在城市轨道交通车辆的主电路内,曾广泛采用电空式接触器。

电空式接触器是用来通、断带有负载的主电路和大容量的控制回路的自动电器,主要用于通、断正常工作电流，而不通、断故障电流，特别是短路电流。在城市轨道交通车辆中，电空接触器主要控制主电路中的牵引电机回路、励磁电流回路的接通与关断。

电空式接触器主要由触头装置、灭弧装置和传动装置等组成。其中触头装置由主触头和联锁触头组成；灭弧装置由灭弧罩、灭弧角、磁吹线圈及磁吹铁芯等组成。传动装置由电空阀、传动气缸、绝缘杆等组成。电空式接触器结构如图 7-6 所示。

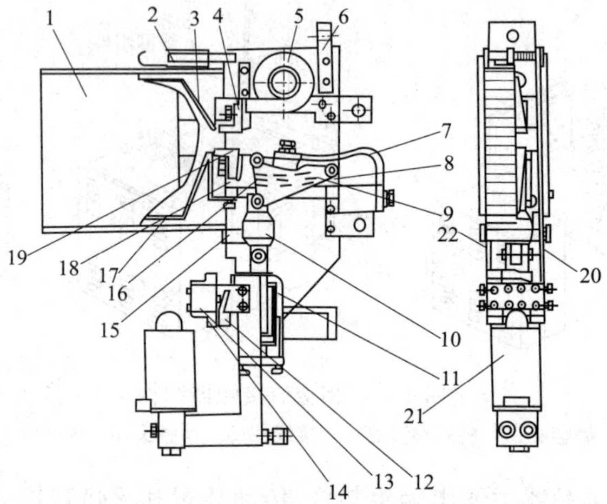

图 7-6　电空接触器结构剖视图

1—灭弧罩；2—挂钩；3—静触头弧角；4—静触头；5—磁吹线圈；6—安装杆；7—软连接；8—杠杆出线座；9—杠杆支架；10—绝缘杆；11—传动气缸；12—联锁板；13—联锁触头；14—联锁支架；15—灭弧室支板；16—动触头弹簧；17—动触头弧角；18—动触头座；19—动触头；20—右侧板；21—电空阀；22—左侧板

电空式接触器的动作原理：当电空阀线圈得电时，压缩空气经电空阀进入传动风缸，推动活塞克服反力弹簧的作用力带动绝缘杆上移，并通过杠杆支架带动动触头与静触头闭合；当电空阀失电时，传动风缸内的压缩空气经电空阀排向大气，使活塞在反力弹簧作用下复位，带动绝缘杆、杠杆支架及动触头下移，与静触头分离，切断电路；触头带电分断时产生的电弧在磁吹线圈的作用下，沿分弧角进入灭弧罩，被分割、拉长、冷却进而熄灭；主触头动作的同时，活塞杆通过联锁支架带动联锁触头作相应的分合转换。

三、接触器的选择

选择接触器时应从其工作条件出发，主要考虑下列因素：

(1)控制交流负载应选用交流接触器；控制直流负载则选用直流接触器。

(2)接触器的使用类别应与负载性质相一致。

(3)主触头的额定工作电流应大于或等于负载电路的电流。要注意的是接触器主触头的额定工作电流是在规定的条件下(额定工作电压、使用类别、操作频率等)能够正常工作的电流值，当实际使用条件不同时，这个电流值也将随之改变。

(4)主触头的额定工作电压应大于或等于负载电路的电压。

(5)吸引线圈的额定电压应与控制电路电压相一致，接触器在线圈额定电压 85%及以上时应能可靠地吸合。

(6)接触器触点的种类和数量应满足主电路和控制电路要求。

四、接触器的日常维护

接触器在使用时应经常或定期地检查其运行情况，并进行必要的合理维护，以延长其使用寿命，保证其安全可靠地运行。维护、检修时应首先断开电源，再按照如下步骤进行操作：

1. 外观检查

用压缩空气清除接触器各部件的灰尘，铁芯极面上的灰尘也可以用毛刷清除。若有油污，可先用棉布蘸少量酒精擦拭，然后再用干布擦净，并仔细观察接触器外观是否完整无损，注意拧紧所有紧固件。

2. 灭弧室维护

取下灭弧罩，用毛刷清除罩内落物及金属颗粒，如发现有破裂或严重烧损及零部件（如灭弧栅片）变形、松脱或位置变化等现象而不易修复时，应及时更换新灭弧室。重新安装时，应装回原位，不能随意更换到另一极上，以免影响其灭弧效力。

3. 触头的维护

定期检查触头的温升是否超过标准（主触头温升 75 ℃），银或银基粉末冶金制成的触头表面有烧毛发黑的现象是正常的，不会影响其实际工作能力，一般可不必清理。如触头接触处有金属颗粒或毛刺，可以用细锉轻轻锉平，但不能用砂纸或砂布擦拭。对于具有铜触头的转动式接触器，若长时间没使用或连续工作 8 h 以上，在使用前应先开闭 1～2 次，以便除去触头的氧化膜。触头如有开焊、裂缝或磨损到原厚度 1/3 的情况时，则应更换新触头。

4. 吸引线圈的维护

观察线圈外表层有无过热变色，定期检查线圈温升是否超过所规定的值（一般规定，当环境温度为 40 ℃，A 级绝缘的线圈用温度计测得的表面温升不得超过 60 ℃），引线与导线是否有松动、开焊或将断的情况，线圈骨架有无碎裂、磨损或固定不正常现象。此外，还应注意缓冲件是否完整。

5. 铁芯的维护

观察铁芯极端面有无变形、松开现象。可用棉纱蘸少量汽油擦拭极面上的污垢。注意交流电磁铁的分磁环有无断裂，中柱气隙是否保持在 0.1～0.3 mm（如发现过小可略锉去一些）。观察直流电磁铁铁芯的非磁性垫片是否磨损或脱落，缓冲件是否完整，位置是否正确。

6. 接触器转轴的维护

经常注意接触器的转轴转动是否灵活，在转轴与轴承处可注入少量润滑油，以保持转动灵活。

五、接触器的常见故障处理

电磁式接触器在使用过程中发生的常见故障、原因分析及处理办法见表 7-3。

表 7-3　电磁式接触器常见故障、原因及处理办法

序号	故障现象	产生原因	处理办法
1	接触器开合不灵	1. 机械可动部分被卡住	排除相应障碍即可
		2. 摩擦力过大	
		3. 气隙中有阻塞	
		4. 磁极表面积尘太厚	
		5. 电空接触器漏风或风压不足	
2	通电后不能完全闭合	1. 电源电压低于线圈额定电压	1. 调整电源电压或更换线圈
		2. 触头弹簧与反力弹簧压力过大	2. 调整或更换弹簧
		3. 触头超程过大	3. 调整触头超程
3	接触器关合过猛或线圈过热冒烟	电源电压过高	调整电源电压或更换线圈
4	断电后不释放	1. 反作用力太小	1. 调节或更换反力弹簧
		2. 剩磁过大	2. 对直流接触器应加厚或更换新非磁性垫片，对交流接触器应将去磁气隙处的极面锉去一部分或更换新磁系统
		3. 触头熔焊	3. 撬开已熔焊的触头，或酌情更换新触头
		4. 铁芯极面有油污或尘埃黏着	4. 清理磁极表面
5	铁芯噪声过大或发生振动	1. 电源电压过低	1. 调节电源电压
		2. 铁芯极面有脏物或锈层，或因过度磨损而不平	2. 清理极面，必要时可刮削修整或更换铁芯
		3. 分磁环断裂	3. 焊接或更换分磁环
		4. 磁系统歪斜或机械上卡住而使铁芯吸不平	4. 排除机械卡住故障更正工作位置
		5. 反作用力过大	5. 调节或更换弹簧
6	线圈过热或烧损	1. 电源电压过高或过低	1. 调整电源电压或更换线圈
		2. 线圈的通电持续率与实际情况不符	2. 更换通电持续率相符的线圈
		3. 交流线圈操作频率过高	3. 降低操作频率或更换线圈
		4. 交流电磁铁可动部分卡住，铁芯极面不平或去磁气隙过大	4. 排除卡住现象，清除极面或调整铁芯
		5. 线圈匝间短路	5. 更换线圈
		6. 空气潮湿，含有腐蚀性气体或环境温度过高	6. 用特殊设计的线圈
		7. 交流电磁铁采用直流双线圈控制时，因常闭联锁触头熔焊而使启动线圈长期通电	7. 更换联锁触头，排除致使该触头熔焊的故障
7	接触器不闭合或正常情况下突然断开	1. 线圈引出线断裂	1. 焊好后可靠绝缘
		2. 线圈内部断线	2. 更换线圈

续上表

序号	故障现象	产生原因	处理办法
8	触头严重发热或熔焊	1. 操作频率过高或负载电流过大	1. 更换接触器
		2. 触头表面高低不平，生锈，积有尘埃或铜触头严重氧化	2. 清理接触面
		3. 超程过小或行程过大	3. 调整参数或更换触头
		4. 接触压力不足	4. 调整或更换弹簧
		5. 闭合过程中振动过于剧烈	5. 调整触头参数或更换接触器
		6. 触头分断能力不足	6. 调换合适的接触器
		7. 触头表面有金属颗粒凸起或异物	7. 清理触头表面
		8. 电源电压过低或机械上卡住而使触头停滞不前或反复跳动	8. 调高电源电压，排除机械卡住故障，保证接触器可靠吸合

第三节　继电器基本知识

一、继电器的定义及组成

继电器是一种传递信号的电器，主要用于控制电路，它是一种根据某一输入量来换接执行机构的电器。在城市轨道交通车辆控制电路中，继电器具有控制、保护或转换信号的作用。城市轨道交通车辆中的继电器如图 7-7所示。

图 7-7　城市轨道交通车辆中的继电器

任何一种继电器，不论继电器的动作原理、结构形式、使用场合如何千差万别，都是根据外界输入的一定信号来控制电路中电流的“通”与“断”的，也就是实现输出量的“跃变”。继电器一般由测量机构、比较机构和执行机构三部分组成，如图 7-8 所示。

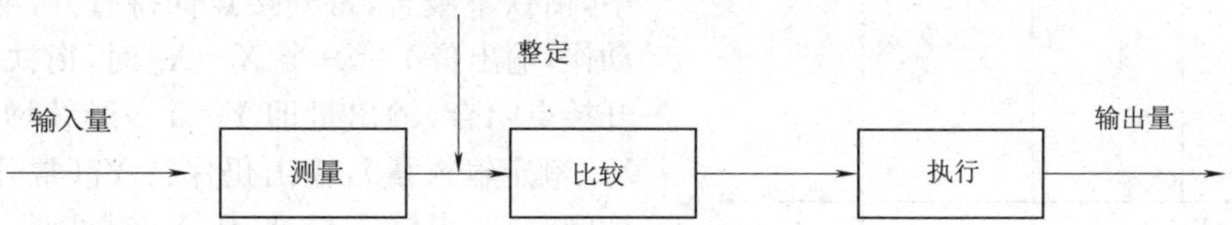

图 7-8　继电器原理组成方框图

对于大部分继电器来说，输入量可以是电量，如电压、电流、功率等，也可以是非电量，如压力、光、声温度、机械力等。输入量可以是一个量，也可以是两个或是多个量。

测量机构是反应继电器输入量的装置，用于接收输入量，并将其转换成继电器工作所必须的物理量。比较机构是将输入量与其预设的整定值进行比较，根据比较结果决定执行机构是否动作。执行机构是反应继电器输出的装置，它根据比较的结果进行动作，作用于被继电器控制的相关电路中，以得到必须的输出量。

输出量是根据比较结果来决定有无的。不管输入的是什么量，输出的往往是电量。

二、继电器的分类

继电器的用途很广，种类繁多，对不同类型的继电器要求不同，有时对同一种类型的继电器也需要从不同的方面去说明它的特性。根据使用的情况来分类：

(1)按用途分，可分为控制继电器和保护继电器。

(2)按作用原理分，可分为电磁式继电器、电子式继电器和机械式继电器等。

(3)按输入电流性质分，可分为直流继电器和交流继电器。

(4)按执行机构的种类分，可分为有触点继电器和无触点继电器。

(5)按作用分，可分为电流继电器、电压继电器、时间继电器、中间继电器、压力继电器等。

三、继电器的特点

继电器一般不直接控制主电路或辅助电路，而是通过接触器或主电路及辅助电路中的其他电器对主电路及辅助电路进行控制。与接触器相比较，继电器具有以下特点：

(1)继电器触头容量小，采用点接触形式，没有灭弧装置，体积和重量也比较小。

(2)继电器的灵敏度要求极高，输入、输出量应易于调节。

(3)继电器能反应多种信号(如各种电量、速度、压力等)，其用途很广，外形多样化。

(4)继电器不能用来开断主电路及大容量的控制电路。

四、继电器的工作原理和继电特性

继电器最基本的输入—输出特性也称为继电特性，如图 7-9 所示。

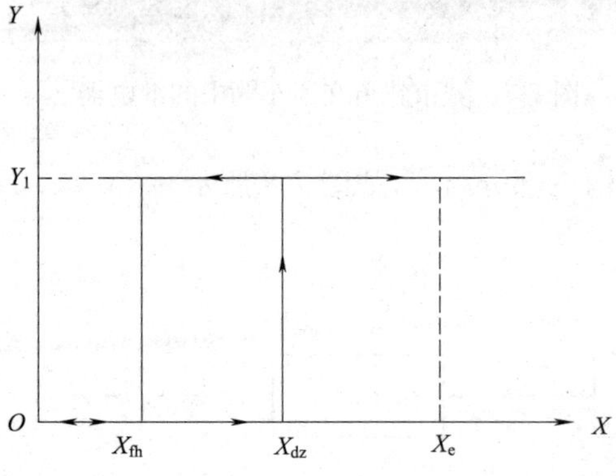

图 7-9　继电特性

继电特性可以通过下面继电器工作过程的分析来得到。

图中输入量用 X 来表示，输出量用 Y 表示。当输入量从零增加时，在 $X<X_{dz}$ 的过程中，衔铁不吸合，常开接点保持打开，继电器不动作，输出量 $Y=0$；当 $X=X_{dz}$ 时，衔铁吸合，常开接点闭合，输出量即 $Y=Y_1$，继续增加 X 到 X_e(额定输入量)，输出仍保持 Y_1(常开接点继续闭合)。当输入量 X 从 X_e 减少时，在 $X>X_{fh}$ 过程中，常开接点继续闭合，输出保持 Y_1 不变。当 $X=X_{fh}$ 时，输入量产生的吸力不足以吸合衔铁，衔铁释放，常开触头打开，继电器返回，输出量 Y 为零，继续减少输入量 X 到零，输出均保持在 $Y=0$ 的状态。

可见，继电特性由连续输入、跃变输出的折线组成，图中 X_{dz} 称为接点动作值，X_{fh} 称为接点的返回值。

五、继电器的基本参数

1. 额定参数

指输入量的额定值及触点的额定电压、额定电流等。

2. 动作参数

指输入量的动作值及返回值，如电流继电器的动作电流，电压继电器的动作电压，风压继电器的动作风压等。

3. 整定值

指继电器可以调整的参数，例如动作参数及时间继电器的延时。经调整确定的参数值为整定值。

4. 返回系数

指继电器输入量的释放值与动作值之比，用字母 K_{fh} 表示，即

$$K_{fh}=\frac{X_{fh}}{X_{dz}}$$

返回系数是继电器的重要参数之一，其值一般小于 1，而且可调。返回系数是根据被控对象或被保护对象的要求来确定的，对继电器的返回系数要求越高，继电器的结构越精密，价格也越高。实际上返回系数要求越高(即 K 值越接近于 1)，说明释放值和动作值越接近，继电器的吸力特性和反力特性配合得越好。一般的电压或电流继电器属高返回系数的继电器，其返回系数规定大于 0.65。有些专用继电器对返回系数有特殊的要求。

5. 灵敏度

指按要求整定好的继电器能吸合动作所需要的最小功率或最小安匝数。一般用动作功率或动作安匝来表示继电器的灵敏度。不同类型的继电器在安匝数相同时，消耗的功率可能不同，继电器消耗的功率越小，灵敏度越高。

6. 动作时间和释放时间

动作时间是指继电器自通电(或接受其他信号)起，到所有触点达到工作状态止所经过的时间间隔。释放时间是指继电器自断电(或接受其他信号)起，到所有触点恢复到释放状态止所经过的时间间隔。按动作时间或释放时间的长短，继电器可分为快速动作、正常动作和延时动作三大类。

第四节　常见类型的继电器

继电器是一种自动电器，它的功能是当输入的激励量达到规定要求时，在电气输出电路中使被控参量发生预定的阶跃变化。

一、电磁式继电器

以电磁铁为主体的继电器统称为电磁式继电器，它的测量机构是电磁铁，执行机构是触

头。它通过电磁铁的电磁力使其可动的机械部分运动，并带动继电器的接点转换，实现输出信号的改变。这种继电器具有动作可靠、结构简单、输出功率大、易于制造、便于维护等特点，所以得到了广泛的应用。

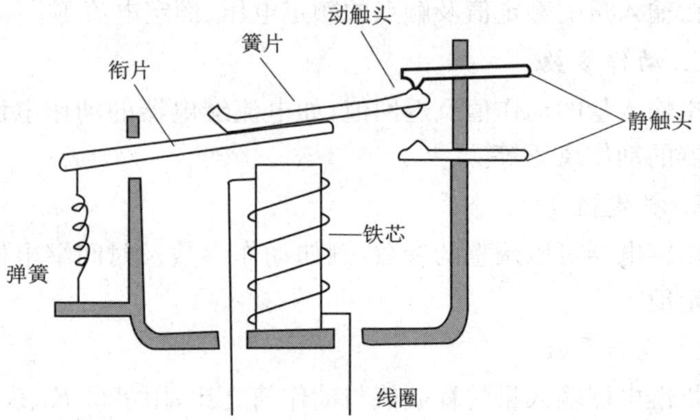

图 7-10　电磁式继电器的外观及结构示意图

1. 电流继电器

电流继电器是作为主电路和辅助电路过流保护之用。在城市轨道交通车辆中，由于主回路中有牵引电机这样的负载，过电流故障是经常出现的。如牵引电机在大的启动电流下缓慢启动，电动机在反复短时工作制时的操作频率过高，电动机经常反接、制动等，都容易引起电机过载。电机过载的出现会对电机的工作及绝缘性能产生较大的影响，甚至引起重大火灾事故，所以必须加以防护。

电流继电器按保护对象分为原边过流继电器和辅助过流继电器。其中，原边过流继电器是接在高压交流电流互感器的副边，作牵引变压器原边过电流保护；辅助过电流继电器直接接在辅助电路中，作辅助电路过电流保护用。两者结构基本相同。

电流继电器的结构如图 7-11(a)所示，图形符号如图 7-11(b)所示，其文字符号为 KC。

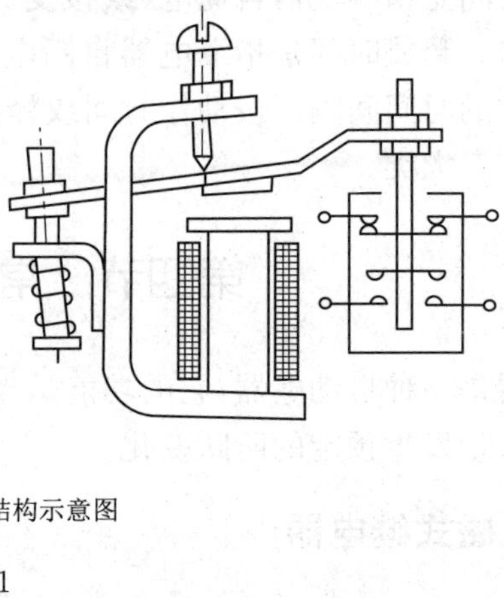

(a) 电流继电器的外观及结构示意图

图　7-11

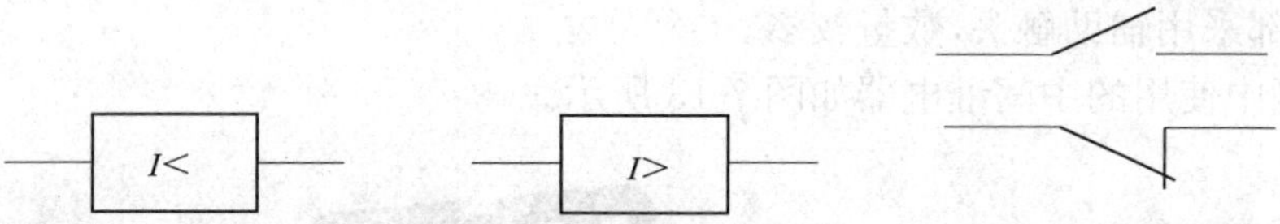

(b) 电流继电器图形符号

图 7-11　电流继电器

电流继电器磁系统是由呈角板形的磁轭、固定在磁轭上的圆形铁芯、平板形衔铁所组成，衔铁绕磁轭棱角支点转动而成拍合式动作。磁系统上部衔铁一端装有反作用弹簧，继电器不通电时，借助于反作用弹簧的反力使衔铁打开。同样也利用改变反作用弹簧的压力大小来调节继电器动作电流整定值。在磁系统下部装有触头组，与衔铁支件连接，并由衔铁带动触头开闭。在铁芯端的衔铁上装有非磁性垫片，利用调整非磁性垫片的厚薄来调节继电器的释放电流值，即调整返回系数。

2. 电压继电器

电压继电器是反映电压变化的控制电器，当继电器线圈上的电压达到吸合值时，电磁机构将衔铁吸合，触点系统动作；而当电压减小到释放值时，触点系统复位。

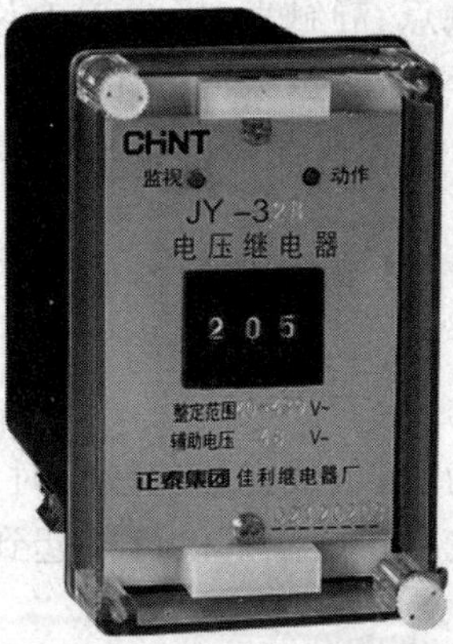

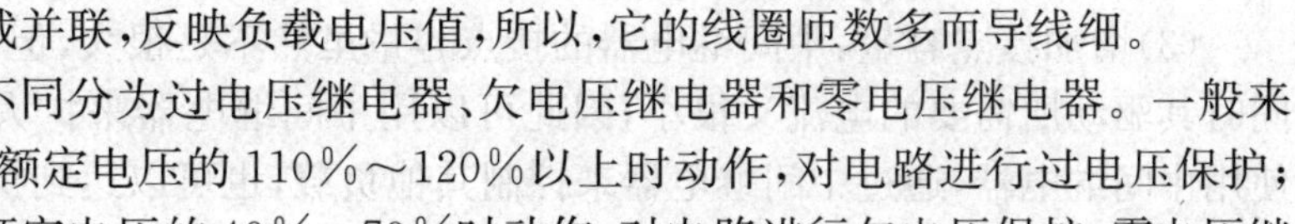

图 7-12　电压继电器图形符号

电压继电器线圈与负载并联，反映负载电压值，所以，它的线圈匝数多而导线细。

电压继电器根据用途不同分为过电压继电器、欠电压继电器和零电压继电器。一般来说，过电压继电器在电压为额定电压的 110%～120%以上时动作，对电路进行过电压保护；欠电压继电器在电压降至额定电压的 40%～70%时动作，对电路进行欠电压保护；零电压继电器在电压降至额定电压的 5%～25%时动作，对电路进行零电压保护。运用时，可调整其动作整定值，以达到控制的目的。

3. 中间继电器

中间继电器用于城市轨道交通车辆中以增加触点的数量及容量，还被用于在控制电路中传递中间信号。中间继电器的延时方式主要有两种，分别是通电延时和断电延时，安装方式主要分为固定式、凸出式、嵌入式、导轨式。由于中间继电器过载能力较小，因此一般没有主触点，而全部采用辅助触头，数量较多。

地铁车辆中使用的中间继电器如图 7-13 所示。

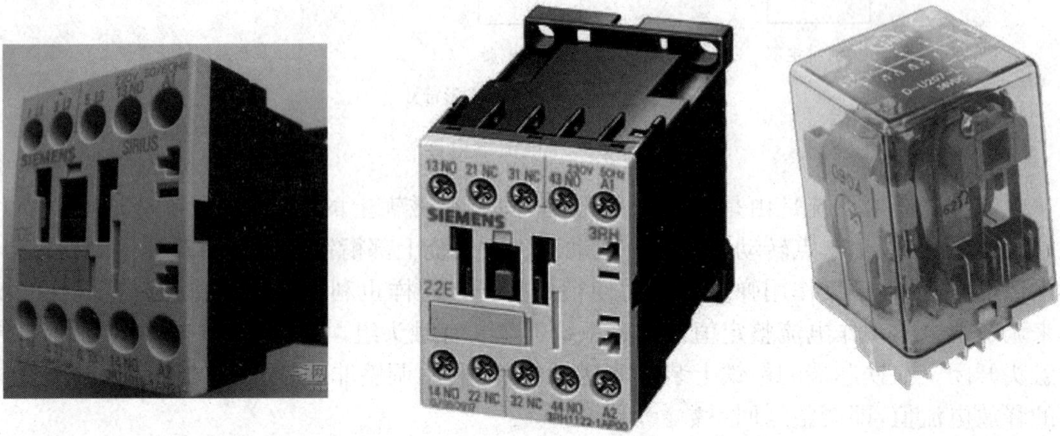

(a) 3RT10型中间继电器　(b) 3RH11型中间继电器　(c) D-U200型中间继电器

图 7-13　中间继电器外形图

中间继电器主要由固定铁芯、动铁芯、吸引线圈、触点簧片、动触点、静触点、接线端子及外壳等组成。其工作原理为：线圈通直流电时，在电磁力的作用下，动铁芯被吸向固定铁芯，带动触点动作，使常开触点闭合，常闭触点断开。当线圈断电时，动铁芯在弹簧的作用下复原，带动触点复位，即常开触点断开，常闭触点闭合。

中间继电器采用模块化结构，具有体积小、重量轻、动作灵敏可靠、电气绝缘性能好等特点。

中间继电器的作用如下所述。

(1)代替小型接触器：中间继电器的触点具有一定的带负荷能力，当负载容量比较小时，可以用来替代小型接触器使用，比如电动卷闸门和一些小家电的控制。这样不仅可以起到控制的目的，而且可以节省空间，使电器的控制部分做得比较精致。

(2)增加接点数量：在电路控制系统中，线路中增加一个中间继电器，不仅会改变控制形式、增加接点数量，而且便于维修。

(3)增加接点容量：中间继电器的接点容量虽然不是很大，但也具有一定的带负载能力，同时其驱动所需要的电流又很小，因此可以用中间继电器来扩大接点容量。在控制线路中使用中间继电器，通过中间继电器来控制其他负载，也可以达到扩大控制容量的目的。

(4)转换接点类型：在工业控制线路中，可以将一个中间继电器与原来的接触器线圈并联，用中间继电器的常闭接点去控制相应的元件，转换一下接点类型，可以实现需要使用接触器的常闭接点才能达到控制目的。

(5)用作开关：在一些控制线路中，一些电器元件的通断常常使用中间继电器，用其接点的开闭来控制。如彩电或显示器中常见的自动消磁电路，三极管控制中间继电器的通断，从而达到控制消磁线圈通断的作用。

(6)转换电压：在工业控制线路中电压是 DC 24 V，而电磁阀的线圈电压是 AC 220 V，安装一个中间继电器，可以将直流与交流、高压与低压分开，便于以后的维修并有利于安全使用。

(7)消除电路中的干扰：在工业控制或计算机控制线路中，虽然有各种各样的干扰抑制措施，但干扰现象还是或多或少地存在着，在内部加入一个中间继电器，可以达到消除干扰的目的。

4. 接地继电器

(1)制动工况下的接地保护用接地继电器

接地继电器主要用于制动工况下主回路中的接地保护。

接地继电器的结构与过流继电器基本相同，也是由拍合式的电磁机构和触头系统两大部分组成。在制动工况下，当主回路某处发生接地故障，电流达到整定值 0.2～0.3 A 时，接地继电器动作，常闭触头打开，从而保护主回路不受故障的影响。

在北京地铁列车上使用的接地继电器的代号为 DJ，其保护原理如图 7-14 所示。当主回路无接地故障时，接地继电器 DJ 线圈无电流，因此接地继电器 DJ 处于释放状态。当主回路某处出现接地故障时，接地继电器 DJ 线圈有电流通过，电流达到整定值 0.2～0.3 A 时，接地继电器 DJ 动作，通过相应联锁切断主回路，达到了保护的目的。

(2)牵引工况下的接地保护用差动继电器

主回路在牵引工况下的接地保护一般使用的是差动继电器(用于所有牵引电动机串联的情况)。差动继电器属于拍合式电磁机构，它有两组线圈，即低压线圈和电流线圈(只有两匝)，它是利用两组线圈的电流差而工作的。

差动继电器工作原理如图 7-15 所示。正常工作时，两匝电流线圈通过的电流方向相反，产生的磁场方向相反，因此电磁吸力相互抵消，差动继电器不动作。

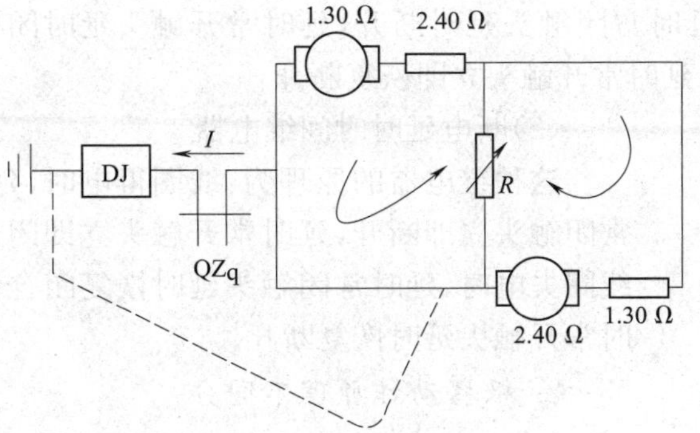

图 7-14 接地继电器的保护原理图

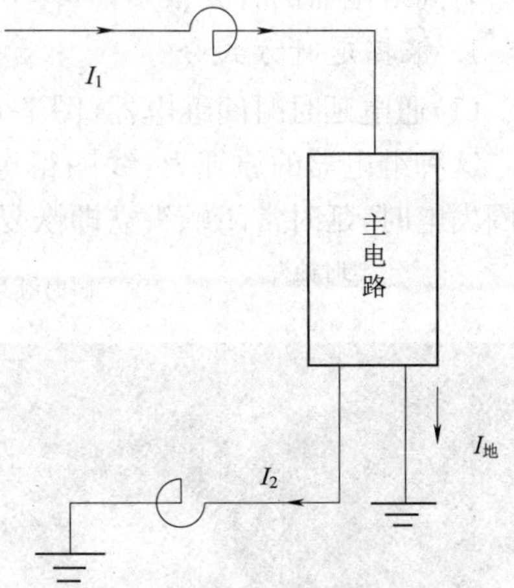

图 7-15 差动继电器工作原理图

牵引工况中，当主电路出现接地故障时，电流有泄漏($I_地$)，$I_1=I_2+I_地$，即，$I_1>I_2$，使得电流线圈产生的电磁吸力不相等，在铁芯周围产生的磁场吸力克服了弹簧的拉力，衔铁吸合，差动继电器动作(动作值为 80 A)，常闭联锁打开，切断了主回路，达到了保护主电路的目的。

有的城市地铁车辆主回路采用接地电阻进行接地保护。

二、时间继电器

在机电设备控制系统中，不但需要动作迅速的继电器，而且需要当线圈通电或断电以后，触点经过一定的时间后再动作的继电器，这种继电器就是时间继电器。

时间继电器的图形符号如下：

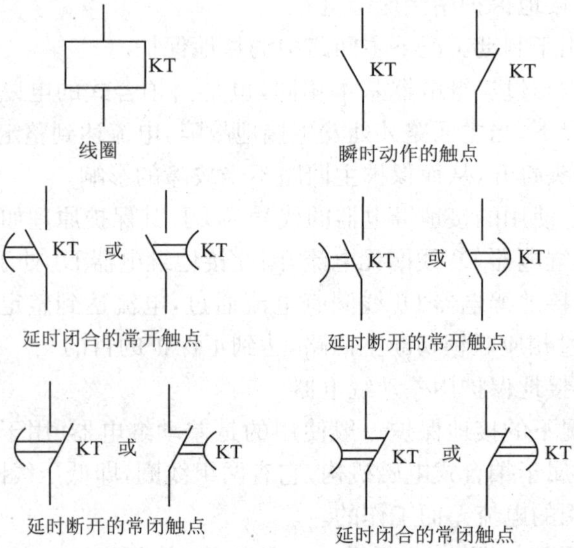

图 7-16　时间继电器图形符号

时间继电器的种类很多，具体分类如下。

1. 根据延时方式分

(1)通电延时时间继电器(图 7-17)

这种继电器的原理为：线圈得电时，延时常闭触头延时断开，延时常开触头延时闭合。线圈失电时，延时常闭触头立即恢复闭合，延时常开触头立即恢复断开。

图 7-17　通电延时时间继电器

(2)断电延时时间继电器

这种继电器的原理为：线圈得电时，延时常闭触头立即断开，延时常开触头立即闭合；线圈失电时，延时常闭触头延时恢复闭合，延时常开触头延时恢复断开。

2. 根据动作原理不同分

(1)电磁式时间继电器(图 7-18)

电磁式时间继电器是带有延时机构的螺管线圈式继电器，具有交流和直流规格。交流规格继电器内部装有桥式整流器，将交流电源整流后供给电磁机构，每台继电器具有两副瞬时转换触点，一副滑动延时触点，一副延时主触点。当加电压于线圈两端时，铁芯克服塔形弹簧的反作用力被吸入，瞬时转换触点进行瞬时转换，同时延时机构启动，经过一定的延时，然后闭合滑动延时触点和延时主触点。主触点接触后由于上挡限制机构的转动，机构停止，从而得到所需延时。当线圈断电时，在塔形弹簧的作用下，使铁芯和延时机构返回原位。

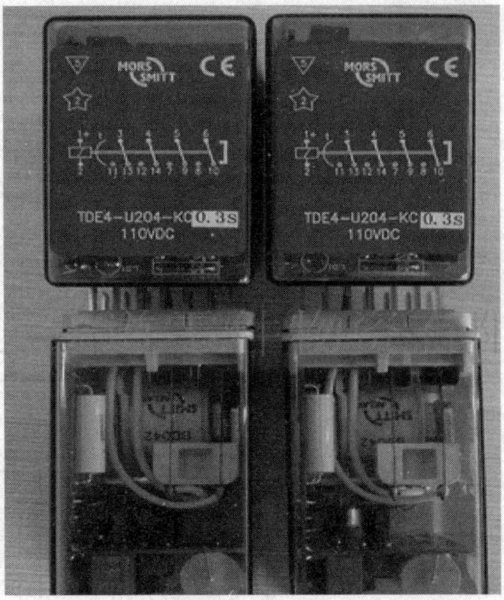

图 7-18 电磁式时间继电器实物图

(2)空气阻尼式时间继电器

空气阻尼式时间继电器是利用空气阻尼原理获得延时的。它由电磁系统、延时机构和触点三部分组成，电磁机构为直动式双 E 型，触点系统是借用 LX5 型微动开关，延时机构采用气囊式阻尼器。

空气阻尼式时间继电器既具有由空气室中的气动机构带动的延时触点，也具有由电磁机构直接带动的瞬动触点，可以做成通电延时型，也可做成断电延时型。电磁机构可以是直流的，也可以是交流的。

JS7-A 系列空气阻尼式时间继电器的线圈电压为交流 24～420 V，延时范围有 0.4～60 s和 0.4～180 s 两种，延时重复误差≤±15%，操作频率为 600 次/h，触头额定电流为 5 A。

图 7-19 为 JS7-A 系列空气阻尼式时间继电器动作原理图。当交流电磁铁线圈 7 通电后，将衔铁 10 吸下，于是顶杆 11 与衔铁之间出现空隙，顶杆 11 与活塞 3 相连，活塞下面固定有橡皮膜 4，活塞在弹簧 12 的作用下向下移动时，在橡皮膜上面形成空气稀薄的空间，橡皮膜下面为大气压力，活塞受到下面空气的阻力，不能迅速下降，而活塞上面有进气孔 2，空气由此进入，使活塞逐渐下降。降到一定位置时，杠杆 6 使微动开关 5 动作，达到了通电延时。此继电器断电时为瞬时动作，即在线圈断电后，反力弹簧 9 使衔铁 10、顶杆 11 和活塞 3 等向上运动，橡皮膜上面的空气经过橡皮膜 4 与顶杆 11 之间的空气间隙迅速向下排出，当顶杆 11 向上移动时，带动杠杆 6 顺时针方向旋转，使触头恢复初始位置。

断电延时时间继电器，它实际是通电延时时间继电器的动、静铁芯倒装的结果。其结构和动作原理与通电延时型相似，所不同的是微动开关 5 在线圈断电后延时动作的。

(3)电子式时间继电器

目前，城市轨道交通车辆已开始采用由单片机控制的电子式时间继电器，它由晶体管或集成电路和电子元件等构成，故又称半导体时间继电器。它用微型大功率密封中间继电器作为执行单元。电子式时间继电器具有延时范围广、精度高、体积小、耐冲击和耐振动、调节方便及寿命长等优点，所以发展很快，应用广泛。

半导体时间继电器的输出形式有两种：有触点式和无触点式，前者是用晶体管驱动小型电磁式继电器，后者是采用晶体管或晶闸管输出。

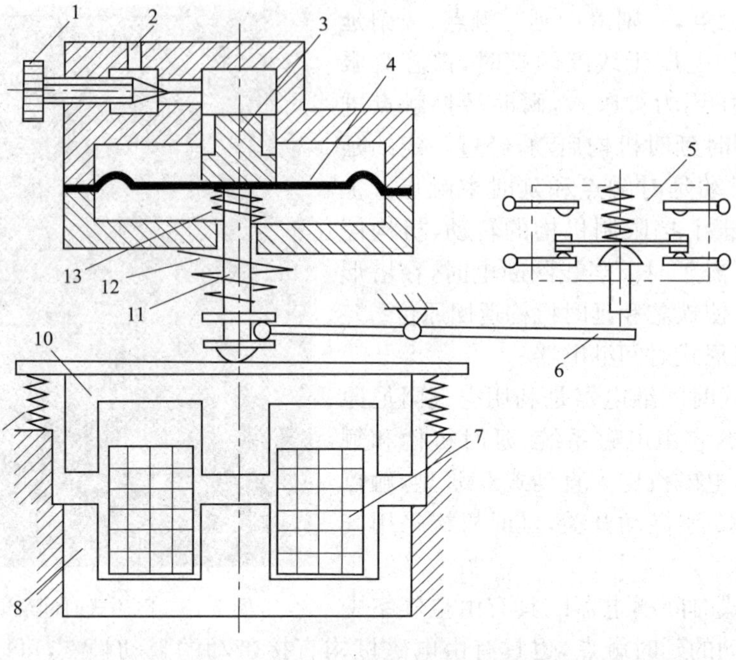

图 7-19　JS7-A 系列空气阻尼式时间继电器工作原理图

1—螺钉;2—进气孔;3—活塞;4—橡皮膜;5—触头;6—杠杆;7—线圈;8—静铁芯;9—反力弹簧;
10—衔铁;11—顶杆;12、13—弹簧

电子式时间继电器的工作原理是利用电容的充、放电特性,通过调节 RC 电阻或电容的大小,即改变充、放电时间常数的大小调节延时时间长短,实现延时功能。

JS 系列半导体时间继电器是一种常用的时间继电器。下面以晶体管延时电路为例说明其工作原理。晶体管延时电路如图 7-20 所示。

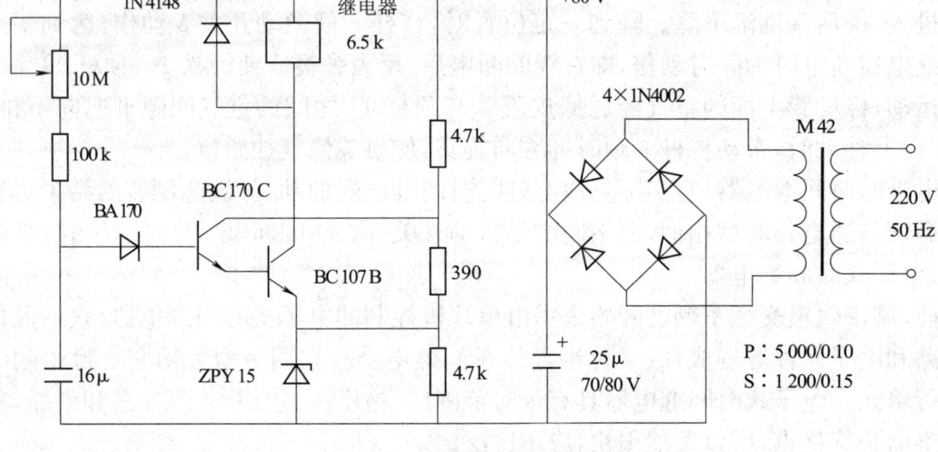

图 7-20　晶体管延时电路图

刚接通电源时,16μF 电容两端的电压为零,两个三极管都截止,继电器不动作。随着 16μF 电容的充电,经过一段时间后,其两端的电压达到高电平,两个三极管都导通,继电器

延时吸合。延时时间的长短可通过 10 MΩ 电阻调节。

三、热过载继电器

所谓热过载继电器，是利用输入电流的热效应做出相应动作的一种继电器，属于非电量继电器。热过载继电器主要用于对异步电动机的过载保护，它具有反时限保护特性（被保护元件的过流允许通过时间与其电流值的大小成反比，即电流越大，所允许通过的时间越短）。

热过载继电器是利用流入热元件的电流产生热量，使有不同膨胀系数的双金属片发生弯曲变形，推动传动机构动作，最终实现过载保护。由于是过载发热而引起动作的电器，其动作值自然要低于回路中主要电器零部件的允许温度值，这样就可以限制过载电流而起到保护作用。热过载继电器在地铁车辆中的空调单元、辅助电机等工作回路中均有广泛应用。

3UA 系列热继电器的基本结构如图 7-21 所示，其文字符号、图形符号如图 7-22 所示。

(a) 外形图

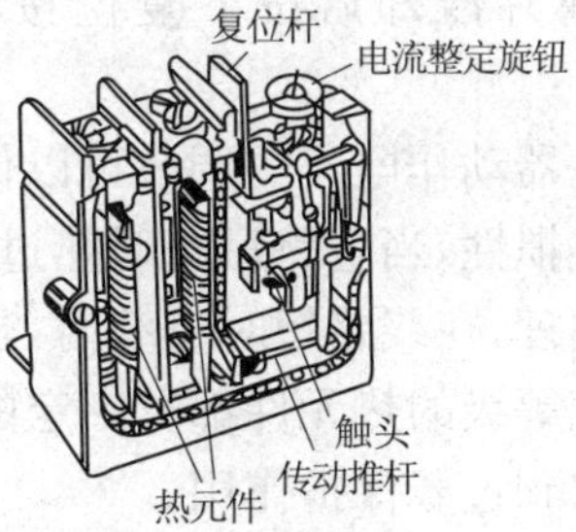

(b) 结构示意图

图 7-21　热过载继电器的基本结构

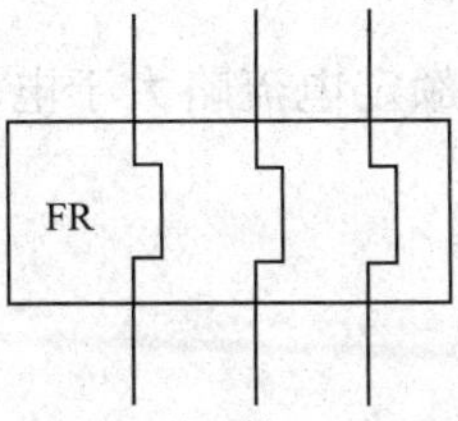

(a) 热元件

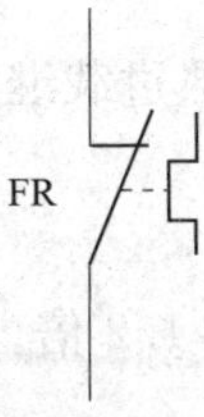

(b) 常闭触头

图 7-22　热过载继电器文字符号与图形符号

1. 基本结构

热过载继电器主要由发热元件、双金属片、触点、传动机构和调整机构组成。发热元件是一段阻值不大的电阻丝，串联在被保护电动机的定子绕组中。常闭触点串联在交流接触器的电磁线圈控制电路中。

双金属片是由两种热膨胀系数不同的金属用机械碾压而成（或焊接而成）的，一端被固定，另一端为自由端。受热后双金属片向膨胀系数小的金属一侧弯曲，如图 7-23 所示。

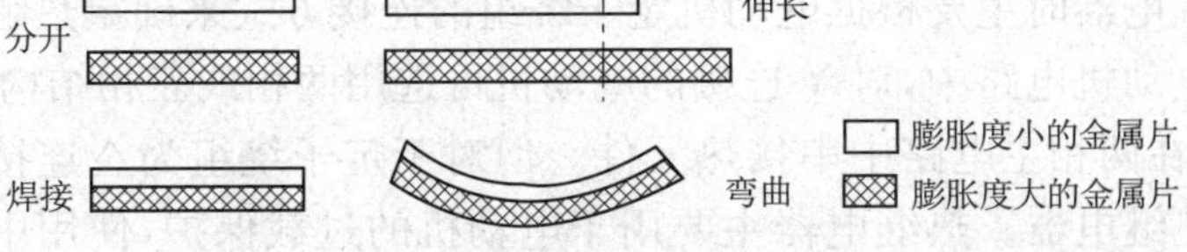

图 7-23　双金属片工作原理

2. 工作原理

热过载继电器的工作原理如图 7-24 所示。

当电动机正常工作时,通过发热元件的电流是电动机的额定电流,双金属片受热弯曲,但距离较小,不足以推动传动机构,所以电动机正常运行。

当电动机出现过载时,电动机绕组中电流增大,双金属片受热后温度继续升高,弯曲程度加大,达到一定距离时就推动导板动作,通过传动机构使常闭触点打开,切断控制电路,从而使交流接触器电磁线圈失电释放,保护电路断开,实现了电动机的过载保护。热继电器动作后一般不能自动复位,而要等双金属片冷却后按下复位按钮进行复位。

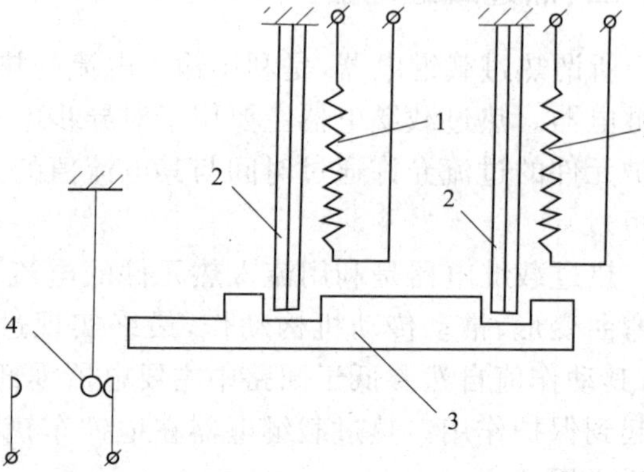

图 7-24　热过载继电器工作原理示意图

1—热元件;2—双金属片;3—导板;4—触点复原

热继电器动作电流的调节可以借助旋转凸轮来实现。

由于热惯性,当电路短路时热过载继电器不能立即动作使电路立即断开,因此不能作短路保护。同理,在线路短时过载时,热过载继电器也不会动作,这可避免线路不必要的断电。每一种电流等级的热元件都有一定的电流调节范围,一般应调节到与线路额定电流相等,以便更好地起到过载保护作用。

3. 热过载继电器的主要技术参数

(1)额定电压:指热过载继电器能够正常工作的最高电压值,一般为 AC 220 V、AC 380 V。

(2)额定电流:指被保护电动机的额定电流。通常热过载继电器的额定电流略大于电动机的额定电流。

(3)额定频率:45～60 Hz。

(4)整定电流范围:调整到电动机额定电流的 1.1～1.2 倍。

4. 热过载继电器的型号及选用

目前,国内生产的热过载继电器主要有 JR0、JR1、JR2、JR9、R10、JR15、JR16 等系列。JR0、JR1、JR2 和 JR15 系列的热过载继电器均为两相结构,是双热元件的热继电器,可以用作三相异步电动机的均衡过载保护和定子绕组为 Y 连接的三相异步电动机的断相保护,但不能用作定子绕组为△连接的三相异步电动机的断相保护。JR16 和 JR20 系列热继电器均为带断相保护的热过载继电器,具有差动式断相保护机构。

选择热过载继电器时主要根据电动机定子绕组的连接方式来确定热继电器的型号。

在三相异步电动机电路中,对 Y 连接的电动机可选用两相或三相结构的热继电器,一般采用两相结构,即在两相主电路中串接热元件。但对于定子绕组为△连接的电动机必须采用带断相保护的热继电器。热继电器主要用于电动机的过载保护,使用中应考虑电动机的工作环境、启动情况、负载性质等因素,具体应从以下几个方面来选择:

(1)热过载继电器结构形式。Y 连接的电动机可选用两相或三相结构热继电器,△连接的电动机应选用带断相保护装置的三相结构热过载继电器。

(2)热元件的整定电流。一般将整定电流调整到等于电动机的额定电流。对过载能力差的电动机,可将热元件整定值调整到电动机额定电流的 0.6～0.8 倍。对启动时间较长,拖动冲击性负载或不允许停车的电动机,热元件的整定电流应调整到电动机额定电流的 1.1～1.15 倍。

(3)电动机启动时间过长或操作次数过于频繁会使热过载继电器误动作或烧坏电器,故这种情况一般不用热过载继电器作过载保护。

(4)对于重复短时工作的电动机(如起重机电动机),由于电动机不断重复升温,热过载继电器双金属片的温升跟不上电动机绕组的温升,电动机将得不到可靠的过载保护。

四、继电器的选用

细致地了解各继电器的性能、参数和使用条件,正确地选择和使用继电器,是确保继电器及其被控制或保护对象可靠工作,正常运行的重要环节。

选用继电器的一般步骤如下:

(1)根据输入信号的性质、使用环境、动作频率、寿命要求以及工作制度和安装尺寸等因素选择继电器的种类和型号。

(2)根据输入信号的电气参数,选定继电器的输入参数。

(3)根据控制要求确定接点的种类。

(4)根据被控回路的多少,确定继电器接点的对数或组数。

(5)根据负载的性质与容量,确定继电器触点的容量。

对于动作频繁的继电器,其触点由于电弧的影响,会引起其接触电阻发生变化,进而引起继电器线圈输入电压降低,当线圈输入电压低于 85%额定电压时,继电器不能正常工作,为此,控制电路电压应选取较高值。采用低压控制时,建议采用并联型触点,以提高工作可靠性。对于触点接触电阻,应定期进行检查。

五、电磁继电器常见故障

继电器在使用过程中,由于各种原因,如产品质量不高、使用不当、维修不好等,常常发生各种各样的故障。在此,主要介绍有触点继电器的故障及处理。最常见的有以下几种:

1. 触头故障

(1)由于触头的机械咬合(触头上形成的针状凸起与凹坑相互咬住)、熔焊或冷焊而产生无法断开的现象。

(2)由于接触电阻变大和不稳定使电路无法正常接通的现象。

(3)由于负载过大,或触头容量过小,或负载性质变化等引起触头无法分、合电路的故障。

(4)由于电压过高,或触头开距变小而出现触头间隙重新击穿的故障。

(5)由于电源频率过高,或触头间隙电容过大而产生无法准确开断电路的故障。

(6)由于各种环境条件不满足要求而造成触头工作的失误。

(7)由于没有采用熄弧装置或措施，或参数选用不当而造成触头磨损，或产生不必要的干扰。

2. 线圈故障

(1)由于环境温度的变化(超过技术条件规定值)导致线圈温升超过允许值而引起线圈绝缘的损坏；由于潮湿而引起绝缘水平的严重降低；由于腐蚀而引起内部断线或匝间短路。

(2)由于线圈电压超过110%额定电压而导致线圈损坏。

(3)在使用维修时，可能由于工具的碰伤而使线圈绝缘损坏，或引起线折断。

(4)由于线圈电压接错，如额定电压为110 V的线圈接到220 V的电源电压上，或将交流电压线圈接到同样等级的直流电压上而使线圈立即烧坏。

(5)交流线圈可能由于线圈电压超过110%额定电压，或操作频率过高，或当电压低于85%额定电压时因衔铁吸合不上而烧坏。

(6)当交流线圈接上电压时，可能由于传动机构不灵或卡死等原因，使衔铁不能闭合而使线圈烧坏。

3. 磁路故障

(1)棱角和转轴的磨损，导致衔铁转动不灵或卡死的故障。

(2)在有些直流继电器中，由于机械磨损，或非磁性垫片损坏，使衔铁闭合后的最小气隙变小，剩磁过大，导致衔铁不能释放的故障。

(3)交流继电器铁芯上分磁环断裂，或衔铁和铁芯极面生锈或侵入杂质时，将引起衔铁振动，产生噪声。

(4)交流继电器E型铁芯中，由于两侧铁芯的磨损而使中柱的气隙消失时，将产生衔铁黏住不放的故障。

4. 其他

如各种零件产生变形或松动，机械损坏，镀层裂开或剥落，各带电部分与外壳间的绝缘不够，反力弹簧因疲劳而失去弹性，各种整定值调整不当，产品已达额定寿命等。

继电器产生故障的原因很多，除了要求生产厂确保产品的质量以外，正确使用和认真维修也是减少故障、保证可靠工作的重要环节。

六、继电器的维修

由于城市轨道交通车辆电器中各继电器及部件的性能与参数会随着工作任务与使用时间的改变而改变，而且还经常受到各种偶然因素的影响。因此，我们必须对这些情况经常地监视和及时地了解，对可能出现的各种异常现象尽早地防范，对某一继电器或继电器的某一部件产生的故障及时地修理或更换，以确保各继电器的使用寿命，保证城市轨道交通车辆正常而可靠的工作。

尽管继电器型号不同，检修方法也有区别，但是在检修时都应按以下共同的要求进行。

(1)继电器活动部分的动作应灵活、可靠，外罩及壳体应无损坏或缺少零件等情况。

(2)继电器线圈引出端子及外部连接线必须牢固、可靠，电磁继电器吸引线圈的阻值必须符合有关的技术规定。

(3)有指示件的继电器应检查指示件的自锁和释放作用，保证其正确、可靠。

(4)绝缘状态良好,磨耗件及易损件(包括胶木件、外罩、分磁环、非磁性垫片等)有缺损时应更新,各连接部分的紧固状态应良好。

(5)测量继电器触头厚度、开距、超程及终压力等技术参数,必须符合有关规程和工作文件的要求。

(6)调整继电器动作参数的整定值,并加漆封固定。有特殊要求时,还应测量继电器的返回系数。

继电器的检修工作除一般的清扫、检查外,主要内容是测量继电器的技术参数并调整其动作的整定值,即上面提到的第5条和第6条。

城市轨道交通车辆上装有电磁式继电器、非电量继电器和电子继电器。从继电器的输入、输出特性我们知道,继电器只有当输入量达到其规定的动作参数时才会动作,即电磁式继电器在达到规定的电压、电流值,或机械式继电器达到规定的压力、速度时,继电器才动作,并带动相应的联锁触头接触或分断相应的控制电路,将故障或正常工况准确的显示出来。由此可见,继电器的动作参数是决定继电器准确动作的决定性因素,而调节继电器动作参数的过程,即对继电器的整定过程就显得尤为重要了。所以,在城市轨道交通车辆检修时,最主要的任务之一就是必须对全部继电器重新整定、校检。继电器整定值的调试应由专职人员在专用的试验台上进行。电磁式继电器可借调整反力弹簧、初始气隙及非磁性垫片等措施来调整动作值。一般地,调整初始气隙可改变其动作值,调整非磁性垫片可改变其释放值,而调整反力弹簧则动作值和释放值都可改变。应当注意的是,各继电器整定完毕后应铅封或漆封,以防错动而影响整定值。

必要时,某些继电器在检修后还应作振动试验,触头压力及接触电阻测试。

本章小结

本章所介绍的接触器和继电器是在控制中应用极为广泛的两种电器设备。接触器是一种用于频繁地接通或分断交直流主电路、大容量控制电路等大电流电路,具有操作频繁、有一定过载能力和失压保护功能,并能实现一定距离的远程控制的电器。

接触器主要由触头装置、传动装置、灭弧装置、支架和固定装置组成,按通断电流的种类可分为直流接触器和交流接触器;按传动方式可分为电磁式和电空式接触器;按触头所处的介质可分为空气式、真空式和油浸式接触器。应通过对典型的电磁式接触器、真空接触器的学习,掌握其结构、作用及特性,并应对选择接触器时所需考虑的因素及日常使用维护的基本常识有所了解。

继电器是一种在控制电路中用于传递信号的自动电器,具有控制、保护或转换信号的作用,当输入的激励量达到规定要求时,在电气输出电路中,被控参量发生预定的阶跃变化。继电器没有灭弧装置,触头容量较小,不能用来开断主电路及大容量的控制电路,但灵敏度极高,能反应多种信号,输入、输出量易于调节,用途极为广泛。通过对继电器基本知识的学习,掌握电磁式继电器、机械式继电器和时间继电器的工作原理、继电特性及基本技术参数,了解继电器的选用和保护的基本常识。

复习思考题

1. 简述接触器的各个组成部分及其作用。
2. 按传动方式分,接触器分为哪几类?其各自特点是什么?
3. 什么是接触器的动作时间和释放时间?
4. 简述三相交流接触器的工作原理。
5. 应该如何选择合适的接触器?
6. 简述接触器的日常维护方式方法。
7. 什么是继电器的返回系数?
8. 继电器的各组成部分有什么作用?
9. 继电器有哪些特点和基本参数值?
10. 继电器的选择一般采用哪些方法?
11. 继电器触头故障常见有哪些?分析产生的原因。
12. 继电器线圈常见的故障有哪些?产生的原因是什么?
13. 继电器触头间接触电阻变大时,可能带来什么现象?

第八章　主型电器

城市轨道交通车辆主型电器是指专门为城轨车辆设计制造的、作用重要、结构复杂，体积较大的专用电器，主要包括断路器、受电弓、司机控制器等。本章着重介绍城轨车辆上主型电器的作用、型号、结构、工作原理、特点和主要技术参数，并简要介绍其检查、维护、检修和试验方法。

第一节　断路器

一、概　　述

高速断路器在城市轨道交通车辆上主要作为车辆电器系统的总开关和总保护，可以实现电源的接通和切断控制，是一种能对电路进行控制(分断、闭合)和保护的高压电器。当高速断路器闭合时，车辆将获得由受电弓(或集电靴)从接触网(或第三轨)引入的电源，使车辆得以投入工作。若主电路发生短路、过载、接地等故障时，通过相关控制电路使高速断路器自动断开，切断车辆总电源，以防止故障范围扩大。

高速断路器主要由导流部分、灭弧部分、绝缘部分、操作机构部分组成。其分类如下：

(1)按灭弧介质的不同，可分为油断路器、空气断路器、真空断路器、六氟化硫断路器、固体产气断路器、磁吹断路器和灭弧罩断路器。

(2)按操作性质的不同，可分为电磁机构、气动机构、液压机构、弹簧储能机构和手动机构。

目前城市轨道交通车辆上使用较多的是赛雪龙公司的 UR6 系列高速断路器，其中 UR6-31 型额定电压为 900 V，适用于在 750 V 网压下运行的城市轨道交通车辆；UR6-32 型额定电压 1 800 V，适用在 1 500 V 网压下运行的城市轨道交通车辆。下面就以 UR6-32 型高速断路器为例，详细介绍高速断路器的结构和动作原理。

二、UR6-32 型高速断路器结构及原理

1. UR6-32 型高速断路器结构

UR6-32 型高速断路器结构如图 8-1 所示，它由固定绝缘架、主电路、驱动装置、灭弧装置、过流脱扣装置和辅助触头及驱动部件六个部分组成。内部结构如图 8-2 所示。

(1)主电路部分

主电路部分细节图如图 8-1 右上角所示，包括了动触头 22 和静触头 24、动触头对外的连接端——下连接铜排 21、静触头对外的连接端——上连接铜排 23，以及将电弧引入灭弧罩的引弧角 25。

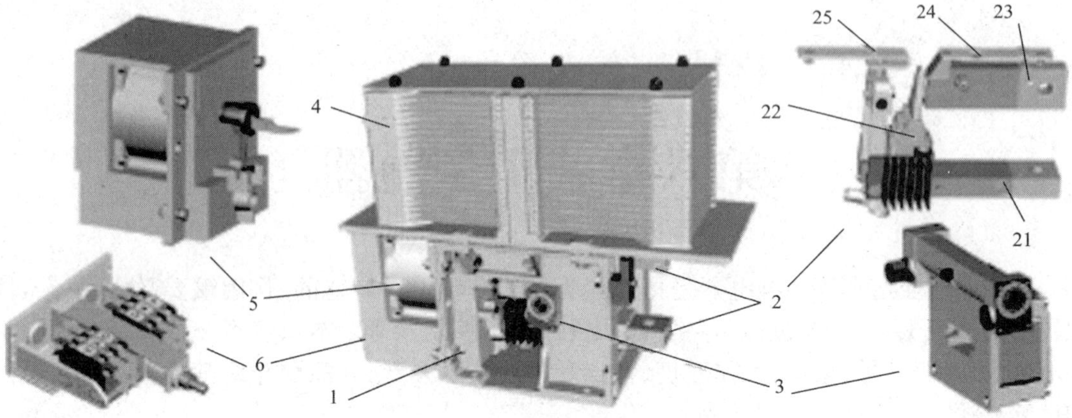

图 8-1 UR6-32 型高速断路器结构图

1—固定绝缘架;2—主回路(21—下连接铜排;22—动触头;23—上连接铜排;24—带引弧角的静触头;25—引弧角)
3—过流脱扣装置;4—灭弧罩;5—驱动装置;6—辅助触点组件

(2)驱动装置

驱动装置(图 8-2)由动铁芯 1、静铁芯和线圈 2、拨叉 11、恢复弹簧 10 和触头压力弹簧 9 组成。

(3)过流脱扣装置

过流脱扣装置(图 8-3)由过流脱扣装置静铁芯和线圈 1、动铁芯 2、杠杆 3、动触头推杆 4 和拨叉 5 组成。

(4)灭弧装置

灭弧装置(图 8-2)由灭弧隔板 15 和灭弧栅板 16 组成。

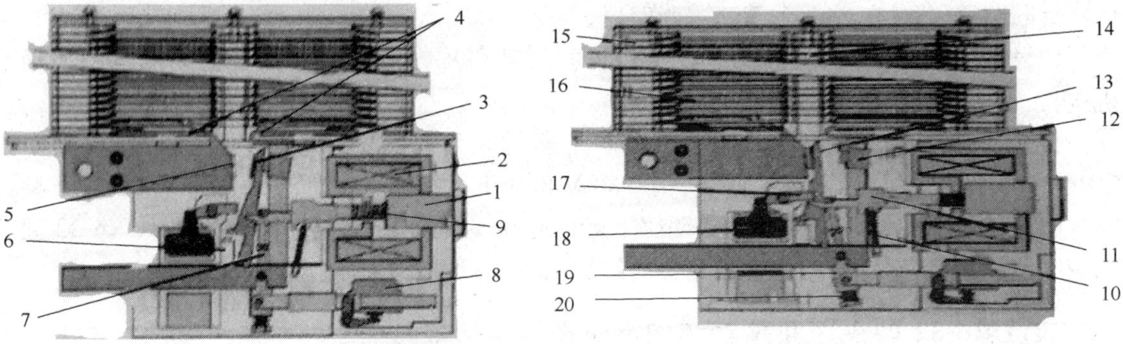

图 8-2 高速断路器内部结构图

1—动铁芯;2—静铁芯及线圈;3—动触头;4—引弧角;5—静触头;6—下冲击减振器;7—导杆上;8—辅助触头盒;
9—触头压力弹簧;10—恢复弹簧;11—拨叉;12—上冲击减振器;13—动触头推杆;14—灭弧罩;15—去电离隔板;
16—灭弧栅板;17—杠杆;18—过电流驱动装置;19—导杆下;20—导杆弹簧

(5)辅助触头部分

辅助触头部分(图 8-2)由辅助触头盒 8 及驱动导杆 7、19 以及恢复弹簧 20 组成。UR6-32 型高速断路器装有六个双触点辅助触头。开关容量:工作于 AC 220 V 电路时,可通过

10 A电流；工作于 DC 110 V 电路时，可通过 1 A 电流。每个辅助触头盒包含一对常开辅助触点和一对常闭辅助触点，通过四根外线对外提供独立的断开/接通信号。

2. UR6-32 型高速断路器工作原理

(1)合闸

当高速断路器接收到一个合闸命令时，驱动装置的线圈 2 得电，便在动、静铁芯之间产生磁场，使动铁芯 1 受到静铁芯 2 电磁吸力的作用而左移，进而推动拨叉 11 左移，由拨叉推动动触头 3 与静触头 5 闭合，同时触头压力弹簧 9 向主触头 3、5 施加适当的接触压力，以保证动、静主触头的可靠闭合。

同时，与动触头 3 连接的导杆 7 驱动辅助触头盒 8 中的杠杆动作，使盒中的常开/常闭辅助触头的状态与动、静主触头同步变化。

下冲击减振器 6 可对合闸过程中产生的冲击力起到减振的作用。合闸前后断路器内部状态如图 8-2 左右两幅图所示，左边图为合闸前的初始状态，右边图为合闸后的状态。

(2)保持

主触头闭合后，受高速断路器常开辅助触头控制的限流电阻串入线圈 2 回路，从而使驱动装置的电磁铁以一个较小的保持电流维持主触头的闭合状态。

(3)分闸

高速断路器的分闸有手动分闸和自动分闸两种方式。

①手动分闸

向断路器发送一个分闸命令，切断合闸线圈的保持电流，从而使合闸电磁铁失去磁性，动铁芯在恢复弹簧 10 的弹簧恢复力的作用下复位，从而带动拨叉回到分闸位置。

打开动触头的同时，在导杆弹簧 20 的反力作用下，推动导杆 7、19 动作，带动辅助触点复位。上冲击减振器 12 可对分闸过程中产生的冲击力起到减振作用。

主触头 3、5 间产生的电弧在引弧角 4 作用下向上运动进入灭弧罩 14，在灭弧罩中电弧被灭弧栅板 16 分割，电离气体绝大部分被去电离隔板 15 中和，从而熄灭电弧。

②自动分闸

高速断路器的自动分闸是指当城市轨道交通车辆的电气线路发生主电路短路、主电路接地等严重故障时，由控制电路直接控制高速断路器的合闸线圈失电，从而使高速断路器主触头断开，起到保护的作用。

当主电路发生过流故障时，高速断路器的分闸不是依靠外电路控制合闸线圈失电而分闸，而是依靠其自身过流脱扣装置进行分闸动作。高速断路器这套过流脱扣装置有过流检测、判断及保护动作的全套功能。

当主电路正常工作时，流过高速断路器主触头的电流为正常值，过流脱扣装置电磁线圈的电流也为正常值，因此其驱动装置不动作。如图 8-3 所示，当主电路发生过流故障时，主触头间电流超过最大电流设定值，从而使过流脱扣装置的电磁铁电磁力大于其动铁芯 2 的自重而将其推起，向上提升的铁芯导致杠杆 3 的一端被抬起，而另一端下压，从而向下按压拨叉 5，使动触头推杆 4 右移，导致动、静主触头分离。

图 8-3　高速断路器过流脱扣保护的动作过程

1—过流脱扣装置静铁芯和线圈；2—过流脱扣装置动铁芯；3—杠杆；4—动触头推杆；5—拨叉

三、UR6-31/32 型高速断路器主要技术参数

UR6-31/32 型高速断路器主要技术参数见表 8-1。

表 8-1　UR6-31/32 型高速断路器主要技术参数

项　目	参　数	
	UR6-31	UR6-32
额定工作电压 U_e	900 V	1 800 V
最大工作电压	1 000 V	2 000 V
分断过电压	2 100 V	4 000 V
最大电弧电压 U_{max}	1.5～2.1 U_e	
额定绝缘电压 U_i	2 000 V	
绝缘耐压试验电压	8 kV,50 Hz,1 min	
额定工作电流 I_e	1 000 A	
自然空气冷却情况下约定发热电流 I_{th}	1 000 A	
直流瞬时过电流整定范围	1 200～2 400 A	
分断时间	15 ms	
机械寿命	UR6 型高速直流断路器只在清洗和润滑保养操作下的机械寿命是 5×10^5 次开关(无电流),在 100 000 次开关之后,更换磨损的零件	

四、UR6-32 型高速断路器的检查与维护

1. 基本检查(表 8-2)

表 8-2　高速断路器的基本检查内容

检查项目	检查时间
主触头磨损测量引弧角检查清洁	每当下列任意条件发生,便需要进行前面的检查项目: (1)每 18 个月; (2)或者 1 000 次的过载电流分断; (3)或者 2 000 次正常情况下的带负载电流分断; (4)或者 10 000 次不带负载分断

续上表

检查项目	检查时间
灭弧罩检查	推荐检查周期：每18个月； 强制性检查周期：当更换主触头时
机械部件检查	每当一次基本检查完成之后

2. 大检查(表8-3)

表8-3　高速断路器的大检查内容

检查项目	检查时间
执行基本检查	满足下列条件之一，便进行大检查： (1)每36～48个月； (2)或者20 000次不带负载分段
测量间隙	
润滑	

3. 更换标准(表8-4)

表8-4　高速断路器的更换标准

部件名称	更换标准
动触头、静触头	当动静触头尺寸磨耗达到(15±0.5)mm时
引弧角套件	当引弧角截面积达到其初始截面积(20×3)mm^2的一半时
灭弧导向板(灭弧栅板)	当材料沉淀物造成灭弧栅板之间没有缝隙时
驱动装置	每100 000次
驱动装置的易耗件： 合闸线圈组件 动铁芯组件 拨叉 分闸缓冲器 垫片等	每当下列条件之一先发生时： (1)每5～7年； (2)第100 000次
驱动装置的其他部件	每200 000次
过电流脱扣器	每10 000次过电流分断

4. 安全注意事项

(1)仔细阅读断路器上贴示的安全警告说明。

(2)断路器进行检查、维修和安装操作前，必须保证断路器电源的关闭和断路器的接地。

(3)受电弓必须降下。

(4)需要用到低压(直流)电源的部分控制装置，需依据安全操作规范进行操作。

(5)在高压回路失电和装置没有可靠接地前，禁止接触断路器。

(6)在进行安装、检查和维护时，保证手远离正在进行分/合闸操作的断路器运动部件。

(7)在没有有资质人员的陪同下，不能进行断路器的内部构件的维护等工作。

(8)出现损坏或故障的断路器应该从电路中隔离出去，以免造成误动作，直到专业人员对其进行修复。

第二节 受 电 弓

城市交通运输用的无轨电车、有轨电车、地下铁道机车以及铁路干线牵引列车等，它们自身不带能源，所需能源来自外部电能，受流器就是用来连接外部能源的电气装置。

根据受流器的形状与作用原理的不同，受流器可分为以下几种类型：

(1)集电杆——常用于城市无轨电车。

(2)弓形受流器——常用于城市有轨电车。

(3)旁弓——常用于矿区内城轨车辆。

(4)集电靴——常用于地下铁道的第三轨供电方式。

(5)受电弓——用于铁路干线牵引列车的电力机车以及采用接触网供电的地下铁道和轻轨车辆等。

本节重点讲解城市轨道交通车辆受电弓的结构、原理及维修保养知识。

一、概　　述

1. 定义

一般，我们将安装于电力机车、地铁车辆、轻轨车辆等车辆的顶部，与接触网接触而获取电能的装置，称为受电弓。

受电弓通过绝缘子安装在城市轨道交通车辆的车顶上，是一种铰接式的机械构件。当受电弓升起时，其滑板与接触网导线直接接触，从接触网导线上获取电流，并将其通过车顶母线传送至车辆内部，供车辆使用。

城市轨道交通车辆受电弓如图 8-4 所示。

图 8-4　城市轨道交通车辆受电弓实物

2. 受电弓的分类

(1)按结构形式分：单臂型和双臂型。

(2)按驱动形式分：气动式和电动式，即依靠压缩空气驱动和依靠电动机驱动。

(3)按压缩空气驱动方式分：气缸驱动和气囊驱动。

一般地铁车辆、轻轨车辆，如上海地铁、广州地铁、南京地铁均采用轻型单臂受电弓。

3. 受电弓的基本要求

对受电弓的基本要求是：升弓时，对接触网无有害冲击。降弓时，对受电弓底架无有害冲击。这些要求均由传动装置来保证。传动装置还应使受电弓在升降开始时动作迅速，在升降快到位时动作比较缓慢。降弓开始时动作迅速，可使受电弓很快断弧。运动快结束时动作缓慢，可防止对受电弓底架有过大的机械冲击。升弓快结束时动作缓慢，可防止受电弓对接触网的冲击。

二、受电弓的结构

下面以成都地铁车辆使用的气囊式受电弓为例来讲解受电弓结构。气囊式受电弓结构如图 8-5 所示。

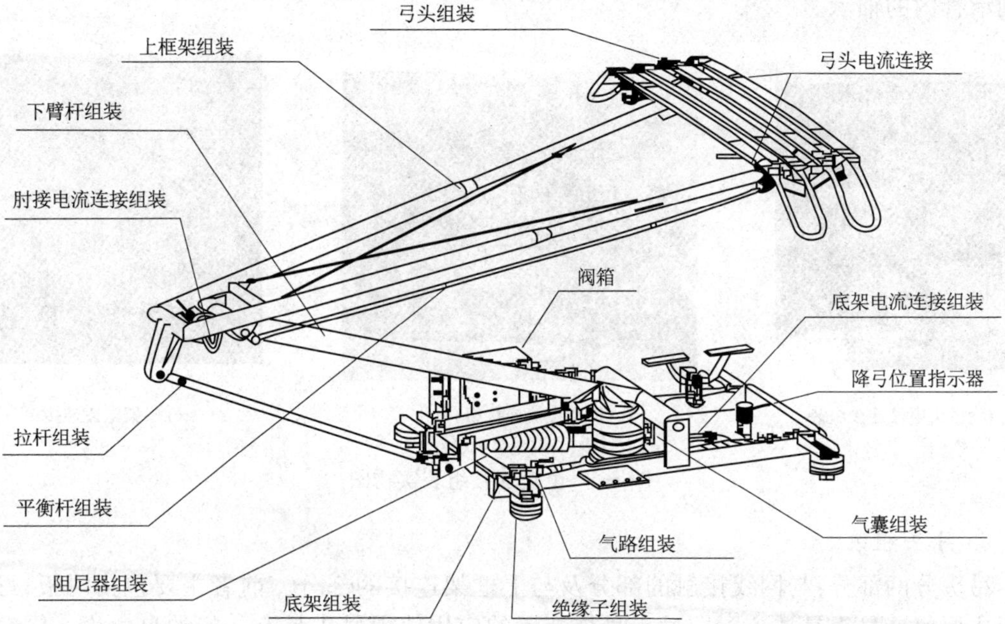

图 8-5　气囊式受电弓结构

1. 底架组装

由四根矩形无缝钢管组焊而成。底架上装有阻尼器，以缓解在降弓时受电弓的运动部分（铰链结构与弓头）对底架及车顶的冲击。

2. 下臂杆组装

下臂杆是由无缝钢管组焊而成的“工”字形钢结构。下臂杆的两端用轴承分别与底架和上框架连接。与底架连接的轴承安装在下臂杆的底架轴承管内，与上框架连接的轴承安装在下臂杆的肘接轴承管内。轴承具有良好的密封能力，在使用期内免维护。受电弓升降弓运动时其绕着底架上的固定点做圆周运动。

3. 上框架组装

上框架是由顶管、阶梯铝管和肘接处的连接管组焊而成铝合金框架结构。上框架上安装有对角线杆，用于增加上框架的刚度。上框架通过轴承分别与拉杆、下臂杆及弓头连接。上框架的此种设计减轻了受电弓的整体质量，可以提高受电弓的弓网跟随性。

4. 拉杆组装

拉杆构成四杆机构的闭环。可以通过调节拉杆上螺母和螺杆的相对位置来改变拉杆长度，从而实现对四杆机构的几何尺寸进行调整以修正偏差。

5. 电流连接组装

电流连接组装分为弓头电流连接组装、肘接电流连接组装和底架电流连接组装。

弓头电流连接组装将网线上的电流由弓头导入上框架，从而使电流绕过了顶管内的轴承和弓头悬挂装置上的橡胶弹簧元件，以避免轴承和橡胶弹簧元件因温升过大而导致损坏。

肘接电流连接组装保护安装于肘接轴承管内的轴承。底架电流连接组装保护安装于底架轴承管内的轴承。

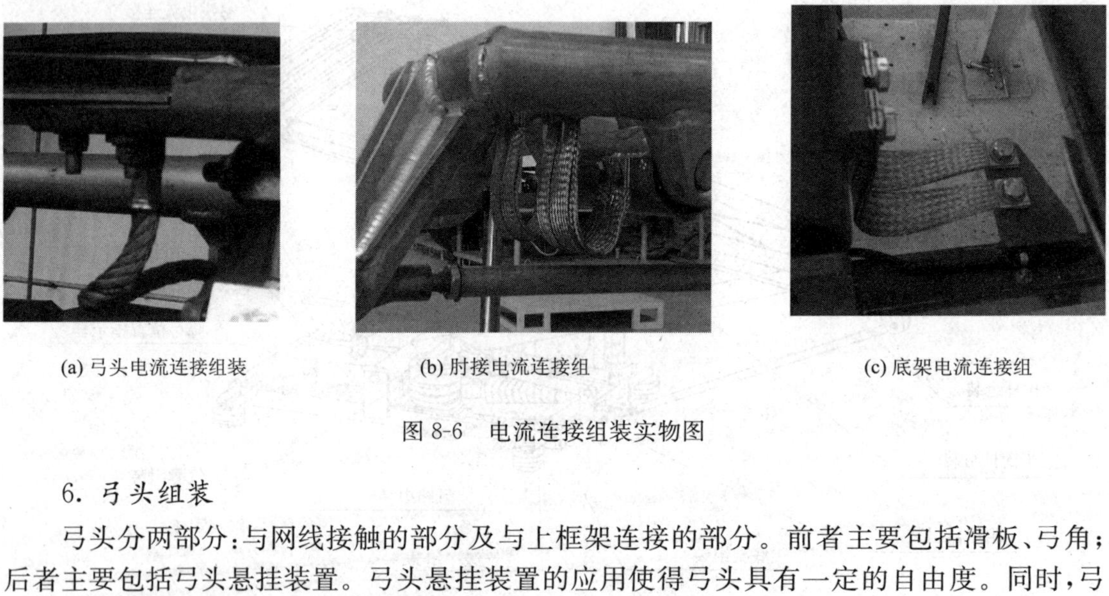

(a) 弓头电流连接组装　(b) 肘接电流连接组　(c) 底架电流连接组

图 8-6　电流连接组装实物图

6. 弓头组装

弓头分两部分:与网线接触的部分及与上框架连接的部分。前者主要包括滑板、弓角；后者主要包括弓头悬挂装置。弓头悬挂装置的应用使得弓头具有一定的自由度。同时，弓头集电时，弓头与网线之间的高频振动可以通过弓头悬挂装置吸收缓冲。

弓头悬挂装置由两组呈 V 形排列的橡胶弹簧元件和导杆组焊组成。橡胶弹簧元件安装在弓角的支撑板上，导杆组焊安装在弓头转轴的末端，两组之间通过弓头转轴连接。弓头转轴由压入上框架顶管内的免维护粉末冶金衬套支撑。橡胶弹簧元件是免维护的，各向弹性可以对弓头的运动进行误差补偿，并且吸收弓头的侧向振动。

7. 平衡杆组装

平衡杆组装主要由平衡杆导杆和止挡杆组焊组成。

弓头具有一定的自由度，可以绕弓头转轴自由地摆动。在运行过程中，弓头将通过接触网线使其保持在正确的工作姿态，而在升降弓过程中，由于平衡杆的作用，有效避免了弓头的翻转。

8. 升弓装置组装

升弓装置组装结构如图 8-7 所示，受电弓升弓时所需的升弓转矩及升起后与网线间的接触压力是由两个充满压缩空气的气囊、与气囊连接并被拉伸的钢丝绳和紧固在下臂杆上的扇形调整板产生。升弓气囊主要是装在底架上，通过钢丝绳与受电弓下臂杆连接在一起，给受电弓升降弓提供动力。升弓时气囊充气后涨起，通过钢丝绳带动下臂杆转动，从而实现受电弓升弓运动。

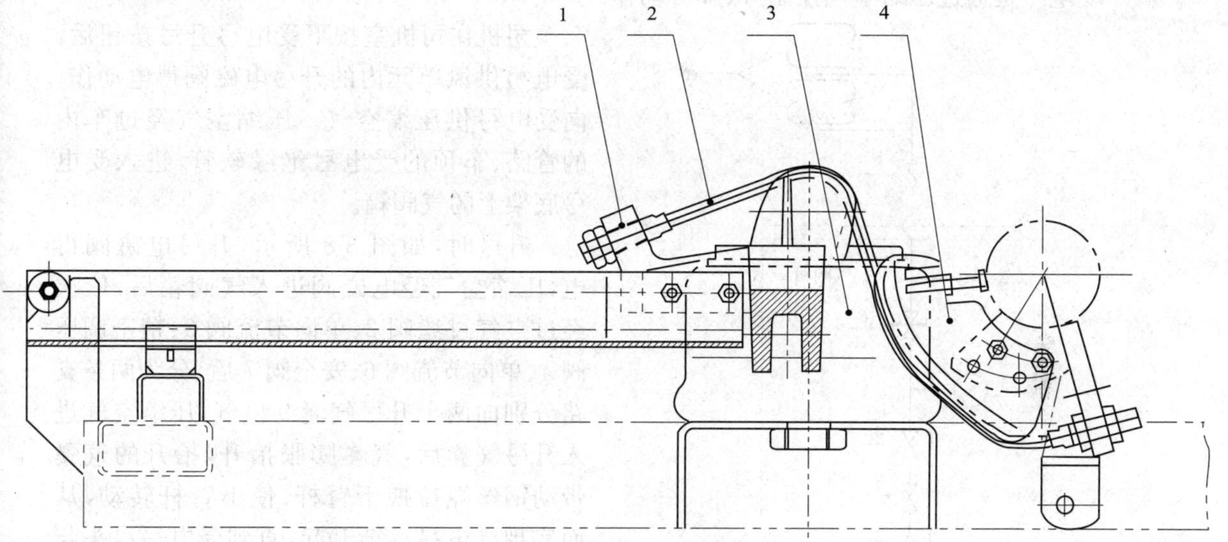

图 8-7 升弓装置组装

1—钢丝绳紧固螺钉；2—钢丝绳；3—气囊；4—扇形调整板

9. 阻尼器组装

受电弓阻尼器一头安装在底架上，另一头与受电弓下臂杆连接。在受电弓的下降过程中起到缓冲的作用，以避免受电弓降弓时对底架上的部件造成冲击损坏。

10. 降弓位置指示器

电感式降弓位置指示器安装在受电弓上框架顶管下方的底架上。受电弓降弓时，电感应器自动闭合，给出降弓到位信号，升弓时，电感应器断开，给出升弓信号。

11. 气阀箱

受电弓气阀箱是由空气过滤器、单向节流阀、精密调压阀、安全阀等几部分组装而成。

空气过滤器将机车压缩空气中的水雾分离出来，保证提供的压缩空气是干燥而且纯净的。

单向节流阀控制压缩气体的流量来调整受电弓升降弓时间。

精密调压阀为受电弓提供压力恒定的压缩空气，精度偏差为±0.002 MPa。精密调压阀用于调节接触压力，气压每变化 0.01 MPa 就会使接触压力变化 10N。

如果精密调压阀出现故障，安全阀就会起到保护气路的作用。

单向节流阀通过控制排放气体的过流量来调整受电弓降弓时间。

12. 绝缘子组装

绝缘子采用环氧树脂材料，具有很高的绝缘等级及机械强度。

绝缘子有两个功能：①对带电的受电弓与相连接的车顶进行电隔离；②使受电弓同车顶进行机械连接。使用时绝缘子应保持清洁，无裂纹或碰痕。

三、受电弓工作原理

受电弓是通过压缩空气控制升、降弓动作。

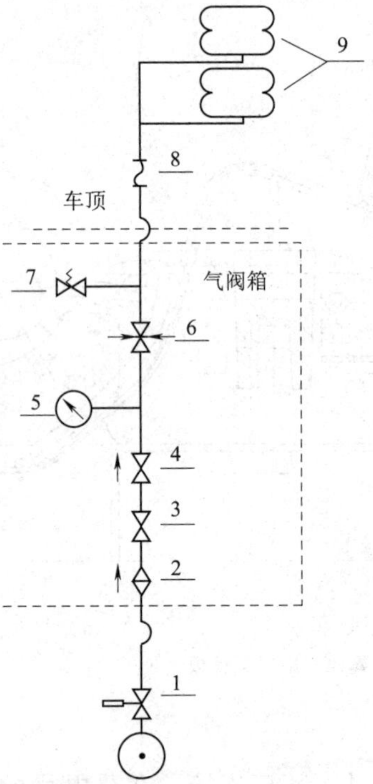

图 8-8　受电弓气路

1—电磁阀；2—空气过滤阀；3—单向节流阀；4—精密调压阀；5—压力表；6—单向节流阀；7—安全阀；8—管路连接软管；9—升弓气囊

司机在司机室按下受电弓升弓按钮后，受电弓供风单元内的升弓电磁阀得电动作，向受电弓供压缩空气。压缩空气经过车内的管路、车顶的受电弓绝缘软管，进入受电弓底架上的气阀箱。

升弓时，如图 8-8 所示，升弓电磁阀得电，压缩空气经电磁阀进入气阀箱后，依次经过空气过滤阀 2、单向节流阀 3、精密调压阀 4、单向节流阀 6、安全阀 7 后，分为两条支路分别向两个升弓气囊 9 供气，压缩空气进入升弓气囊后，气囊膨胀抬升，抬升的气囊带动钢丝绳拉拽下臂杆，使下臂杆转动，从而实现受电弓逐渐升起，直到受电弓弓头与网线接触并保持规定的静态接触压力。此时升弓气囊中的气压稳定在气阀箱内精密调压阀的设定值。

受电弓工作时，升弓气囊被持续供以压缩空气，弓头与接触网之间的接触压力保持基本恒定。

司机在司机室按下降弓按钮后，升弓电磁阀失电，向受电弓供应的压缩空气被切断，同时，升弓电磁阀将受电弓气路与大气连通，气囊升弓装置排气，受电弓靠自重下降，直到顶管降下并保持在底架的两个橡胶止挡上。

四、受电弓的维修与保养

为防止事故的发生，请务必做到以下几点：

(1)在进行一切检查作业前，一定要确认车辆在无电区。

(2)当受电弓未与接触网脱开时，或在确认是否断电前，切忌登上车顶。

(3)登上车顶前，要确认受电弓已经完全降弓到位。

1. 一般肉眼检查项目

检查主要配件如下。

(1)底架、框架系统是否有异常现象、裂纹零部件或带有冲击痕迹的零部件。

(2)导流线(包括弓头电流连接组装、肘接电流连接组装、底架电流连接组装)是否有断裂或松动的现象。

(3)滑板是否有断裂、裂缝、磨损到限。

(4)支持绝缘子是否有裂缝、污染、撞痕或闪络现象。

2. 调整或功能检查

调整或功能检查主要有:最大升弓高度;静态接触压力;降弓保持力;弓头的水平度;升、降弓时间;弓头组装;气囊升弓装置;气路装置;导流线(包括弓头电流连接组装、肘接电流连接组装、底架电流连接组装);绝缘子。

(1)最大升弓高度

当受电弓弓头离开两橡胶止挡并全部升起后,最大升弓高度即为受电弓弓头上的任意一点所运行的实际垂直距离。

应得结果:升弓高度≥2 550 mm。

调整方法:调整钢丝绳的拉紧程度或拉杆的长度。

(2)静态接触压力

静态接触压力 F 即受电弓在升弓后作用于接触网导线上的力,在受电弓的所有工作区间内,该力应尽可能地保持不变。应得结果:在 120～2 050 mm 范围内,受电弓静态接触压力应符合要求。

如果受电弓的静态接触压力无法满足要求时,则必须对受电弓进行调试,具体方法如下:

① 静态接触压力整体过大或过小

如图 8-9 所示,松开精密调压阀 R 手动按钮上的锁紧螺母,通过调整精密调压阀 R 调节气囊内压力:降低接触力→逆时针;提高接触力→顺时针。

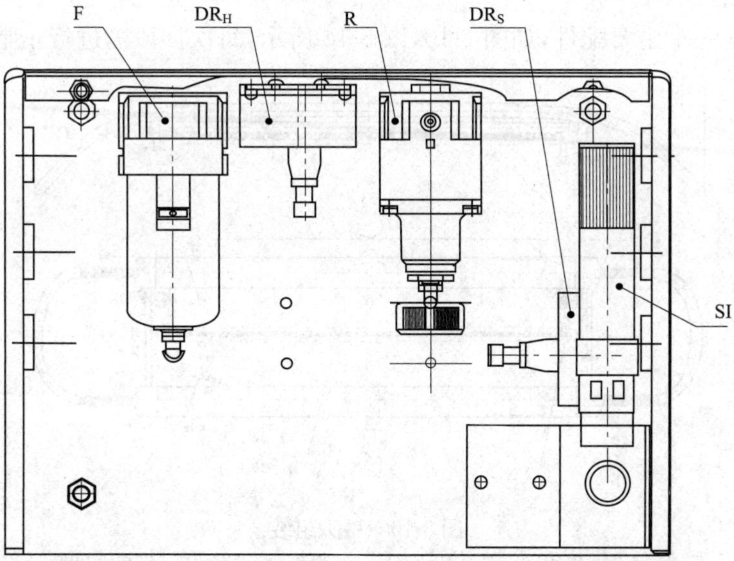

图 8-9 升弓气囊装置调整板示意图

②最低工作高度处静态接触压力过大或过小

如果静态接触压力只有在最低处无法保证在要求范围内时，此时调整精密调压阀不能满足静态接触压力要求，则需通过调整升弓气囊装置调整板上的螺钉来进行细调，必要时也可调整拉杆组装的长短，调整完后拧紧各紧固螺钉和螺母。

(3)升、降弓时间

控制气路(包括气囊升弓装置、气路装置、气阀箱等)均用来控制受电弓的升、降弓运动。

应得结果：气囊供风约 560 kPa，升弓到最大工作高度 2 050 mm，此时 0～2 050 mm的升弓时间 t_s 应满足 6～10 s，2 050～0 mm 的降弓时间 t_j 应满足 $t_j \leqslant 6$ s。

附注：升、降弓时间是指从弓头起动瞬间到受电弓升到最大工作高度为止的时间。

调整方法：气囊供风约 560 kPa，并将受电弓的升弓高度用一绳索限定在 2 050 mm 处。调节升弓节流阀 DRH 或降弓节流阀 DRS 的螺丝，使其得到所需的升降弓时间。

(4)弓头的水平度

无论受电弓的升弓高度多高，受电弓弓头应能绕其水平轴线自由地摆动，以便其摩擦面与接触网导线相接触。

调整受电弓平衡杆，使平衡杆导杆在受电弓升起 600 mm 时保持水平，同时碳滑板下表面与平衡杆导杆上表面的距离大于 15 mm。

受电弓弓头转动灵活，两边橡胶弹簧升缩自如、无机械障碍等缺陷。

应得结果：升弓在常用工作高度范围时，应调整平衡杆，使弓头的前、后倾角基本对称。

调整方法：给气囊供风(气压约 560 kPa)，并用一绳索使受电弓固定在 600 mm 高不动，用一水平尺，使弓头保持水平位，然后检查受电弓平衡杆导杆也处于水平状态，同时检查受电弓平衡杆导杆上表面与碳滑板下表面的距离应大于 15 mm。如果达不到要求，可通过调整平衡杆的调整螺栓(旋进或旋出)来实现上述要求，调整完成后，拧紧并紧螺母。

(5)弓头组装

弓头组装是一个主要配件，如图 8-10、图 8-11 所示，每次回段需进行正常检查。

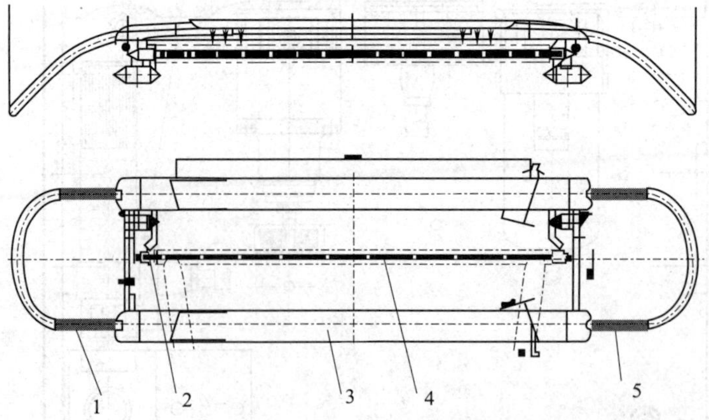

图 8-10　弓头组装

1—弓角左组焊；2—弓头悬挂组装；3—滑板；4—转轴；5—弓角右组焊

图 8-11　弓头组装实物图

1—碳滑条;2—铝托架

检查部位:

①碳滑板和弓头悬挂装置间的连接是否松动,弓头悬挂装置和上框架顶管间的连接是否松动,如有松动则紧固。

②滑板的状况:碳滑板应规则无缺,摩擦面应光滑。如滑板根部厚度小于或等于 4 mm 时,应更换滑板;如滑板出现有裂纹、槽纹、或刃部有冲击,也应更换。

③更换滑板时的间隙和对齐尺寸:滑板和弓角间的间隙应为 0.5～1.5 mm;弓角和滑板的端部要磨平,以便滑板和弓角之间平滑过渡。

④弓角的状况:如弓角出现有裂纹,则应更换。

(6)气路装置

将受电弓气路连接到试验工装上,给受电弓充以额定气压 560 kPa,10 min 后,检查气路压力下降不超过起始气压的 5%(28 kPa)。如果管路部分漏气,则需拧紧或更换相应气动元件,同时在连接部位加乐泰密封胶 577 或更换管路。或在受电弓整个气路各接头处涂肥皂水,对受电弓充以额定工作气压,检测气路接头处是否有冒泡的现象,如有则采用上述同样方法处理。

第三节　司机控制器

一、概　　述

司机控制器(图 8-12)是列车司机控制列车运行的主令电器,是利用控制电路的低压电器间接控制主电路的电气设备,它被广泛应用于各种轨道交通领域。根据应用环境、牵引系统及操作模式等不同的要求,司机控制器的结构、模式也各不相同。

二、司机控制器的主要结构

地铁车辆用的司机控制器的结构如图 8-13 所示,司机控制器手柄位置如图 8-14 所示。

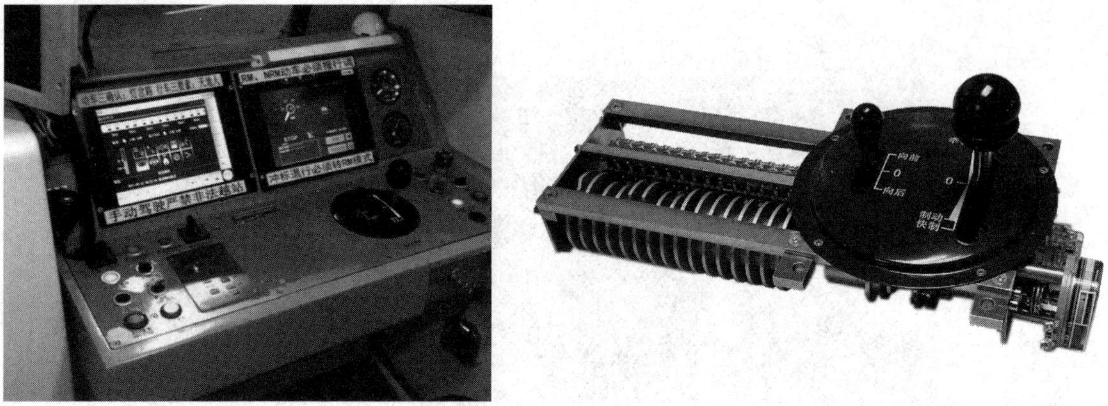

(a) 司机室布置图　　(b) 司机控制器手柄

图 8-12　驾驶台上的司机控制器

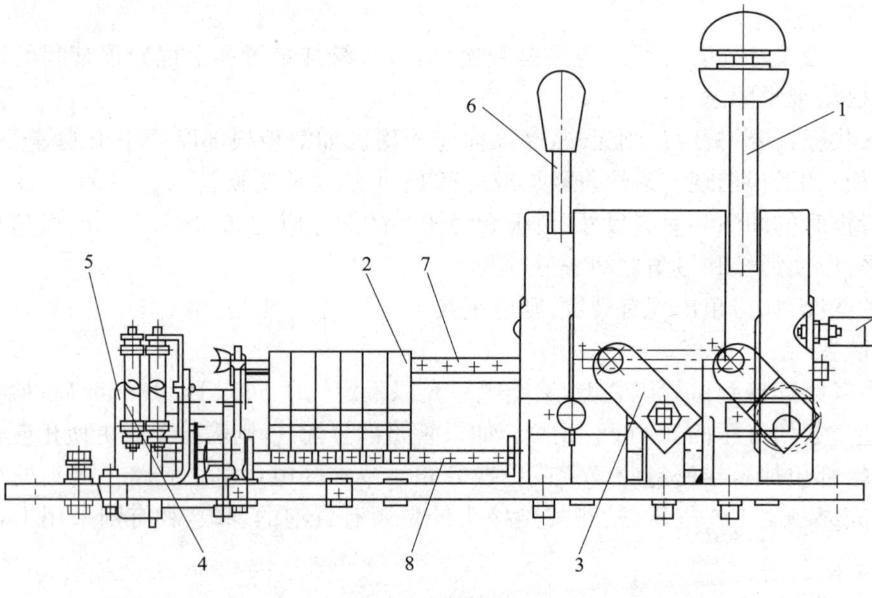

图 8-13　司机控制器结构

1—司机控制主手柄；2—微动开关；3—联锁机构；4—电阻；5—电位器；6—方式/方向手柄；
7—带凸轮装置的传动轴(方式/方向手柄用)；8—带凸轮装置的传动轴

1. 主控制手柄

主控制手柄设四个位置:“牵引”位、“0”位、“制动”位、“快速制动”位。

其中“牵引”位为无级加速、“0”位为惰性运行、“制动”位为无级减速(电气制动)、“快速制动”位为空气制动。

2. 方式/方向手柄

方式/方向手柄设四个位置:“向前”位、“0”位、“向后”位、“ATC”(自动控制)位。

3. 组合开关

组合开关包括动、静触头。

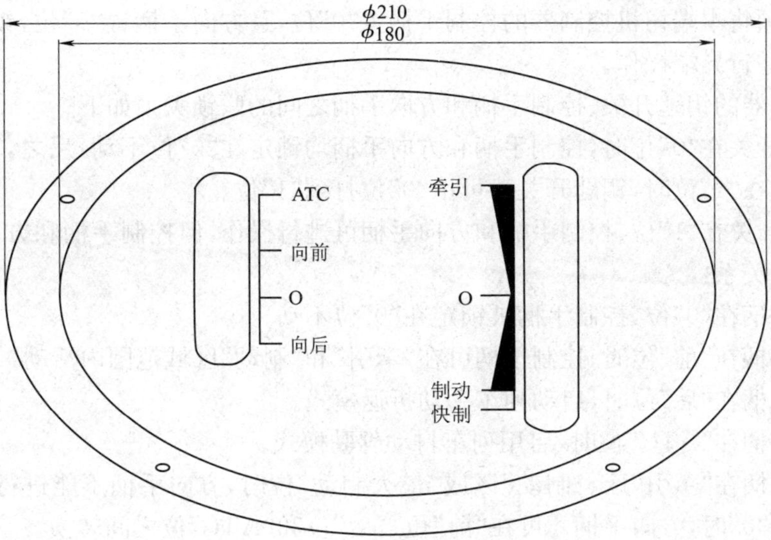

图 8-14　司机控制器手柄位置图

4. 凸轮及传动轴

凸轮及传动轴的作用是使触头按要求开闭。

5. 电位器

主控制手柄底部连接有一个电位器，当控制手柄从“0”位移向“100％牵引”和“100％制动位”时，该电位器相应输出 0～20 mA 电流，向控制电路发出指令信号，以控制车辆运行速度。

6. 钥匙开关

钥匙开关用于激活司机台，作为气动车辆的电源开关。它设置了两个按钮：“ON”位和“OFF”位。

7. 警惕按钮

为了保证列车的安全，通常在主控制手柄顶部安装有警惕按钮，驾驶员只有按下该按钮后方能向列车发出指令。在列车运行过程中，如果驾驶员放开警惕按钮一定时间后不能及时再次按下，列车将实施紧急制动。

自动驾驶模式下，驾驶按钮不起作用。

三、司机控制器的工作原理

司机控制器的控制手柄在“0”位、“牵引最大”位、“制动最大”位、“快速制动”位这些挡位之间为无级调节，通过转动同轴的驱动电位器用来调节输入到电子柜的电压指令，从而达到调节机车牵引力和电阻制动的目的。方向手柄在每个挡位均有定位，方向手柄稳定在相应的挡位中。

控制手柄方向手柄和机械锁之间相互机械联锁。在使用时，先打开机械锁，再由方向手柄选定机车的行车方向和工况，再操作控制手柄来控制机车的速度。在行车过程中，如需改变机车的工况，必须将控制手柄放回“0”位后才可进行方向手柄的操作。如司机需要进行异端操作时，必须将本端司机控制器的控制手柄置“0”位，且方向手柄置“0”位，锁闭机械锁，拔出钥匙，方可进行异端操作。

司机控制器的钥匙开关、控制手柄和方向手柄之间的联锁关系如下。

(1)钥匙开关在“0”位时，控制手柄和方向手柄均锁定在“0”位不动；反之，只有控制手柄和方向手柄均在“0”位时，钥匙开关才可由“0”位打到“1”位。

(2)钥匙开关在“1”位，控制手柄和方向手柄可进行操作，但控制手柄和方向手柄之间还存在以下互锁关系：

①方向手柄在“0”位，控制手柄被锁定在“0”位不动。

②方向手柄在“前”位时，控制手柄可在“牵引”和“制动”区域范围内活动。

③方向手柄在“后”位时，启动列车手动折返模式。

④方向手柄在“ATC”位时，启用列车自动驾驶模式。

⑤控制手柄在“牵引”区、“制动”区或“最大制动”位时，方向手柄不能进行位置转换，只有控制手柄在“0”时，方向手柄才可在“前”位、“后”位和“ATC”位之间转换。

上述机械联锁要求是由机械联锁装置来实现的。

四、检修与维护

司机控制器的检修与维护主要有以下工作内容：

(1)司机控制器的铭牌及标识符号应齐全、完整、清晰、正确。

(2)司机控制器各部件应清扫干净，绝缘性能良好，对外连接插座连接正确，零部件齐全完整。

(3)各紧固件齐全，紧固状态良好。

(4)控制手柄在各个挡位之间应转动灵活，无机械卡阻，相邻两挡位之间不应出现停滞现象。

(5)换向手柄在各个挡位之间应转动灵活，无机械卡阻，相邻两挡位之间不应出现停滞现象。

(6)当换向手柄在“0”位时控制手柄被锁定。当换向手柄在“向后”或者“向前”位置时，控制手柄可以在“牵引”，“制动”，和“最大速度”，“快速制动”位移动。

(7)当换向手柄在“0”位时，机械锁应转动灵活。机械所在锁定位置的时候钥匙方可拔出。

(8)司机控制器的闭合表和对外连接线应与规定相一致。

(9)在司机控制器的各个转动部位加注 6 号汽油机油，在机械联锁处加润滑脂。在刚拉线和对外接线处加汽油和机械油。

本章小结

本章所介绍的电器都是城市轨道交通车辆上作用较为重要、结构较为复杂的主要电器。主断路器在城市轨道交通车辆中起双重作用，既是车辆电源的总开关，又是总保护电器。当主断路器闭合时，车辆通过受电弓从接触网导线上获得电源投入工作。若车辆主电路和辅助电路发生短路、接地、过载及零压等故障时，均通过主断路器自动切断电源，起着保护作用。主断路器属于高压断路器的一种，要了解各部件的结构及工作原理，从而掌握主断路器的分闸、合闸过程。

对受电弓而言，它是城市轨道交通车辆从接触网导线上受取电流的一种受流装置，受电弓作为车辆与供电装置之间的连接环节，其性能的优劣直接影响车辆的可靠性。受电弓的工作特点是靠滑动接触受流的，对其性能的基本要求是滑板与接触导线接触可靠、磨损小，升降弓时不产生过分冲击。应在了解受电弓结构的基础上，掌握受电弓升、降弓过程及其特性。

司机控制器是司机用来操纵车辆运行状态的主令电器，它通过控制车辆电路中的低压电器来间接控制主电路的电器设备，使司机操作既方便又安全可靠。根据控制方式的不同，对司机控制器的结构也有不同的要求，应掌握换向、调速控制各工作位的作用及联锁装置的作用。

复习思考题

1. 断路器有什么作用？
2. 简述 UR6 断路器的主要结构和工作原理。
3. 受流器有哪几种？说明其应用领域。
4. 简述 UR6 断路器的自动分闸过程。
5. UR6-32 型高速断路器的基本检查内容有哪些？
6. 简述受电弓的结构组成。
7. 受电弓维修时为防止事故的发生，务必做到哪几点？
8. 简述司机控制器的作用。
9. 司机控制器控制手柄和方向手柄之间存在哪些互锁关系？

参 考 文 献

[1] 张龙．电力机车电机[M]．北京：中国铁道出版社，2013．
[2] 祁冠峰．电力机车电器[M]．北京：中国铁道出版社，2004．
[3] 龙遐令．直线感应电动机的理论和电磁设计方法[M]．北京：科学出版社，2006．
[4] 吴冰．城市轨道交通车辆电器[M]．北京：人民交通出版社，2011．
[5] 胡崇岳．现代交流调速技术[M]．北京：机械工业出版社，2005．
[6] 杜德昌．电动机结构与维修[M]．北京：电子工业出版社，2007．
[7] 刘志明，史红梅．动车组装备[M]．北京：中国铁道出版社，2007．